KB069563

재활상담의 이론과 실제

| 강윤주 · 공마리아 공저 |

학지사

머리말

최근 장애인 인권 운동이 활성화되면서 그동안의 전문가주의와 온정주의에서 벗어나 장애인의 욕구에 기반한 역량강화 관점의 재활상담이 이루어져야 한다는 흐름으로 변화하고 있다. 이를 입증할 수 있는 것으로 재활서비스 패러다임의 변화를 들 수 있다. 1990년대 초·중반까지는 재활상담사가 중심이 되는 시설 중심의 재활서비스였으나 1990년대 중반 이후 장애인 당사자의 IL(독립생활, independent living) 중심의 재활서비스, 2000년대 이후에는 역량강화(empowerment) 중심의 패러다임으로 전환되고 있다. 그로 인해 재활상담사들은 이용자들을 가치 있는 존재로 인식하고, 이용자가 스스로 자기 결정을 중시하는 방향으로 인식을 개선해 가고 있다.

재활상담에 경험이 있는 일부 상담사들은 종종 상담 이론을 경시하거나 그 가치에 대해 의문을 제기하기도 한다. 개인이나 집단을 대상으로 상담을 할 때 이론대로 적용하기가 어렵다고 보거나, 굳이 이론대로 하지 않아도 크게 무리가 없는 것은 이론보다 실제적인 과정이 더 중요하다고 생각하는 경우도 있기 때문이다. 그러나 이론만큼 훌륭한 실제는 없다. 이론은 질서를 추구하는 노력으로, 아무 의미 없이 발생하는 것 같은 일에도 법칙과 규칙이 내재되어 있다.

우리는 재활상담 과정에서 예상하지 못한 문제에 직면할 수도 있고, 개인적인 편견에 빠질 수도 있다. 이때 문제해결을 위해, 또는 편견에 빠지지 않고 객관적인 관점에서 이용자를 바라볼 수 있도록 도와주는 것이 이론이다. 상담과 관련된 이론서는 이미 매우 많이 출간되어 있다. 그러나 재활서비스 이용자의 장애 특성과 관련된 역량강화 관점에서의 재활상담 개념이나 실천 과정을 다루고 있는 이론서는 부족한 실정이다. 이에 저자들은 고민을 담고, 반영하여 이 교재를 집필하기로 하였다.

이 책은 총 3부로 구성하였고, 재활상담의 이해, 재활상담 과정과 이론, 재활상담 사례로 분류하였다.

'제1부 재활상담의 이해'에서는 재활상담의 개념과 역사, 재활상담사의 윤리, 재활상담사의 역할과 자격을 중심으로 다루었다. 재활상담의 개념과 역사에서는 재활상담의 개념과 재활상담 서비스 제공자와 이용자, 그리고 전반적인 재활상담의 역사를 다루었다. 재활상담사의 윤리에서는 미국 재활상담사인증위원회(CRCC)의 재활상담 전문직 윤리강령과 한국직업재활사협회의 윤리강령, 그리고 재활상담 분야에서 인용되고 있는 재활상담사의 윤리원칙과 재활상담사가 경험할 수 있는 윤리적 딜레마의 유형과 이를 해결하기 위한 방안을 다루었다. 재활상담사의 역할과 자격에서는 미국과 한국의 재활상담사 직무분석 관련 연구 결과를 중심으로 재활상담사의 역할과 자격조건을 다루었다.

제2부 '재활상담 과정과 이론'에서는 재활상담 모델과 과정, 재활상담 기법, 일반 상담 이론, 직업상담 이론을 중심으로 다루었다. 재활상담 모델에서는 전통적인 과정 중심 상담 모델과 역량강화 관점의 모델, 재활상담 과정에서는 일반적인 상담과정과 재활상담 진행과정을 다루었으며, 재활상담 기법에서는 초기 면접에서 종결에 이르기 활용될 수 있는 주요 상담 기법을 중심

으로 다루었다. 그리고 일반 상담 이론에서는 정신분석 상담, 행동주의 상담, 인간중심 상담, 게슈탈트 상담, 합리적 · 정서적 행동 상담, 인지치료 상담 이론을, 직업상담 이론에서는 특성−요인 이론, 욕구 이론, 직업성격유형 이론, 직업적응 이론, 진로발달 이론을 중심으로 다루었다.

'제3부 재활상담 사례'에서는 청각장애인의 재활상담 사례와 지적 장애인의 재활상담 사례를 제시하였다. 청각장애인의 재활상담 사례에서는 직업재활 관점에서 직업선택을 중심으로 한 재활서비스 계획을, 지적 장애인의 재활상담 사례에서는 재활심리 관점에서 진로상담을 중심으로 한 재활서비스 계획을 다루었다.

이 교재에 독자들이 보시기에 다소 미진한 부분이 있을 수도 있다. 그러한 부분은 추후 기회가 주어진다면 최선을 다하여 보완할 것이다. 이 책이 나오기까지 노력해 주신 학지사 관계자 분들에게 감사의 마음을 전한다.

2019년 7월

강윤주 · 공마리아

차례

제1부

재활상담의
이해

제1장 재활상담의
개념과 역사

　미국의 재활상담은 1920년 「스미스-페스 법(Smith-Fess Act)」의 통과로 연방-주 재활 프로그램이 실시되면서부터 시작되었고(Roessler & Rubin, 2006), 우리나라는 1988년 대구대학교 재활과학대학에 직업재활학과가 설치되면서부터 시작되었다고 볼 수 있다.

　국내외 모두 초기의 재활상담은 장애인의 고용 욕구에 중점을 두고 실시되었다. 그 근거인 직업명을 살펴보면 초기에는 재활상담사를 Vocational Rehabilitation Counselor(직업재활상담사)라고 하다가, 1973년 「재활법(Rehabilitation Act)」이 개정되면서 Rehabilitaion Counselor(재활상담사)로 개칭한 것이다. 우리나라 재활상담사의 직업명은 1988년 직업재활학과의 교육과정을 수립할 당시 미국의 재활상담 교육과정을 기반으로 학제를 편성하였으므로 초기에는 직업재활상담사로 불렀다. 그러다가 1991년 한국직업재활학회 창립 이후 직업재활 전문인력을 양성하는 학교(학과)들이 통합 관리되면서 2000년 7월부터 직업재활사라는 명칭으로 바꾸어 부르게 되었다. 이후

2015년 「자격기본법」에 의해 직업재활사는 한국직업능력개발원의 민간자격으로 등록되었다가(2015-000474), 2015년 「장애인복지법」 제72조의 3(장애인재활상담사 자격증 교부 등)에 따라 국가자격으로 전환되면서 '장애인 재활상담사'로 직업명이 변경되었다.

그러나 이러한 직업명의 개칭에 관계없이 재활상담 영역에서 활동해 온 재활상담사들은 장애인을 진단하고, 이들의 잠재능력을 극대화하며, 회복시키는(restore) 치료전략에 능숙한 전문가다. 초기 장애인에 대한 재활상담은 온정주의(paternalism)와 전문가적 관점에 중점을 두고 시행되어 왔으나 최근의 재활상담은 기존의 온정주의에서 탈피하여 장애인의 욕구에 부합하고자 하는 역량강화적인 관점으로 변화 및 발전해 가고 있다(Sales, 2007).

다음에서는 재활상담의 개념과 역사를 이해하기 위하여 재활상담의 개념과 재활상담 서비스 제공자와 이용자, 그리고 전반적인 재활상담의 역사를 중심으로 살펴본다.

1. 재활상담의 개념

1) 상담의 개념과 목적

(1) 상담의 개념

오늘날 상담(counseling)이라는 용어는 너무나 다양한 장면에서 지나치게 많이 사용되고 있어 명확하게 정의하기가 쉽지 않다. 여기에서는 상담의 어원과 국내외 전문가 및 관련 단체들의 견해를 바탕으로 상담에 대한 개념을 정의해 보고자 한다.

일반적으로 상담이란 라틴어 'consulere'에서 유래한 것으로 '조언을 구하다, 상의하다' 등의 의미를 지니며 학자 및 관련 단체에 따라 다양하게 정의되고 있다. Bingham 등(1996)은 상담을 "목적을 가진 대화"라고 하였고, Rogers(1942)는 "이용자로 하여금 새로운 방향에서 발전적으로 한 발자국을 내디딜 수 있을 만큼 자기 자신을 이해하도록 도와주는 구조화되고 허용적인 관계"라고 하였으며, Wrenn(1994)은 "이용자의 필요와 특성에 따라 변화될 수 있는 두 사람 사이의 역동적이며 목적적인 인간관계"라고 하였다. 그리고 미국상담협회(American Counseling Association: ACA, 2018)는 "상담은 다양한 개인들과 가족들, 그리고 집단들이 정신건강과 웰빙, 교육, 진로목적들을 달성하도록 역량을 강화하는 전문적인 관계를 의미한다."고 하였다.

홍경자(2001)는 상담을 "상담사가 내담자와의 관계에서 촉진적인 의사소통을 통하여 내담자가 개인적인 문제에 대한 자기이해와 자기지도력을 터득하도록 도와주는 과정으로 현재의 문제를 효과적으로 해결하고, 장차 일어날 수 있는 삶의 문제에 대한 조망과 해결능력을 갖게 되어 자기효능감과 자기만족감을 느끼도록 인도하는 일련의 학습과정"이라고 하였다. 천성문 등(2015)은 상담을 "전문적 훈련을 받은 상담사와 심리적 어려움 때문에 타고난 잠재력을 마음껏 발휘하지 못하는 내담자 간의 상호작용을 통하여 내담자의 문제를 해결할 뿐만 아니라 내담자가 행복한 삶을 살아가도록 돕는 과정"이라고 한 바 있고, 김춘경 등(2017)은 상담을 "도움을 필요로 하는 내담자와 도움을 주는 전문적인 상담사 간의 관계 형성을 통해 내담자의 자기이해, 문제예방과 해결, 삶의 질 향상 등 바람직한 인간적 성장과 변화를 조력하는 과정"이라고 하였다.

이상과 같은 여러 학자와 관련 단체의 개념들을 정리해 보면, 상담이란 "전문적인 훈련을 받은 상담사와 이용자 간의 상호작용을 통하여 신뢰감을 형성하고, 이를 바탕으로 이용자가 스스로 자신의 문제를 해결할 수 있도록 역량을 강화하는 전문적인 관계를 의미한다."라고 할 수 있다.

(2) 상담의 목적

상담은 개인이나 집단을 대상으로 이들의 문제를 이해하고, 문제를 가지고 있음을 받아들이며, 만족스럽게 문제를 해결하도록 돕는 데 그 목적이 있다 (Salomone, 1996, p. 367). 상담의 목적을 보다 자세하게 살펴보면 다음과 같다(Sales, 2007).

첫째, 이용자가 문제들을 이해하도록 돕는 과정에서 문제와 관련된 많은 함의점들을 이용자 스스로 충분히 검토하도록 촉진한다.

둘째, 드러난 정보들을 통해 이용자가 자신의 문제와 관련된 측면을 보다 잘 이해하도록 돕는다.

셋째, 전반적인 문제 범위를 이해한 다음에는 스스로 자신이 그 문제를 가지고 있음을 받아들인다.

넷째, 문제를 해결할 책임이 자신에게 있음을 인정하도록 한다.

다섯째, 이용자의 문제가 종종 환경 조건에 의해 일어나는 경우, 예상치 못한 역동이 나타날 수 있으므로 이때는 환경의 변화가 필요함을 인식하게 한다.

여섯째, 이용자가 구체적인 문제 또는 상황을 해결하기 위해 의사결정을 해야 하므로 이용자가 자신의 생활방식에 맞는 의사결정 방법이나 과정을 배우도록 한다.

2) 지도, 상담, 심리치료에 대한 관점

일반적으로 상담의 개념을 정의할 때 지도와 상담, 그리고 심리치료의 관점을 이해하는 것이 필요하다. 이는 상담의 개념을 정의할 때 지도와 상담, 심리치료가 상담과 같은 것인지 다른 것인지, 다르다면 어떤 점에서 다르고 구분하는 경계가 무엇인지 항상 논란거리가 되고 있기 때문이다(김춘경, 2017). 실제로 상담은 사람들을 돕기 위한 문제해결, 지시적·합리적 접근

(Williamson, 1958)에서부터 심리치료보다는 덜 집중적이지만 비슷한 과정의 상담(Brown & Srebaluls, 1988), 그리고 심리치료적인 상담에 이르기까지 다양한 형태로 나타나고 있다(Bordin, 1979; Patterson, 1986). 이런 상황을 빗대어 Hackney와 Cormier(1996, p. 2)는 "상담사의 형태가 재무상담사, 고용상담사, 퇴직상담사, 캠프상담사, 영양상담사, 법률상담사 등 형용사만큼이나 많다."고 지적하기도 하였다.

상담과 심리치료에 대한 학자들 간의 관점의 차이를 살펴보면 Gelso와 Fretz(1992)는 상담이 단기간 동안 보다 현실적인 문제해결에 초점을 두는 데 비해, 심리치료가 보다 강도 높은 훈련을 요구하며, 장기간에 걸쳐 강도 높고 심도 있는 방식으로 성격을 재구성하는 데 역점을 두고 있다고 하였다. Tyler(1958)도 상담은 보다 정상적인 이용자들이 일상생활을 영위하거나 중요한 결정을 내려야 할 때, 또는 자기계발 및 성장과정에서 겪게 되는 일반적인 문제들을 해결하는 데 활용되는 반면 심리치료는 심각한 병리적 문제를 지닌 사람들에게 적절한 서비스와 치료를 제공하는 것을 주된 목표로 한다고 하였다. 그리고 Sharf(2000)는 실제적인 치료과정을 세팅할 때 심리치료가 보다 일반적인 의료적 장면에서 활용되어야 하고, 상담은 교육이나 인간적인 문제 상황에서 활용되어야 한다고 하였다.

그러나 대부분의 학자들은 상담과 심리치료가 많은 부분에서 서로 겹치고, 둘 사이에는 기껏해야 약간의 차이가 있으며 이 차이는 자의적이고 무의미하다고 보았다. 그 이유로 상담과 심리치료 이론에 차이가 없고(Patterson, 1986), 상담사가 하는 활동과 심리치료사가 하는 활동을 구분하기 어렵기 때문이라고 하였다(Corey, 2013). 그리고 Chan 등(2015)은 상담과 심리치료를 동일한 의미로 간주하고, 삶의 전반 또는 행동상의 변화를 추구하는 과정에서 도움을 필요로 하는 이용자, 또는 이용자와 전문가 사이의 상호작용을 중심으로 하는 상담관계를 구축하는 것이라고 정의하였다.

　이처럼 지도와 상담, 심리치료에 대한 관점이 다른 이유는 상담의 역사와 관련된다. 1600년대 이후부터 사용되어 온 지도(guidance)는 지시적·도덕적 활동을 중심으로 사람들을 안내하고, 사람들이 자신에게 가치 있는 것을 선택하도록 돕는 과정을 의미했다. 반면, 20세기 들어 사용되기 시작한 상담(counseling)은 주로 직업적인 관점에서 개인을 전문직으로 '지도(안내)'하는 행위를 묘사하는 과정으로 설명되어 왔다(Neukrug, 1999). Gladding(2014)은 지도와 상담의 차이에 대해 지도가 이용자들이 가장 가치 있다고 여기는 것들을 선택하도록 돕는 데 중점을 두는 반면 상담은 이용자들을 변화시키거나 인간적인 성장을 도와주는 제반 활동을 의미한다고 하였다. 한편, 심리치료(psychotherapy)는 고대 그리스어의 호흡(breath), 정신(spirit), 영혼(soul)을 의미하는 psyche와 치료(healing), 의료적 처치(medical treatment)를 의미하는 therapeia에서 유래된 것으로, 비교적 심각한 정도의 병리현상이 있는 사람의 증상 제거·완화·수정을 위해 주로 병원이나 클리닉에서 제공하는 정신건강 서비스를 의미한다고 보았다(Oxford Dictionary of English, 2018). 심리치료는 19세기 말 정신분석학의 발전과 더불어 개인의 심리 내적·개인 내적·성격적인 것과 결부된 심각한 문제와 갈등에 중점을 두고, 분석적인 치료를 통해 회복하는 데 관심을 두고 발전해 오고 있다(나운환, 2008).

　시간이 흐르면서 많은 상담사들은 직업적인 것보다 정서적이고 사회적인 문제에 더 많은 관심을 갖게 되었다. 지도(guidance)를 통해 설득과 지시를 강조하던 것에서 탈피하여 사회적·정서적 문제를 다루는 정신분석학자나 심리치료사들과의 유사성을 강조하게 되면서 직업상담이라는 용어를 사용하게 되었다(Neukrug, 2016). 그리고 가족이나 친구, 직장에서 발생하는 상호 관계뿐만 아니라 삶의 여러 문제들에 직면할 때나 생에 있어서의 주요한 결정, 또는 인생의 변화를 원할 때 그들에게 도움을 주는 인간 상호 관계라는 면에서 상담과 심리치료는 많은 공통점을 가진다고 보게 되었다. 그리고 최근에 지도와 상담, 심리치료를 보는 경향이 개별 및 집단상담을 통해 이용자가 발달 과업을 성취해 나가도록 지원하거나 이용자들이 자신의 발달을 저해하는 인지적 · 정서적 · 행동적 장애물들을 점진적으로 극복하도록 지원하는 데 관심을 기울인다는 점에서 〈표 1-1〉에 제시된 바와 같이 거의 동일하거나 상호 연속적인 관점에서 설명된다고 볼 수 있다(Neukrug, 2015). 즉, 상담이란 전문 용어상 뚜렷이 구별되지는 않지만 상담교육 전문가들과 상담사들은 지도와 심리치료를 연속선상의 양극에 두고 상담은 그 중간 어딘가에 위치하는 것으로 보고 있다.

표 1-1 **지도, 상담, 심리치료의 연속적 관점**

지도 ← 상담 → 심리치료	
단기간	장기간
행동 수정	인성 재구성
표면적 문제	깊은 내면의 문제
지금-여기(here and now)	거기 그리고 그때
예방적	회복적
의식적	무의식적
변화를 위한 조력자의 제안 중시	변화하려는 이용자의 능력 개발 중시

출처: Neukrug, E. (2015).

3) 재활의 개념과 목표

(1) 재활의 개념

재활(rehabilitation)은 접두어 're(다시, 재차)'와 라틴어 형용사 'habilis(알맞은/적합한, fit)', 그리고 접미어 '-ation(~하게 하는 것)'으로 구성되어 '다시 알맞게/적합하게 하는 것(새로운, make fit again)'을 의미한다. 이때의 'habilis' 또는 'fit'은 인간답게 어울린다는 의미로 'rehabilitation'은 어떤 원인으로 인해 인간다운 권리, 자격, 존엄에 상처받은 사람에게 그 권리, 자격, 존엄 등을 회복하게 하는 것을 가리킨다. 'rehabilitation'을 보다 상세히 분석하면 're'는 이전의 완전한 상태로 다시 돌아가는 것을 의미하므로 질병이나 사고 등에 의해 기능저하(debilitation)된 것을 기능향상 및 발달방향(habilitation)으로 바꾸는 것을 의미한다고 할 수 있고, 상대적 의미로 아동기부터 갖게 된 선천적 요인에 의한 장애에 대해서는 'habilitation'이라고 할 수 있다(문선화 외, 2006).

재활이라는 용어는 1943년 미국재활회의(National Conference for Rehabilitation)를 통해 처음 등장하는데, 이 회의에서는 재활을 "장애를 가진 사람에게 그가 가진 잔존능력을 최대한 발휘하게 함으로써 신체적 · 정신적 · 사회적 · 직업적 · 경제적 능력을 회복시키는 것"이라고 정의하였다. 이에 따르면 재활은 '장애인이 사회적 일상에 적극적으로 참여할 수 있는 능력을 보호하거나 유지 및 재형성하기 위해 의료적 · 교육적 · 사회적 · 경제적 관점에서 행해지는 목적적 행위'다. 이후 1993년 UN의 「장애인의 기회평등에 관한 표준규칙」에 따르면 재활은 "장애를 가진 사람들이 최적의 신체적 · 감각적 · 지적 · 정신적 · 사회적 기능수준에 도달 · 유지하도록 하고, 수준 높은 자립을 달성할 수 있도록 이들의 생활을 변화시킬 수 있는 도구를 제공하기 위한 하나의 과정"으로 정의되고 있다. 그 외에도 Banja(1990, p. 615)는 최근 역량강화적 접근을 반영하여 재활을 "장애를 가진 사람들이 개인적으로 욕구를 충족하고, 세상과 유의미하고 기능적으로 효과적인 상호작용을 하도록 장애인의 역량을 강화하는 의료적 · 신체적 · 심리사회적 · 직업적 중재들의 총체적이고 통합적인 프로그램"으로 정의하고 있다.

정리해 보면 재활은 의료적 치료, 훈련 등과 같이 단순히 기술적인 것을 의미하는 것이 아니라 장애인을 한 사람의 사회인으로서 생활하도록 도와주는 총체적인 서비스 활동이다. 그리고 이를 위해 ① 장애의 예방, ② 기능 향상으로 손상된 신체 부위의 능력 증진뿐만 아니라 손상되지 않은 신체 부분의 기능적 보상과 보장구 사용, 환경적인 장애의 제거, ③ 사회적 통합, ④ 장애인들이 인권을 확보하며 이를 위해 권리를 행사할 수 있도록 하는 것이 포함된다.

(2) 재활의 목표

장애인 재활의 궁극적인 목표는 장애인 자신의 장애 극복을 지원하고, 이용자에게 가장 적절한 기능 및 환경의 조성, 그리고 사회적응을 통해 사회구성원으로서의 역할을 함양하고, 통합적인 환경에서 독립생활이 가능하도록 돕는 데 있다(이경준, 최윤영, 2018).

재활의 목표는 크게 세 가지 접근법으로 구분할 수 있다.

첫째, 장애의 예방적 접근으로 이는 산전, 산후, 유전상담과 같은 1차 수준의 예방, 조기 발견 및 치료 등 2차 수준의 예방, 일상생활 훈련이나 보장구 사용 교육과 같은 3차 수준의 예방으로 세분화할 수 있다.

둘째, 손상된 신체 부위의 능력 증진 또는 손상 부위의 능력 손실을 보상하기 위한 기능 향상적 접근이다. 이 단계에서는 특정 기능의 제한 상황을 극복하도록 하기 위한 보장구의 강구나 장애 발생을 유발할 만한 환경적 측면에서의 요인 제거 등이 포함된다.

셋째, 장애인 재활의 주요 가치 지향이라 할 수 있는 사회통합적 접근이다. 이는 우리 사회의 구성원으로서 장애 당사자의 교육과 직업, 개인 및 사회심리 분야 등 기본적이고도 다양한 삶의 영역을 포괄하여 주체적으로 살아갈 수 있도록 지원하는 것을 의미한다. 재활은 이러한 목표실현을 통해 장애인의 전인적 발달 도모와 자아실현, 이용자의 보다 질 높은 삶의 영위 등에 기여하게 된다.

이에 따라 재활의 방향도 재활목표의 설정, 재활의 시기 및 장소 등에 초점을 두고 진행되어야 한다. 즉, 장애인의 현존능력을 정확히 파악하여 잠재된 개발 가능성을 고려하면서 객관적 평가를 통해 이에 기초한 재활의 목표가 설정되어야 함을 의미하며, 재활은 장애 발생과 동시에 될 수 있는 대로 빠른 시기에 시작함으로써 이용자의 생활 및 사회연령에 적절하고 원활하며 정상적인 사회적응을 유도해야 한다. 이를 통해 이차적 장애 발생이나 특정 장애 현상의 고착화를 적극적으로 예방하도록 해야 한다. 그리고 재활의 장소는 가능한 한 지역사회가 중심이 되어 지역사회 자원을 적절하게 활용하고, 이용자의 지리적 환경 및 정서유지에도 이바지할 수 있어야 한다.

4) 재활상담의 개념

재활상담은 상황과 사례, 비용 등에 따라 다르지만 일반적으로 개별상담에서 시작하여 진로 및 재활상담으로 이어지게 된다. 진로 및 재활상담은 이용자의 삶의 한 측면인 직업세계에 중점을 두고 있다. 그러나 개별상담을 하지 않고 진로상담을 하기란 불가능하므로 재활상담은 장애인이 가진 특별한 문제에 초점을 맞춘 개별상담을 통해 이루어진다고 할 수 있다.

재활상담에 대하여 Szymanski(1985)는 역량강화적인 접근법을 반영하여 "장애인이 환경에 적응하도록 돕고, 개인의 욕구들에 적합한 편의시설을 제공하도록 환경을 지원하며, 사회의 전 분야, 그중에서도 특히 직업적인 측면에서 장애인이 완전하게 참여하여 일하도록 돕는 전문직"이라고 하였다(p. 3). George Washington University(2018)의 재활상담사 교육 프로그램에서는 "장애를 지닌 사람들이 자신의 잠재력과 독립을 극대화하도록 돕는 데 관심을 가지는 것"이라고 하였다. Rubin과 Roessler(2001)는 재활상담을 "사례 발견에서부터 초기 면접, 진단, 적격성 판정, 계획 개발 및 완성, 서비스 제공, 배치, 고용 후 서비스 등을 통하여 특정 주 직업재활기관의 과정을 촉진하는 데 필요한 다양한 기술과 관련되는 것"이라고 하였다. 즉, 재활상담은 중증장애인의 욕구를 충족시키기 위하여 마련된 다학문적 프로그램을 조절하는 사례관리 기술들과 임상적 상담 등의 기술을 갖는 전문직으로 보았다.

그 외에도 미국의 재활상담사인증위원회(The Commission on Rehabilitation Counselor Certification: CRCC)는 재활상담에 대하여 "인지 · 정서 · 행동주의적 적용과 인간 행동의 발생학, 예방학, 병리학과 다양한 문화적 원칙을 포함한 체계적인 상담 전략으로, 이러한 중재는 전문가적 상담 관계라는 정황에서 특별한 효력을 발휘한다. 다음의 사항들, 즉 평가, 개인 · 그룹 · 결혼 · 가족상담과 치료, 정신적 · 정서적 · 행동적 장애를 가진 이들의 진단 평가와 치료, 학교나 직장을 포함하여 정상적인 성장과 계발을 가능하게 해 주는 안내나 자문, 장애의 치료나 곤란한 상태의 조절을 요구하는 사람들을 위한 기능적 평가와 직업적 상담의 이용, 진찰 후 환자를 전문 병원으로 의뢰하기, 자문, 그리고 연구 등을 포함한다(p. 2)."라고 하였다. 그리고 재활상담은 "신체적 · 정신적 · 발달적 · 인지적 · 정서적 장애를 지닌 사람들이 상담과정의 적용을 통해 가능한 최대한 통합된 장면에서 자신들의 개인적 진로와 독립생활의 목적들을 달성하도록 돕는 체계적인 과정으로, 상담과정에 의사소통과 목적 설정, 그리고 자기 옹호를 통한 유익한 성장이나 변화, 심리적 · 직업적 · 사회적 · 행동적인 중재들이 수반된다."고 하였다.

재활상담사인증위원회(CRCC)와 미국재활상담협회(American Rehabilitation Counseling Association: ARCA), 국립재활상담협회(National Rehabilitation Counseling Association: NRCA) 등은 재활상담사의 업무영역을 다음과 같이 제시하고 있다.

① 사정평가
② 진단과 치료계획
③ 진로(직업)상담
④ 장애의 의학적 · 심리적 결과들에 초점을 맞춘 개인 및 집단상담 중재

⑤ 사례관리, 의뢰 및 서비스 조정

⑥ 프로그램 평가 및 연구

⑦ 환경, 고용, 태도상의 장애물을 제거하기 위한 중재

⑧ 다양한 단체들과 정규적 시스템 내의 자문서비스

⑨ 고용지원과 직업적 편의시설을 포함하는 직무조정, 직무개발, 직업배치 서비스

⑩ 재활공학 관련 협의 및 제공

앞서 지도와 상담, 심리치료를 정의하는 과정에도 관점의 차이가 존재했던 것처럼 재활상담도 교육자들과 조사연구자들, 그리고 현장 실천가들의 관점에 따라 다양한 정의가 존재할 수 있다. 재활상담에서 이용자와 함께 하는 재활상담사의 모든 활동을 '상담'으로 보는 사람도 있고, 재활상담사가 제공하는 여러 가지 서비스 중 하나를 상담이라고 보는 사람도 있다(Sales, 2007). 그러나 재활상담이 전문 분야로서 개별적이고 직업적인 상담지원을 통해 장애인들을 위한 기회의 평등을 촉진시키고, 독립심을 증가시키며, 삶의 질을 증진시키고자 한다는 점에는 이견이 있을 수 없다.

정리해 보면 재활상담은 장애인의 심리적 구조를 객관적 자료에 근거해 진단·평가하고, 이용자가 장애 이전에 가지고 있었거나 새로 원하는 삶의 조건을 평가하여 가장 잘 합치되는 삶을 살 수 있도록 지원하는 통합적인 서비스 개념이라 할 수 있다.

2. 재활상담 서비스 제공자와 이용자

1) 재활상담 서비스 제공자

(1) 재활상담사의 직무 정의

재활상담사는 "개인의 손상이나 기능제한, 상황적 요인 등으로 개인 활동이나 사회참여에 어려움을 가지고 있는 사람들을 대상으로 진단과 평가, 재활상담과 사례관리, 전환기 서비스 및 직업재활 등의 전반적인 서비스를 지원하는 재활전문가"를 의미한다(나운환 외, 2017). 재활상담사에 대한 정의는 미국의 경우에도 유사하게 제시되고 있다. 미국은 노동부 『직업전망서(Occupational Outlook Handbook: OOH)』와 미국 직업정보망(O*NET)을 통해 "재활상담사는 신체적·정신적·발달상의, 그리고 정서적 장애가 있는 사람들이 독립적으로 살아가도록 돕고, 고객들이 장애로 인한 개인적·사회적·심리적 영향들을 극복하고 관리하여 고용이나 독립생활을 하도록 돕는 역할을 하는 전문가"라고 제시하고 있다.

재활상담사의 양성과 관련하여 우리나라에서는 「고등교육법」에 따른 대학 또는 대학원에서 보건복지부령으로 정하는 장애인 재활 관련 교과목을 이수한 후 국가자격 시험에 응시해야 한다. 미국에서는 재활상담사 자격을 취득하기 위하여 재활상담이나 관련 분야의 석사학위를 취득해야 하고, 일부 직위에는 자격증이나 면허가 요구되기도 한다.

재활상담사에 대한 명칭도 사례관리자(Case Manager), 휴먼서비스 관리 전문가(Human Services Care Specialist), 직무코치(Job Coach), 프로그램 코디네이터(Program Coordinator), 프로그램 전문가(Program Specialist), 재활상담사(Rehabilitation Counselor), 재활전문가(rehabilitation Specialist), 직업재활상

담사(vocational rehabilitation counselor: VCR), 심리재활상담사(Psychosocial Rehabilitation Counselor), 재향군인 재활상담사(Veterans Rehabilitation Counselor), 공인 재활상담사(Certified Rehabilitation Counselor), 발달훈련 상담사(Developmental Training Counselor), 고용지도보조원(Employment Instructional Associate: EIA), 가사재활 컨설턴트(Homemaking Rehabilitation Consultant), 지원고용 사례관리자(Supportive Employment Case Manager), 직업 재활 컨설턴트(Vocational Rehabilitation Consultant) 등 다양하게 불리고 있다.

(2) 재활상담사의 주요 직무

재활상담사의 주요 직무들을 살펴보면 미국에서 재활상담사는 〈표 1-2〉 와 같이 이용자의 기록을 관리하고, 이용자를 위한 재활계획을 개발하며, 진 행 상황을 평가하기 위해 이용자를 모니터링하고, 이용자와 상의하여 계획이 나 진전에 대해 논의하며, 다른 전문가들과 함께 이용자의 욕구나 재활계획 을 사정하기 위해 협력한다. 그리고 이용자를 위해 신체적/정신적 건강서비 스를 마련하고, 상담/교육 프로그램의 효율성을 평가하며, 이용자에게 교육/ 직업 프로그램을 안내하고, 욕구나 적격성을 결정하기 위해 이용자의 특성을 평가하는 한편, 프로그램 활동을 원활히 하기 위해 다른 사람들과의 협력관 계를 맺어 나가는 활동을 수행한다.

우리나라는 재활상담사의 주요 직무로 재활상담 및 사례관리, 장애 진단 및 직업평가, 직무개발과 배치, 재활서비스, 재활행정, 연구개발을 제시하고 있다. 주요 직무 유형별 업무영역은 다음과 같다(나운환 외, 2017).

첫째, 재활상담 및 사례관리 업무로 초기 면접, 사례회의 및 IPE 작성, IPE 실행 및 모니터링, 장애상담 및 사례관리, 직업상담, 역량강화 상담, 슈퍼비 전을 수행한다.

둘째, 장애 진단 및 직업평가 업무로 평가 의뢰 내용 확인 및 계획수립, 관

표 1-2 재활상담사들이 수행하는 주요 직무

순서	중요도	주요 업무
1	중요	이용자의 기록을 관리한다.
2		이용자를 위한 재활서비스 계획을 개발한다.
3		서비스 진행 상황을 평가하기 위해 이용자를 모니터한다.
4		서비스 계획이나 진전에 대해 이용자와 협의한다.
5		다른 전문가들과 함께 이용자의 욕구나 재활서비스 계획을 사정하기 위해 협력한다.
6		이용자를 위한 신체적 또는 정신적 건강서비스를 마련한다.
7		상담이나 교육 프로그램의 효율성을 평가한다.
8		이용자에게 적합한 교육이나 직업 프로그램을 제시한다.
9		이용자 욕구나 적격성을 결정하기 위해 이용자의 특성을 평가한다.
10		프로그램 활동을 원활히 하기 위해 다른 사람들과의 협력관계를 발전시켜 나간다.
11	–	일상생활의 세부사항을 처리할 때 고객들을 돕는다.
12		욕구를 진단하거나 평가할 수 있는 도구를 개발한다.
13		이용자의 가정이나 작업 환경에서 잠재적인 문제를 평가한다.
14		이용자의 치료계획이나 진전사항을 가족구성원과 상의한다.
15		조직이나 프로그램 재정을 관리한다.
16		교육이나 지원 프로그램을 개발하기 위해 다른 전문가들과 협력한다.

련 기초 정보 수집 및 의뢰, 지필검사 실시 및 해석, 작업표본평가 실시 및 해석, 상황 및 현장평가 실시 및 해석, 종합평가보고서 작성을 수행한다.

셋째, 직무개발과 배치 업무로 지역사회 노동시장 조사, 고용주 및 인사 담당자 면담, 작업현장 관찰, 직무분석 및 직무조정(보조공학 서비스), 구인-구직자 매칭, 사업주 지원 자원개발 및 정보 제공, 고용주-구직자 간담회 및 교육을 수행한다.

넷째, 재활서비스 업무로 전환/직업적응훈련 프로그램 개발 및 운영, 직업

훈련 및 관련 정보 제공, 구직탐색훈련 프로그램 개발 및 운영, 자립생활/사
회적응훈련 프로그램 개발 및 운영, 보호/지원/맞춤식 고용 등 고용 프로그
램 개발 및 운영, 취업 후 적응지도, 장애 인식 및 차별 개선 관련 프로그램 개
발 및 운영을 수행한다.

다섯째, 재활행정 업무로 문서 작성 및 관리, 제안서 작성 및 자원개발, 회
의 및 세미나, 유관기관 네트워크, 홍보, 비영리 법인 설립 및 시설 설립과 운
영관리, 인사/노무/회계관리, 성과관리를 수행한다.

여섯째, 연구관리 업무로 재활 프로그램 개발, 정책개발, 국내외 장애정책
모니터링, 직무 재교육이 수행한다.

이 내용을 정리해 보면 재활상담사는 신체적 · 정신적 · 발달상, 그리고 정
서적 장애가 있는 사람들이 독립적으로 살아가도록 돕고, 장애로 인한 개인
적 · 사회적 · 심리적 영향들을 극복하고 관리하여 고용이나 독립생활을 하
도록 돕는 역할을 하는 전문가로, 이용자의 문제를 파악하며, 이를 책임질 의
무가 있는 상담사다. 이용자의 욕구를 충족시키기 위해 다양한 서비스 유형
들을 종합적으로 조정 · 중재 · 이행하는 역할을 수행하는 전문가라고 정의
할 수 있다.

(3) 재활상담사의 자질

재활상담사가 갖추어야 할 중요한 자질(important qualities)로 태도와 신념,
특성, 능력, 기술을 들 수 있다.

① 태도와 신념

최근 재활상담의 경향은 온정주의적 관점에서 역량강화적 관점으로 변화
해 가고 있다(Sales, 2007). Gutierrez(1990)는 역량강화를 "사람들이 자신들의

생활환경을 개선하기 위해 행동할 수 있도록 개인적·대인관계적, 혹은 정치적인 힘을 키워 가는 과정으로 지역사회조직 이론과 성인교육 기법들, 그리고 여성주의 이론과 정치심리학에 근거한다."라고 하였다(p. 142).

역량강화 방식은 이용자들의 제한에 중점을 두기보다 이용자의 능력과 가능성, 그리고 기회들에 중점을 두고 있다. Emener(1991)는 재활상담사들이 "역량강화적인 관점으로 실천하기 위하여 자신과 자신의 신념들에 대한 자기반성이 필요하다."라고 한 바 있다. Cowger(1994)는 재활상담사들이 "개인의 장점들을 키우고, 격려하며, 지원하고, 허용하며, 지지하고, 북돋우며, 나타내고, 그 장점들을 주변 사람들을 위해 이용할 수 있도록 개발하며, 사회 전반에서 정의와 평등을 촉진하도록 하는 것이 필요하다."라고 하였다(p. 264).

Sales(2007)는 상담과정에서 역량강화적인 재활상담사가 되기 위해 다음과 같은 접근이 필요하다고 보았다.

첫째, 인간의 본성과 잠재력에 대해 긍정적 관점을 가진다.

둘째, 이용자들과 힘을 공유하고 논의한다.

셋째, 있는 그대로 이용자의 주관적인 경험을 받아들인다.

넷째, 이용자가 처리할 수 있는 개인적·사회적·정치적 맥락의 문제를 이용자가 정의하도록 지원한다.

다섯째, 이용자가 자신의 삶의 문제들에 대처할 수 있음을 믿고, 상담과정을 협력하여 지원한다.

여섯째, 이용자가 자신의 지역사회에 참여하도록 격려한다.

그리고 McGowan과 Porter(1967)는 재활상담 과정에서 재활상담사가 지녀야 할 신념을 여섯 가지 측면에서 제시하고 있다.

첫째, 상담사는 다음의 세 가지 사항을 믿어야 한다.

• 이용자 욕구 중심 상담방식을 통해 이용자가 자신이 선택한 방식에 따

라 자신의 페이스를 개발하고, 자유롭게 성장할 수 있다.

- 좋은(good) 상담은 특정 상담 기법에 대한 상담사의 개인적인 선호도에 따르는 것이 아니라 이용자의 욕구들(needs)에 기초하여 '이용자 중심(client centered)'으로 이루어져야 한다.

- 이용자는 자신들이 선택하고, 사람과 환경에 대한 자신들의 일반적인 반응 및 적응 형태들을 맞추어 가는 방식으로 성장하며, 발전할 권리가 있다. 상담사는 상담 및 면접 동안 이용자가 어떻게 반응하는가에 대한 행동양식을 파악하고, 이용자의 행동방식을 통해 단서들을 찾아야 한다. 이용자 중에는 자신들의 문제와 삶에 대해 사려 깊이 접근하는 합리적인 방식을 선호하는 경우, 정서와 감정을 더 많이 다루기를 원하는 경우, 두 가지 접근방식이 혼합된 방식을 원하는 경우가 있다.

둘째, 상담은 상담사와 이용자가 모두 공통된 목적을 향해 노력하는 성장의 과정이다. 목적이나 목표들은 재검토하고, 재평가해야 하는데 이 과정에서 전반적인 목적들과 목표들에 대해 상호 동의하는 것은 오해를 예방하고 상담과정을 진척시킬 수 있다.

셋째, 일반적이거나 용인되는 상담방법들(예: 반영, 설명, 정보 제공 등)은 상담과 관련된 모든 대학들에서 공통적으로 다루어진다. 접근방식들 간의 차이는 인간의 본성과 자신들의 궁극적인 목적들, 기타 등과 같은 기본적인 신념 차이에 기초하고 있다. 과정과 결과는 상호 의존적으로 나타나지만 일부 상담사들은 대부분의 이용자들이 결과에 관심을 보이는 동안 과정을 강조하는 것을 선호한다.

넷째, 상담에 반드시 필요한 이용자의 실제 흥미에 대해 공감하여 경청하고, 의사소통한다.

다섯째, 이용자는 다양한 문제 유형을 보이고, 각각의 문제 유형별로 서로 다른 종류의 도움을 받고자 한다. Callis(1960)는 이를 다음과 같이 표현하였다. "경험의 부족은 상담사의 발견과 해석방식에 의해 대부분 적절하게 처리되고, 지각의 왜곡은 이용자의 자기발견 방식에 의해 대부분 적절하게 처리된다."

여섯째, 이용자의 행동 변화는 이용자가 자신의 행동을 수정하는 것이 개인적으로 득이 되거나 자기증진이 될 것으로 지각할 때에만 일어날 것이다. 이러한 보상은 확실히 자신의 불안을 줄일 수 있다. 즉, 긴장은 채워지지 않은 욕구들에서 기인하는 것이라고 할 수 있다(p. 108).

② 특성

역량강화를 지향하는 재활상담사는 다섯 가지 측면에서 중요한 특성을 지닌다(Sales, 2007).

첫째, 재활상담사는 다른 사람들의 복지를 촉진한다. 이를 위해

- 이용자의 제한이나 결함보다 능력들을 보고자 한다.
- 이용자가 유능하고, 자신들의 문제들을 확인할 수 있으며, 스스로 결정할 수 있다고 여긴다.
- 비심판적이고, 편견들을 억제하며, 비난하지 않고 경청한다.
- 모든 상담과정에서 정직하고, 공정하며, 신뢰롭고, 일관되며, 성실하게 임한다.
- 상담관계에 영향을 미치는 힘의 역동성과 이용자의 삶에 대해 인식한다.
- 이용자에게 중요한 영향을 미치는 전문가보다는 파트너나 협력자로 일한다.
- 각각의 관계에 윤리적으로 임하고, 비밀을 유지하며, 이용자들의 사생활을 존중한다.
- 이용자가 가질 수 있는 정형화된 태도들을 인식하고, 상담관계를 저해

하지 않도록 한다.

- 이용자의 문제들(problems)이 자신들이 속한 환경 내에서 나타날 수 있음을 믿는다.
- 이용자가 자신과 환경에 대하여 영향력과 힘을 가지고 적극적으로 변화할 수 있는 사람임을 믿는다.
- 이용자가 자신의 힘을 개발하는 과정에서 정치적 옹호가 중요함을 인식한다.
- 역량강화를 증진하기 위한 방법으로 이용자에게 조언하는 게 중요함을 인식한다.
- 개인적, 대인관계, 그리고 환경적 수준에서 힘이 발생하고, 상담은 이러한 모든 수준을 다루어야 함을 이해한다.
- 유능하고, 지역사회 중심적이며, 협력적이고, 개인적·사회적으로 책임을 지고, 자신을 옹호하며, 변화하는 사람으로 존재한다.
- 끊임없이 상담의 효율성에 대해 생각한다.
- 이용자가 삶의 문제들을 선택하고, 선호도를 표현하며, 통제할 권리가 있음을 믿는다.
- 이용자의 주관적인 경험이 자신들의 현실을 나타낸다는 것을 받아들인다.

둘째, 재활상담사는 자신의 개인적인 신념체계를 이해하고, 소중하게 생각하지만 다른 사람들에게 그것을 강요하지 않는다.

셋째, 재활상담사는 자기인식을 분명히 하고, 신체적·개인적 안전 문제들과 스트레스 관리, 그리고 동료들의 지원을 얻는 과정에서 적절한 자기보호가 중요하다고 여긴다.

넷째, 재활상담사는 자신의 역량강화를 소중히 여기고, 이용자들에게 역량강화의 모델이 된다.

다섯째, 재활상담사는 이용자가 재활정책과 서비스 조항을 파악하는 것이 중요하다고 여긴다.

③ 능력

Okun(1997)은 상담을 하나의 예술이자 과학으로 정의하였다. 상담을 예술로 본 것은 "상담은 정의하거나 측정하기 어려운 상담과정의 주요 변수들로 상담가의 성격과 가치들, 그리고 (기술과 지식이 더해진) 태도가 영향을 미친다."라고 보았기 때문이다. 그리고 상담을 과학으로 본 것은 "상담은 인간의 행동과 몇 가지 지원 전략들에 대해 우리가 알고 있는 것 중 상당수가 구조화되어 있고, 측정 가능하며, 객관적으로 변하지 않는 시스템으로 종합적으로 다루어져 왔다."라고 보았기 때문이다.

상담의 과학에 대해 우리가 알고 있는 것은 상담에서 공감과 격려, 그리고 무조건적인 긍정적 관여가 중요하다는 것이다. 이것이 결여되어 있거나 너무 적을 때, 이용자들은 더 좋아지지 못하고 오히려 더 나빠질 수 있다. 반면, 높은 수준에서 제공될 때 이용자들은 개선될 수 있다. 이러한 자질들은 평균적으로 성과의 약 30%를 설명하고, 상담사의 기법들은 15%를 설명하며, 15%는 희망과 기대, 플라세보 효과와 관련되고, 40%는 이용자와 상담사 이외의 요인들과 관련된다(Sexton et al., 1997).

상담관계에서 상담사에게 우선적으로 필요한 능력은 적합성과 성실성이다. 이것은 상담관계에서 자신에 대해 정직하고, 사고와 감정, 행동들에서 현실적이고 일관된다는 것을 의미한다. Jourard(1971, pp. 15-16)는 적합성을 "솔직한 자신(the transparent self)"이라고 하였다. 상담사는 상담과정에 자발적으로 반응하고, 정직하고 건강한 행동을 보일 수 있도록 이용자들을 위하여 하나의 역할 모델로 존재한다. 그리고 성실성은 상담관계에서 자발적으로 또는 '믿을 만한(authentic)' 방법을 보이는 것으로 이용자들에 대하여 열린 태도로 임해야 한다는 것이다(Corey, 2013; Jourard, 1968; Neukrug, 1994).

상담사의 의사소통과 공감, 적합성, 관여에 대해 긍정적인 이용자는 관계 형성에서 상담사를 신뢰하고 편안한 느낌을 가지게 된다. 이는 이용자의 탐색과 자기이해를 점차 촉진하게 한다.

두 가지 강력한 상담 기법인 모델링과 자기공개는 상담사의 성실성과 진정성에 의해 좌우된다. 모델링은 실례가 되는 것으로, 그리고 자기공개는 상담 과정에서 현실과 개인적인 견해를 음성적·비음성적으로 공유하는 것을 통해 이루어진다. 효과적인 자기공개는 잘 설정된 상담관계에서만 일어난다.

Corey(2005, pp. 16-18)는 효과적인 상담사에게 필요한 개인적인 자질로 다음을 제시하였다.

- 상담사는 효과적인 조력자로서의 정체감을 지닌다.
- 상담사는 스스로를 존중하고 올바로 인식한다.
- 상담사는 자신들이 가진 힘을 인지하고 받아들일 수 있다.
- 상담사는 변화에 개방되어 있다.
- 상담사는 끊임없이 자신과 다른 사람들에 대해 알아보고자 한다.
- 상담사는 자발적이고, 모호한 말도 받아들일 수 있다.
- 상담사는 계속해서 자신들의 지원 방식을 개발한다.
- 상담사는 자신들이 공감하지 못하더라도 이용자의 세계를 경험하고, 식별할 수 있다.
- 상담사는 살아 있음을 느끼고, 그들의 선택들은 삶을 중심으로 이루어진다.
- 상담사는 믿을 만하고 성실하며 정직하다.
- 상담사는 유머감각을 지닌다.
- 상담사는 자신들의 실수를 기꺼이 받아들이고자 한다.

- 상담사는 대체로 현재 속에 살고 있다.
- 상담사는 문화의 영향을 헤아릴 수 있다.
- 상담사는 스스로를 변화시킬 수 있다.
- 상담사는 자신들의 삶에 적합한 선택들을 할 수 있다.
- 상담사는 다른 사람들의 복지에 진심으로 관심을 가지고 있다.
- 상담사는 자신들의 일에 깊게 관여하고, 그것으로부터 의미를 얻고자 한다.
- 상담사는 건강한 상태를 유지할 수 있다.

그리고 재활상담사는 다음과 같은 경우에 전문적이고 유능하다고 여겨진다.

- 경청 및 음성적·비음성적 반응들이 정확하고, 온정적이며, 타당하다는 전제하에 효과적인 조력 관계를 확립하고 유지할 때
- 이용자가 긍정적인 상담 성과에 가장 중요한 요소임을 지각하고, 이용자의 감정에 중점을 두며, 공감할 때
- 이용자들을 동료로서 받아들이고, 긍정적인 관심과 존중을 보일 때
- 이용자에게 앞으로의 일을 강요하기보다 그들이 현재 시점의 문제를 바라보게 할 때
- 이용자들과 협력하는 과정에서 적절한 지원들(예: 관련 정보, 교육, 의뢰, 연계, 주장훈련, 문제해결 기술 등)을 제공할 때
- 개인적인 옹호뿐만 아니라 보다 광범위한 계층적 옹호까지 이해할 때
- 이용자들이 자신들의 삶 외에 더 많은 것을 컨트롤하는 방법들을 찾도록 도울 때
- 이용자들이 정보를 얻고, 그들의 관심과 최종 선택들을 가능한 잘 분별하도록 격려할 때
- 이용자의 참여 및 적극적인 의사결정을 격려하고, 촉진할 때

- 이용자들의 선택 및 자기결정에 대한 권리들을 지지할 때
- 이용자들의 어떠한 부정적인 행동에 대하여 적정 시점에서 명확하고 비심판적 견해들을 제시할 때
- 이용자가 자기효능감을 증진하고, 자기비난을 줄이도록 할 때
- 힘의 역동성의 측면에서 보면 다른 사람들을 제압하는 힘은 파괴적인 반면, 다른 사람들과 연계하여 힘을 창의적으로 사용하는 것은 사람들을 자유롭게 하고, 역량을 강화하게 한다.
- 상담을 이용자의 역량강화 과정으로 이해할 때, 즉 ⊙ 이용자가 통찰하고 변화에 대한 욕구들을 분명히 하도록 돕기 위하여 그들이 다른 사람들과 환경에 영향을 미친 힘에 대해 탐색하게 하고, ⓒ 이용자가 책임감 있는 선택을 하는 데 필요한 새로운 지식이나 대처기술, 사회적 · 의사결정적 기술을 하도록 지원하며, ⓒ 이용자가 적극적으로 스스로 선택하고, 새로운 행동들을 실천하도록 지지적인 상담을 할 때
- 이용자들이 환경적 · 사회적 태도 및 행정적 장벽들을 극복하도록 지원할 때
- 휠체어를 사용할 것인지, 아니면 클러치를 사용할 것인지와 같은 삶의 선택 시 이용자의 관점에서 의존과 독립을 바라볼 때
- 이용자들이 자신들의 결정에 책임을 질 수 있는 협력적인 상담과정에서 이용자와 함께 촉진자, 컨설턴트, 파트너, 교사, 보조자로 존재할 때

④ 기술

미국 노동부 『직업전망서(Occupational Outlook Handbook)』(2018)에 따르면 재활상담사가 갖추어야 할 기본적인 기술은 다음과 같다.

첫째, 고객들과 효과적으로 의사소통하고, 이용자들이 이해하기 쉬운 방식으로 아이디어와 정보를 표현하는 등의 의사소통 기술(communication skills)이 있어야 한다.

둘째, 종종 스트레스가 많고 어려운 상황에 있는 사람들과 일할 수 있으므로 친근감을 가지고, 고객들에게 공감하는 정감(compassion)이 있어야 한다.

셋째, 이용자의 능력과 흥미를 고려하여 이용자들이 자신의 목적들을 달성할 수 있도록 치료계획을 수립하는 등의 비판적 사고 기술(critical-thinking skills)을 가져야 한다.

넷째, 이용자나 가족들, 고용주, 그 외 전문가들과 함께 일하고, 좋은 협력관계들을 개발하고 유지하는 데 필요한 대인관계 기술(interpersonal skills)이 필요하다.

다섯째, 이용자의 문제나 관심사, 그리고 가치들을 이해하기 위해 충분한 주의를 기울이는 청취 기술(listening skills)이 필요하다.

여섯째, 이용자의 장애와 관련하여 새로운 기술과 전략들을 배우고 파악하기 위해 인내심(patience)을 갖는 것이 필요하다.

이러한 태도와 신념, 능력과 기술 외에 재활교육위원회(CORE, 2018)는 재활상담사가 되기 위해 준비하고, 자격을 갖추는 데 필요한 기준으로 장애와 장애연구들, 장애에 대한 태도들, 이용자들을 위한 지지적인 자원들, 재활 법규, 심리적 · 직업적 사정, 사례관리, 그리고 배치와 같은 영역들에서 종합적인 지식이 필요하다고 제시한다.

2) 재활상담 서비스 이용자

전통적으로 재활상담 서비스 이용자는 주로 장애를 가진 사람들이었다. 다음에서는 ICF의 장애 개념과 미국과 우리나라의 관련 법률에서 제시하고 있는 장애의 개념을 기준으로 재활상담 서비스 이용자에 대해 제시한다.

(1) ICF의 장애 개념 정의

2001년 세계보건기구는 ICIDH-2(International of Impairments, Activities, and Participation)에서 제시한 내용을 계승하면서 분류체계와 언어 사용을 보다 긍정적이고 환경지향적인 맥락으로 수정한 ICF(International Classification of Functioning, Disability, and Health)를 발표하여 세계적으로 통용될 수 있도록 승인하였다.

ICF는 장애의 개념에 대하여 신체적 장애에서 기능적 장애로 그 무게 중심을 이동하였고, 장애인에 대한 개념을 장애를 가진 사람들에 제한하여 적용하는 것이 아니라 다양한 형태의 정책적인 도움을 필요로 하는 사람으로 구체화시켰다. 이는 장애에 대한 개별적 모델과 사회적 모델의 통합을 위한 노력의 결과로 국제질병분류체계인 ICD-10과 병행하여 보완적으로 사용될 수 있도록 만들어졌다. 참고로 ICD-10은 질병의 진단에 초점을 두고 있는 반면 ICF는 기능에 대한 풍부한 정보를 제공하는 데 집중하고 있다. 결국 ICF는 장애를 가지고 있는 사람들뿐만 아니라 모든 사람의 건강과 관련된 요소들을 설명해 줄 수 있는 보편적인 적용이 가능한 틀이라 할 수 있다(ICF 한국번역출판위원회, 2003).

ICF는 〈표 1-3〉에 제시된 바와 같이 크게 두 가지 영역, 즉 기능과 장애, 상황 요인으로 나누어지고, 각 영역은 다음과 같은 두 가지 구성 요소로 이루어진다.

첫 번째 영역은 기능과 장애로, 구성 요소는 신체기능과 신체구조, 활동과 참여로 이루어진다. 신체기능은 신체의 심리학적 기능을 포함하는 생리학적 기능을 말하며, 신체구조는 신체 내부 기관, 팔, 다리, 그 구성 요소의 해부학적 부분을 말한다. 손상은 신체기능과 신체구조에 발생한 심각한 변형이나 손실과 같은 문제를 말한다. 활동은 과업이나 행동의 실행을 의미하며 참여는 생활 상황에 개입하는 것을 말한다. 활동 제한은 활동을 수행하는 데 부딪

표 1-3 | ICF의 장애 개념

구성 요소	부분 1: 기능과 장애		부분 2: 상황 요인	
	신체기능 및 구조	활동과 참여	환경적 요소	개인적 요소
영역	• 신체기능 • 신체구조	• 생활영역(과업과 활동)	• 기능과 장애에 영향을 미치는 외부 요인	• 기능과 장애에 영향을 미치는 내부 요인
구성 및 지표	• 신체기능의 변화 (생리학) • 신체구조의 변화 (해부학)	• 표준 환경에서 과업을 수행할 수 있는 능력(capacity) • 현재 환경에서 과업을 수행할 수 있는 능력(performance)	• 물리적 · 사회적 · 인지적 환경을 촉진하거나 억제하는 힘	• 개인의 특성에 의한 영향
긍정적 측면	기능적 · 구조적 통합	활동과 참여	촉진 요소	해당 없음
부정적 측면	신체/기능의 손상 장애(Disability)	활동 제한 및 참여 제한	억제 요소: 장벽/방해물	해당 없음

출처: WHO (2001). ICF International Classification of Functioning, disability, and health. Geneva: Author.

히는 어려움을 말하고, 참여 제한은 생활 상황에서 개입하며 겪는 문제를 말한다.

두 번째 영역은 상황 요인으로 환경적 요소와 개인적 요소로 이루어진다. 환경적 요소는 기능과 장애의 모든 구성 요소에 영향을 미치며 개인의 가장 직접적인 환경에서 일반적인 환경 순으로 정리되어 있다. 환경적 요소는 사람이 살고, 생활을 영위하는 물리적 · 사회적 · 인지적 환경으로 사회의 인식, 건축물 이용의 불편 등과 같은 개인의 외적 요소를 의미하며, 사회의 구성원으로서 그 개인의 수행, 행동 및 과업을 실행하는 능력, 신체기능이나 신체구조에 긍정적/부정적 영향을 미칠 수 있다. 개인적 요소는 개인의 삶과 생활의 특정한 배경이며 건강 상태의 일부분이 아닌 개인의 특성을 구성하는 것으로 성, 연령, 인종, 습관, 대처양식 등의 개별 특성을 의미한다.

　그러므로 ICF는 과거의 분류와 달리 개인적인 장애나 질병과 상황적 맥락 (환경적 요소와 개인적 요소)과의 상호작용에 의한 기능과 장애를 설명하고자 하는 틀이다. 즉, 특정 영역에서 개개인의 기능수준은 건강 상태와 상황적 맥락의 상호작용의 결과로 본다.

(2) 미국의 장애 이용자

　1990년 제정된 「미국 장애인법(The Americans with Disabilities Act)」은 2008년 「ADAAA(The Americans with Disabilities Act Amendments Act, 2008)」로 개정되었다. 동법에서는 장애를 "첫째, 사람의 주요 일상활동, 자기보호관리, 보기, 듣기, 말하기, 걷기, 숨쉬기, 손으로 하는 작업의 수행, 배우기, 일하기 등에서 한 가지 또는 그 이상에 실질적 제약을 갖는 신체적 또는 정신적 손상이 있어야 하며, 둘째, 그러한 손상의 기록이 있거나, 셋째, 그러한 손상이 있는 것으로 간주되는 경우"로 정의하고 있다. 특히, 중증장애인은 장기간에 걸쳐 다양한 서비스를 필요로 하는 사람으로 동시 절단, 맹, 암, 농, 뇌성마비, 방광섬유증, 심장병, 반신마비, 지적장애, 정신질환, 다발성경화증, 근위축증, 신경계장애, 양하지 마비, 척수질환, 신장질환, 호흡장애 등의 장애를 지닌 경우를 의미한다.

　1973년 제정되고 2015년 개정된 「재활법(The Rehabilitation Act)」(2015)에서는 장애에 대한 개념 정의를 「미국 장애인법(ADA)」과 동일하게 적용하고 있다. 다만, 중증장애인에 대한 정의를 "고용 가능성 면에서 한 가지 또는 그 이상의 기능적 능력을 현저히 제한하는 중대한 신체적 또는 정신적 장애를 지닌 사람, 장기간에 걸쳐 복합적인 직업재활서비스를 필요로 한다고 인정되는 사람은 독자적인 기능능력 또는 취업능력이 심한 장애에 의하여 심하게 제약되어 기능하거나 직업에 종사함에 있어 독립적인 재활서비스를 필요로 한다."고 규정되고 있다.

1975년 「미국 전(全)장애아동교육법(Education for All Handicapped Children Act: EHA)」이 제정된 이후 2004년 개정된 「미국 장애인교육법(The Individuals with Disabilities Education Act: IDEA)」(2004)에서는 장애를 "지적 장애, 농, 난청, 신체적 결함, 건강장애, 중증 정서장애, 특정학습장애 등을 지닌 자로서 특수교육 및 그와 관련된 서비스를 필요로 하는 자"로 정의하고 있으며(공마리아 외, 2011), 2000년 제정된 「발달장애 지원 및 권리장전법(The Developmental Disabilities Assistance and Bill of Rights Act)」(2000) SEC 102-8항에서는 발달장애를 "개인의 중증 및 만성적 장애로 정신적 또는 신체적 손상 또는 정신적·신체적 손상의 조합에 기인하고, 22세가 되기 전에 나타나며, 무한정 지속될 가능성이 있고, 다음과 같은 주요 생활 활동 영역, 즉 자기보호, 수용 및 표현언어, 학습, 이동, 자기관리, 독립생활 능력, 경제적 자립 중 세 가지 또는 그 이상에서 실질적인 기능 제한을 초래하며, 장기간 또는 일생 동안 특별하거나 종합적인 일반적 보호, 치료 또는 기타 서비스를 지속적으로 필요로 하는 경우"로 정의하고 있다(PL106-402-OCT. 30, 2000).

그 외에 장애연금(Social Security Disability Benefits: SSDB, 2018)의 자격요건을 결정짓는 「사회보장법」에서는 장애인을 "의학적으로 판정하여 1년간 지속될 것으로 판정되거나 사망에 이를 것으로 판정되는 신체적·정신적 손상으로 인하여 실질적인 소득활동에 참여하지 못하는 자"로 규정하고 있으며 구체적인 내용은 다음과 같다.

첫째, 월평균소득이 일정액 이상인 경우는 판정되지 않는다.

둘째, 그 손상이 노동과 관련된 기본적인 활동들을 방해하는 경우여야 한다.

셋째, 현재 상태가 능력장애를 야기하는 기능장애 목록에 포함되어 있어야 한다.

넷째, 과거에 하던 소득활동을 계속 할 수 있는지를 판정해야 한다.

다섯째, 과거의 일 이외에 연령, 교육, 과거경력, 기술 등을 고려하여 어떤 다른 일을 할 수 있는지 판단한 다음 장애 판정을 내린다(https://www.ssa.gov/pubs/EN-05-10029.pdf).

(3) 한국의 장애 이용자

우리나라의 장애인에 대한 정의는 「장애인복지법」에서 그 근간을 찾을 수 있다. 「장애인복지법」 제2조 제1항에 따르면 장애인이란 "신체적 · 정신적 장애로 인하여 장기간에 걸쳐 일상생활이나 사회생활에서 상당한 제약을 받는 자"를 말한다. 제2항은 이 법을 적용받는 장애인으로 "제1항에 따른 장애인 중 다음 각 호의 어느 하나에 해당하는 장애가 있는 자로서 대통령령으로 정하는 장애의 종류 및 기준에 해당하는 자를 말한다."라고 되어 있다. 여기에서 신체적 장애란 주요 외부 신체기능의 장애, 내부 기관의 장애 등을 의미하고, 정신적 장애란 발달장애 또는 정신질환으로 발생하는 장애를 의미한다.

그리고 「장애인복지법 시행령」 제2조 [별표 1]에는 15가지 영역으로 장애유형을 세분화하여 제시하고 있으며, 이는 〈표 1-4〉와 같이 지체장애, 뇌병변장애, 시각장애, 청각장애, 언어장애, 지적 장애, 자폐성장애, 정신장애, 신장장애, 심장장애, 호흡기장애, 간장애, 안면장애, 장루 · 요루장애, 뇌전증장애 등으로 구분하고 있다.

참고로 「장애인복지법 시행규칙」(제2조 관련) [별표 1](2016. 6. 30. 일부 개정)에는 장애 유형별로 장애등급을 구분하여 제시하고 있는데 지적 장애 · 자폐성장애 · 정신장애는 1~3급만 있고, 간장애 · 심장장애 · 호흡기장애는 1~3급, 5급만 있다. 안면장애와 장루 · 요루장애는 2~5급, 언어장애는 3~4급, 신장장애는 2급, 5급, 청각장애는 2~6급, 뇌전증장애는 2~5급(소아는 2~4급)만 있으며, 그 외 장애는 1~6급으로 나누어져 있다.

이러한 장애 유형의 세분화는 행정관청의 편의를 위해 법 적용의 최소 기

표 1-4 「장애인복지법」에 따른 장애 분류 및 장애범주
(대통령령 제26683호, 2015. 11. 30. 개정, 2016. 1. 1. 시행)

대분류	중분류	소분류	세분류
신체적 장애	외부 신체 기능장애	지체장애	절단장애, 관절장애, 지체기능장애, 변형 등의 장애
		뇌병변장애	중추신경의 손상으로 인한 복합적인 장애
		시각장애	시력장애, 시야결손장애
		청각장애	청력장애, 평형기능장애
		언어장애	언어장애, 음성장애
		안면장애	안면의 기능상의 장애
	내부기관 장애	신장장애	투석치료 중이거나 신장을 이식받은 경우
		심장장애	일상생활이 현저히 제한되는 심장기능 이상
		간장애	일상생활이 현저히 제한되는 만성 중증의 간기능 이상
		호흡기장애	일상생활이 현저히 제한되는 만성 중증의 호흡기능 이상
		장루·요루장애	일상생활이 현저히 제한되는 장루·요루
		뇌전증장애	일상생활이 현저히 제한되는 만성 중증의 간질
정신적 장애	지적 장애		IQ 또는 지능지수 70 이하
	정신장애		조현병, 분열정동장애, 양극성 정동장애, 반복성 우울
	자폐성장애		소아자폐 등 자폐성장애

준을 마련한다는 장점이 있다. 그러나 장애영역의 제한을 초래할 수 있고, 장애 유형별로 장애등급을 구분하는 것은 1980년 WHO가 제시한 장애기준인 의료적인 판단하에 신체적·정신적 손상으로 인해 일상생활이나 사회생활에 제한을 받는 경우로 한한다는 점에서 개선이 필요하다는 비판이 꾸준히 제기되었다.

　그 결과 보건복지부와 한국장애인개발원, 국민연금공단, 일부 지자체를 중심으로 1989년 「장애인복지법」 개정 이후 시행되어 온 장애등급제에 대한 폐지와 관련된 시범사업이 펼쳐졌다. 지난 2015년에는 서울 구로구·노원구, 부산 해운대구, 충남 천안시, 전북 완주군 등 5개 지역에서 1차 시범사업이, 2016년 6월부터 11월까지 경기 구리시, 대전 서구 등 10개 지역에서 2차 시범사업이 이루어졌다. 2017년 4월부터 6개월간 진행된 3차 시범사업에는 서울 구로구·노원구, 경기 구리시·파주시, 대구 달서구, 부산 해운대구·금정구, 대전 서구, 광주 광산구·남구, 충북 청주시, 충남 천안시·서천군, 전북 익산시·완주군, 전남 여수시, 경북 구미시, 강원 동해시 등 총 18개 지자체가 참여한 것으로 나타났다. 시범사업의 결과를 토대로 2017년 12월 1일 장애등급제 폐지 이행 법률안이 국회 본회의를 통과하였고, 보건복지부와 한국장애인개발원은 준비과정을 거쳐 2019년 7월 1일부터 장애등급제를 폐지하였다.

　장애등급제 폐지 이후, 변화 방향은 장애등급을 장애 정도로 변경하여 기존의 1~3급의 장애인은 장애 정도가 심한 장애인으로, 4~6급의 장애인은 장애 정도가 심하지 않은 장애인으로 표기하도록 하였으며, 서비스 필요도를 종합적으로 평가하여 수급자격과 급여량을 결정하도록 하였다.

3. 재활상담의 역사

　우리나라는 1988년 대구대학교에 직업재활학과를 설치한 후 재활상담사를 양성하기 위한 교육과정의 상당 부분을 미국의 재활상담사 양성 교육과정에 준하여 마련하였다. 우리나라 재활상담의 역사를 이해하기 위하여 미국의 재활상담 역사를 살펴보고, 이를 토대로 우리나라 장애인 재활상담의 역사를 시기별로 제시한다.

1) 19세기

재활상담은 여러 가지 요소에 영향을 받은 전문직이다. 상담은 19세기 중엽 프랑스에서 시작된 정신건강 문제에 대한 보다 온정적인 치료 움직임과 Freud의 정신역동적 통찰 및 정신분석, 과학적 조사와 행동주의적 접근방법, 심리측정에 대한 양적 과학, 내담자 중심 치료의 인본주의적 관점, 실존주의의 철학적 기초, 그리고 직업지도 운동에서 전개된 실용적 통찰과 적용 등을 통해 발전되어 왔다(Belkin, 1988, p. 19).

그리고 1800년대 미국의 몇몇 개혁운동에서 사회가 욕구를 가진 시민들을 보다 새롭고 인간적인 방법을 사용하여 도와야 할 책임이 있다고 주장되었다. 이러한 운동은 사회사업가들이 빈민이나 난민들을 돕는 활동을 변화시켰고, 의사들이 정신질환 치료를 변화시키도록 하였으며, 정부지원을 받는 공교육 체계에서 교사들이 새로운 교육방법을 사용하도록 만들었다(Dewey, 1956; Dykhuizen, 1973; Neukrug, 1994). 그리고 이러한 운동들은 초기 전문 상담사, 직업지도사가 중점을 두는 업무에도 영향을 미치게 되었다(Sales, 2007).

19세기 후반, 사회개혁운동과 산업혁명의 시작으로 이주민이 늘어나게 되면서 직업지도 서비스가 필요하게 되었다. 당시 (심리)검사 운동이 직업지도와 함께 발달되었고, 검사가 가능해지면서 직업지도는 종합적인 접근이 가능하게 되었다(Herr & Cramer, 1996). 유럽과 미국의 학자들은 개인차 연구에 관심을 보이기 시작하였고(예: Alfred Binet의 지능 연구와 1896년 개발된 지능검사), 개인과 기관의 의사결정을 돕는 과정에서 측정도구를 널리 사용하게 되었다.

인본주의적 치료 접근, 검사, 그리고 직업지도 이론은 상담의 기초를 제공하였고, 의학에서 심리학이 분화되었으며, 많은 학자들은 대부분 최면을 사용하여 정신질환의 원인을 연구하기 시작했고, 정서적 문제는 무의식적 정신과정일 것으로 추정되었다(Ehrenwald, 1976). 이에 대한 이론을 처음 개발하고 정서적 문제들을 치료한 사람이 바로 Freud로 Freud의 정신분석 상담 이론은 제6장에서 상세하게 다룬다.

2) 1900년대~1920년대

20세기 초 미국을 중심으로 체계적인 직업지도가 나타나기 시작하였다. 미국 직업지도의 창시자로 여겨지는 Frank Parsons는 자신이 보스턴 사회사업가로 활동하던 당시에 개별적인 상담이 학교에서 필요하다고 보았다. 이에 따라 체계적인 직업지도를 구상하였고, 사회협력이 경쟁보다 중요하다고 하였다(Jones, 1994). 1909년 그의 책 『직업의 선택(Choosing a Vocation)』이 유작으로 출판된 이후, 1913년 보스턴에서는 제1차 직업지도 콘퍼런스가 열렸고, 여기에서 미국상담협회(American Counseling Association: ACA)의 전신인 국립직업지도협회(National Vocational Guidance Association)가 설립되었다.

이후 제1차 세계 대전(1914~1918)이 종전될 무렵 미국은 심리학자들을 통해 전쟁으로 정신적 문제가 생긴 재향 군인들의 회복을 위해 서비스를 제공하기 시작하였다. 그러나 군인들에게 장기간의 정신분석을 실시하기가 쉽지 않았기 때문에 치료사들은 보다 새로운 단기적 접근법을 개발하게 되었고, 이런 종류의 치료법들이 확대됨에 따라 심리학 지원자들에 대한 수요가 발생하게 되었다. 이에 따라 석사수준의 학생들이 지원하게 되었는데 당시 지원자 가운데 많은 수가 사회사업을 전공하는 학생들이었다. 이후 연방정부 지원으로 새로운 학위인 직업지도 전공학위를 가진 상담전공 학생들도 점차 늘어나기 시작하였다(Neukrug, 2015).

3) 1930년대~1940년대

1920년 직업재활의 역사적 토대가 되는 「스미스-페스법(Smith-Fess Act)」
이 미국 의회를 통과한 후, 1930년대부터 미국은 다양한 연방 법률들을 통
해 직업지도를 한층 더 강화하였다. 일례로, 1938년 「와그너-오데이법
(Wagner-O'Day Act)」은 미국의 모든 실직자들에게 지속적인 직업지도와 배
치를 제공하기 위해 고용서비스국을 만들게 하였다(Neukrug, 2015).

1930년대 Williamson(1939)이 포괄적 상담 이론을 발전시키면서 상담직은
직업지도 범위를 넘어서게 되었다. 특성-요인 이론(the trait-factor theory)으
로 알려진 Williamson의 이론은 원래 직업을 중심으로 한 Frank Parsons의
연구에서 파생하였으나 일반적인 상담 분야로 통합하게 되었다. 1930년대에
지도자(guidance worker) 또는 지도 전문가(specialist)라는 타이틀은 점차 인
기가 없어졌고, 1940년대 초까지 학교상담사(school counselor)라는 용어가
선호되었다.

1930~1940년대, 나치즘의 등장으로 많은 인본주의 철학자들과 정신과 의
사들, 그리고 심리학자들이 유럽에서 미국으로 도피하면서 상담 분야에 상
당한 변화가 야기되었다. 로체스터 지도센터(Rochester Guidance Center)에서
진행된 Carl Rogers의 초기 연구는 인본주의의 영향으로 상담 실제에 급격한
변화를 가져왔다. Rogers(1942)의 상담 및 심리치료는 상담이 직업지도 관점
에서 보다 폭넓게 변화하는 데 많은 영향을 주었다. 그의 인본주의적ㆍ내담
자 중심적ㆍ비지시적 상담 접근은 심리치료보다 이용자에게 보다 단기적이
고, 인도적이며, 진실되고, 실용적인 것으로 인식되었다(Neukrug, 2015).

4) 1950년대~1960년대

1957년 구소련의 인공위성 스푸트니크(Sputnik) 발사의 영향으로 미국은
「국가방위교육법(the National Defense Education Act)」을 제정하였다. 이 법률
은 미국이 국제 경쟁력에서 우위를 갖기 위하여 과학과 수학 분야 영재를 발
굴하고, 이들이 해당 분야에 전문성을 갖도록 지도하는 데 도움을 줄 수 있는
중등학교 상담사를 양성하는 데 목적을 두고, 이들을 양성하는 대학에 재정
지원을 하도록 하는 내용이 포함되었다. 그 결과 1950년대 후반부터 1960년
대까지 중등학교 상담사의 인원이 크게 증가하였는데 1967년 기준으로 2만
명의 학교상담사가 양성되었다고 한다(Tolbert, 1982). 그리고 1954년 「재활
법」 개정을 통해 재활상담 전문가에 대한 규정이 만들어졌고, 상담사 양성과
정을 통해 배출된 인력들이 지역사회 시설에 배치되기도 하였다.

1950~1960년대의 세 가지 주요 상담 접근, 즉 Freud의 정신분석적 접근,
Williamson의 지시적 접근, 그리고 Rogers의 내담자 중심 접근이 제시되었
다(Gladding, 1996). 이후 상담사에 대한 요구가 늘어나면서 여러 가지 새로
운 상담 접근들, 즉 Bandura(1969), Wolpe(1958), Krumboltz(1966)의 행동주
의적 접근, Albert Ellis의 합리적-정서적-행동적 접근(Ellis & Harper, 1961),
Glasser(1965)의 현실치료로서의 관계-행동적 접근, Perls(1969)의 정서적 게
슈탈트 접근, Berne(1964)의 의사교류 분석, Arbuckle(1965)와 Frankl(1963)
의 실존적 접근 등이 제시되었다.

이때는 상담 기법들이 발전하고, 다양성과 함께 지역사회 정신건강센터들
을 중심으로 관련 기법들이 적용되면서 이를 활용하는 전문가들의 자질에 대
해 위기감을 느끼게 되는 시기이기도 하였다. 그 결과 상담사의 윤리적 행동
과 자격에 대한 논의가 이루어지기 시작하였다.

5) 1970년대

1973년 「재활법(the Rehabilitation Act)」 개정은 재활상담사의 훈련을 위해 지원을 늘리도록 하였고, 1975년 「미국 전(全)장애아동교육법(Education for All Handicapped Children Act, PL 94-142)」은 장애를 가진 모든 아동이 최소한의 제한된 환경에서 교육받을 권리를 보장하기 위해 학교상담사의 역할을 확대하게 되었다. 그리고 1975년 Donaldson vs. O'Conner의 대법원 판결을 통해 자신의 의지와 상관없이 병원에 입원했던 수많은 정신질환자들이 퇴원하게 되면서 지역사회 상담사에 대한 요구가 더욱더 높아지게 되었다.

6) 1980년대~2000년대 이후

1980년부터 1990년 사이에 상담 분야는 계속해서 확장되고, 다양화되었으며, 이 시기에 우리나라도 재활상담 인력에 대한 요구가 생겨나게 되었다. 그 결과 1988년 대구대학교 재활과학대학 직업재활학과를 중심으로 직업재활상담사라는 명칭으로 재활상담 인력이 양성되기 시작하였고, 1989년에는 한신대학교에 재활학과가 설치되었으며, 1991년에는 재활상담 분야의 학술활동 장려 및 복지 증진을 위해 한국직업재활학회가 설립되었다. 이후 한국직업재활학회의 회원 대학으로 대구대학교와 한신대학교 외에 1995년 나사렛대학교 인간재활학과, 1998년 가톨릭대학교 직업재활학과가 가입하였다(박희찬, 2003). 2002년 이후에는 평택대학교, 한국복지대학교, 우석대학교, 전주대학교, 고신대학교, 문경대학교, 백석대학교, 대구사이버대학교, 영진사이버대학교 등이 직업재활사 양성 교육과정을 마련하였고(강윤주, 공마리아, 2011), 회원 대학을 중심으로 2018년 장애인 재활상담사 국가자격 발급 이전까지 학회의 자격 인증을 받아 오다가, 2018년 이후부터 한국보건의료인국

가시험원이 주관하는 자격검정시험을 통과하여야 장애인 재활상담사 자격
을 취득할 수 있도록 국가자격제도로 변경되었다.

　한국직업재활학회를 중심으로 운영된 직업재활사 민간자격에서 장애인
재활상담사 국가자격제도로 변경된 배경을 살펴보면, 우리나라는 재활상담
전문직의 필요성을 인식하게 되면서 비교적 짧은 시간에 양적·질적 성장을
이루어 왔음을 알 수 있다. 그러나 초기에 재활상담 전문직을 양성하는 과정
이 정부 주도의 법적 토대보다는 장애인 재활 분야 연구자들과 실무자 주축
의 한국직업재활학회와 한국직업재활사협회라는 민간기구를 중심으로 이루
어진 결과, 사회적 인지도 측면에서 구성원들의 보편적 이해가 부족하여 전
문가로서의 활동에 제약이 있었다.

　그러나 2000년대 이후, 장애인의 재활 과정에서 장애인들이 지역사회에서
느끼는 태도적·사회적·경제적 장벽들에 대한 이의를 지속적으로 제시하
기 시작하였다. 이에 따라 타 분야 전문가들에 비해 상기의 다양한 장면들에
대해 충분한 학습과 훈련을 통해 자질과 자격을 갖춘 장애인 재활상담사의
필요성이 대두되었다.

　이러한 기반하에 2012년 한국직업재활사협회는 장애인들에게 보다 양질
의 재활서비스를 제공하여 궁극적으로 직업적 자립과 자연스러운 지역사회
통합이라는 재활의 목표를 달성하기 위하여 이를 수행할 수 있는 전문인력의
국가자격 제도화의 필요성을 인식하였다. 2012년 「장애인복지법」 개정에 따
른 제안 배경과 초안을 만들었으며, 국가자격제도 도입을 위한 위원회의 실
무 작업과 공청회를 거쳐 2013년 국회 법제실 검토 후 발의하였다. 2015년
국회 본 회의를 통과한 이 개정 내용은 2017년 12월 30일 시행되도록 규정되
었고, 그 결과 2018년부터 장애인 재활상담사 국가자격제도가 정착되어 시
행되고 있다.

4. 요약

이번 장에서는 재활상담의 개념, 재활상담사와 재활상담 이용자, 그리고 재활상담의 전반적인 역사를 중심으로 기술하였다.

재활상담은 장애 이용자를 대상으로 상담과정 및 그 과정에서의 종합적인 사정을 통해 이용자들이 가장 원하는 삶을 살아갈 수 있도록 지원하는 과정이라 할 수 있다. 재활상담사는 "개인의 손상이나 기능제한, 상황적 요인 등으로 개인 활동이나 사회참여에 어려움을 가지고 있는 사람들을 대상으로 진단과 평가, 재활상담과 사례관리, 전환기 서비스 및 직업재활 등의 전반적인 서비스를 지원하는 재활전문가"를 의미하고, 재활상담 이용자는 「장애인복지법」 제2조 제1항에 따라 "신체적·정신적 장애로 인하여 장기간에 걸쳐 일상생활이나 사회생활에서 상당한 제약을 받는 자"로 정의할 수 있다.

재활상담사는 상담을 통한 상호작용을 통해 모든 이용자의 개인적·사회적 발달에 기여하도록 하는 데 그 목적이 있다. 이를 위해 재활상담사는 상담사·조정자·중재자로서 상담과 관련된 지식과 기술들, 즉 의료·사회·심리·장애에 대한 가족들의 태도들, 직업 잠재력에 대한 사정 및 사례관리 등을 사용해야 하고, 일단 상담관계가 설정되면 역량강화 방식에 적합하도록 공감적인 지도와 현실적인 제안들을 통해 이용자의 변화를 도모해야 한다. 이러한 역할을 수행하기 위하여 장애인 재활상담사는 이용자에 대해 역량강화적 관점의 태도와 신념, 특성들을 가져야 하고, 체계적인 교육과정을 통해 훈련되어야 하며, 상담관계 내에서 적합성과 성실성, 그 외 자질들, 그리고 관련 분야에 대한 신규 지식들을 지속적으로 갱신해야 한다.

재활상담의 역사는 미국의 경우, 19세기 이후 문헌들을 통해 재활상담의 근거를 볼 수 있고, 우리나라 재활상담의 시작은 1988년 대구대학교 직업재활학과의 설립을 그 근간으로 들 수 있으며, 1989년 대학 간 재활상담사 양성 교육과정의 공유 후 2018년 장애인 재활상담사 국가자격제도의 시행을 통하여 전문직으로 발전해 가고 있다.

제2장 재활상담의 윤리

윤리(ethics)는 사람의 본질이나 성향을 의미하는 그리스어의 ethikos에서 유래되었다. 윤리에 대하여 『웹스터사전(Webster Dictionary)』(1985)은 "일련의 도덕적 원칙이나 가치 또는 개인이나 집단을 통치하는 행동원칙으로 개인이나 단체의 행동에 정당성과 타당성을 부여하며 미래를 계획하는 데 중요한 지침이 되는 것"으로 정의하고 있다. 『케임브리지 철학사전(The Cambridge Dictionary of Philosophy)』(1995)은 "일반적으로 도덕성과 상호 교환하여 사용될 수 있으며 때때로 특별한 전통, 집단, 개인의 도덕적 원칙들을 의미하는 것"으로 정의하고 있다. 그 외에 Richard와 Linda(2000)는 윤리에 대해 "대부분의 사람들은 사회적 관습, 종교적 신념, 그리고 법률에 따라 행동하는 것과 윤리를 혼동하고 있는데 윤리는 독자적인 개념으로 다루어지는 것이 아니라 사람들을 도울 수도 있고, 해를 줄 수도 있는 행동이 무엇인지를 결정할 때 지도해 주는 개념과 원리"라고 정의하고 있다.

일반적으로 윤리는 특정 분야의 전문직으로 인증받기 위한 필수 조건이다. Rothman(1998)은 이 직업이 전문직 인증을 받은 정규직으로 특별한 교육훈련을 받아야 하고, 전문직 협회를 통해 윤리강령 및 자격이나 면허 등을 갖추어야 한다고 제시하고 있다. 재활상담사는 장애를 가진 이용자의 문제를 파악하고, 욕구를 충족시키기 위해 다양한 유형의 서비스를 종합적으로 조정하고 중재하며 이행하는 역할을 하는 전문직이다. 따라서 재활상담사는 다른 사람들을 상담하거나 서비스를 제공하기 위하여 특별한 교육훈련을 받고, 관련 협회의 윤리강령을 준수해야 한다.

Roessler와 Rubin(2006)은 재활상담사에게 윤리강령이 필요한 이유로, 첫째, 재활현장에서 재활상담사가 무엇을 어떻게 해야 하는가에 대한 일반적인 기준을 제시하고, 둘째, 이용자에 대한 보호 및 상담사의 책임성을 규명하며, 셋째, 지역사회의 도덕적인 가치와 사회적 규범에 벗어나지 않음을 보여 주고, 넷째, 사생활과 정직성을 보장하는 근거를 제공해 주기 때문이라고 하였다.

다음에서는 재활상담사의 윤리강령을 이해하기 위하여 미국 재활상담사 인증위원회(CRCC)의 재활상담 전문직 윤리강령과 한국직업재활사협회의 윤리강령을 살펴볼 것이다. 그리고 재활상담 분야에서 인용되고 있는 재활상담사의 윤리원칙, 재활상담사가 경험할 수 있는 윤리적 딜레마의 유형과 이를 해결하기 위한 방안을 중심으로 제시한다.

1. 미국 재활상담사인증위원회의 재활상담 전문직 윤리 강령

2016년 미국 재활상담사인증위원회(The Commission on Rehabilitation Counselor Certification: CRCC)에서 채택한 후 2017년부터 시행 중인 재활상담 전문직 윤리강령(Code of Professional Ethics for Rehabilitation Counseling)은 전

문, 12개 주요 섹션, 그리고 용어집으로 구성되어 있다. 각 섹션의 도입부에서 재활상담사들에게 바라는 윤리적인 행동과 책임을 설명하고, 윤리강령에 포함된 실행 기준들에는 전문직의 책임에 대한 안내와 윤리적인 책임을 수행하는 방향, 특정 상황에서의 지침을 제공하고 있다. 각 섹션별 주요 내용을 살펴보면 다음과 같다.

1) 섹션 A: 상담관계

재활상담사는 이용자와 협력하여 그들의 복지를 증진하고, 목표를 개발하고, 달성하도록 지원해야 한다. 재활상담사는 신뢰가 상담관계의 기초임을 이해하고, 이용자의 개인정보를 보호하며, 비밀유지를 보장할 책임이 있다. 재활상담사는 이용자가 자신들의 삶에 영향을 미치는 문제에 대해 스스로 결정을 내릴 권리를 존중한다. 재활상담사는 이용자가 재활상담 전 과정에 걸쳐 정보에 근거한 선택을 할 수 있도록 적절한 노력들을 해야 한다. 재활상담사는 그들이 돕는 이용자의 다양한 문화적 배경을 적극적으로 이해하고자 노력하며 재활상담 서비스 제공에 차별을 두지 않아야 한다. 재활상담사는 자신들의 문화적 정체성을 탐구하고, 이것이 자신들의 가치와 신념에 어떻게 영향을 미치는지도 탐색해야 한다.

2) 섹션 B: 비밀유지, 의사소통, 개인정보 보호

재활상담사는 신뢰가 상담관계의 기초임을 인식해야 한다. 재활상담사는 지속적인 파트너십을 구축하고, 적절한 경계들을 설정·유지하며, 비밀유지를 통해 현재 및 잠재적인 이용자의 신뢰를 얻어야 한다. 재활상담사는 비밀유지의 법적·윤리적 한계를 문화적으로 적합한 방식으로 이용자에게 전달해야 한다.

3) 섹션 C: 옹호와 접근성

재활상담사는 장애인의 욕구를 민감하게 인식해야 한다. 재활상담사는
① 기회와 접근을 촉진하고, ② 장애인의 삶의 질을 향상시키며, ③ 서비스
제공이나 접근에 대한 장벽을 제거하기 위해 개인, 집단, 시설, 사회적 수준
에서 옹호해야 한다. 재활상담사는 장애가 종종 다른 사회적 정의의 문제(예:
빈곤, 노숙, 트라우마 등)와 함께 발생한다는 것을 인식해야 한다.

4) 섹션 D: 전문직의 책임

재활상담사는 다른 전문가 및 일반 대중을 대할 때 개방적이고 정직하며
정확한 의사소통을 해야 한다. 재활상담사는 재활상담 서비스에 대한 접근
을 촉진하고, 직업적 및 개인적 능력의 범위 내에서 비차별적인 방식으로 행
동하며, 윤리강령을 준수할 책임이 있다. 재활상담사는 장애인의 삶의 질을
향상시키기 위해 전문직의 발전과 개선을 증진하는 전문협회 및 단체에 적극
적으로 참여해야 한다. 재활상담사는 공공을 위해 승인된 연구방법론과 증
거 중심 실제에 기반하여 실천할 책임이 있다. 재활상담사는 사회를 위해 경
제적 이익이 거의 또는 전혀 없는 서비스에 자신들의 전문적인 활동의 일부
를 기여하는 것이 필요하다. 또한 재활상담사는 자신의 전문직의 책임을 가
장 잘 수행할 수 있도록 자신들의 정서적·신체적·정신적·영적 복리를 유
지하고 증진하기 위한 자기관리 활동에 참여해야 한다. 그들은 자격을 갖춘
재활상담사의 고용을 권장해야 한다.

5) 섹션 E: 다른 전문직 및 직원과의 관계

재활상담사는 동료들과의 상호작용의 질이 이용자에게 제공되는 서비스의 질에 영향을 줄 수 있음을 인식해야 한다. 그들은 전문직 내·외부의 다른 전문가들의 역할에 대해 잘 알고자 해야 한다. 재활상담사는 상담서비스 접근법에서 자신들과 함께 일하고 있는 다른 전문직 집단의 전통 및 실천들이 자신과 다르다는 것을 존중해야 한다. 재활상담사는 이용자에 대한 서비스를 증진하기 위해 동료들과 긍정적인 업무관계 및 의사소통 시스템을 개발해야 한다. 재활상담사는 모든 개인을 동등하게 대우하도록 해야 한다. 재활상담사는 윤리강령에 명시된 윤리적 기준들을 지지하고 따르는 환경에서 고용이 보장되어야 한다. 그들은 고용주의 정책들이 이용자의 성장과 발전에 도움이 되도록 이용자 보호 및 전문적인 행동에 대한 수용 가능한 범위 내에서 고용주들과 합의를 도출하고자 시도해야 한다.

6) 섹션 F: 법정 서비스

재활상담사 중 법의학 환경에서 일하는 법의학 재활상담사는 기록 및 평가에 대한 재검토를 실시하고, 사례 자문이나 증언을 통해 공정하고 객관적인 전문가 견해를 제공하기 위해 연구를 수행해야 한다. 법의학 재활상담사는 피평가인을 만날 수 있지만 직접적인 재활상담 서비스를 제공하지는 않는다. 법의학 재활상담사는 재검토 및 평가에 적절한 관련 데이터 및 방법론을 기반으로 공정하고 객관적인 견해들을 산출하기 위해 주의를 기울여야 한다. 법의학 재활상담사는 계약유지 과정에서 이루어지는 수수료, 비용 환불, 서비스 조건, 해지 조건 및 징수 정책을 명확하게 제시해야 한다.

7) 섹션 G: 사정 및 평가

재활상담사는 자신들의 이용자들을 위해 개별화된 재활상담 서비스를 제공하는 데 필수적인 종합적인 사정 과정을 시행해야 한다. 사정은 검사들을 시행하는 것뿐만 아니라 사정도구들로부터 정량적 자료를 수집하는 것보다 훨씬 포괄적인 과정으로 정성적 자료 및 정보의 수집도 포함해야 한다. 사정 및 평가라는 용어는 직업 내에서 상호 교환하여 사용될 수 있다. 평가는 종종 자신의 생활, 학습, 또는 근무환경의 맥락에서 개인을 평가하기 위한 보다 구체적인 과정으로 언급된다. 재활상담사는 이용자의 개인적·문화적 배경을 고려한 사정 및 평가 방법을 개발하고 사용함으로써 이용자 또는 이용자 집단의 복지를 증진시켜야 한다. 재활상담사는 다른 사람들에 의한 불필요한 측정 및 자료의 오용을 방지하기 위해 모든 노력을 기울여야 한다.

8) 섹션 H: 슈퍼비전, 훈련, 지도

슈퍼비전과 훈련은 학업 및 근무 환경에서 이루어지며 대면, 온라인, 또는 하이브리드 형태로도 이루어질 수 있다. 고용 환경에서 슈퍼비전은 임상 슈퍼비전 및 임상 상담 이외 분야에서의 직원의 업무 수행에 대한 행정적인 통찰을 모두 포함할 수 있다. 이 섹션은 임상적인 슈퍼비전과 관련되지만 이 기준들은 성과 평가와 같은 다른 행정적인 기능을 수행하는 데 유용한 지침을 제공할 수도 있다. 재활상담사의 슈퍼바이저와 교육자들은 윤리적인 행동을 유도하고, 이용자의 복지를 보호하기 위해 슈퍼바이지와 학생들과 의미 있고 존중하는 전문적인 관계를 유지하고, 이들과의 적절한 경계를 유지하기 위해 노력해야 한다. 슈퍼바이저와 교육자는 자신의 일에 대한 이론적·교육학적 기초와 슈퍼비전 모델에 대한 지식을 가져야 하고, 자신들의 슈퍼바이지와 학생들을 사정할 때 공정하고 정확하며 정직하게 수행해야 한다. 재활상담사의 교육자들과 슈퍼바이저들은 학생들과 슈퍼바이지들을 돕기 위해 상담 지식과 기술을 개발하고, 유능한 실천에 대한 장벽을 해결하기 위해 노력해야 한다. 그리고 슈퍼바이지들이 전문적인 상담의 역할들을 맡기 전에 최소한의 역량을 확보할 수 있도록 해야 한다.

9) 섹션 I: 연구 및 출판

연구를 수행하는 재활상담사는 전문직으로서 지식을 쌓아가는 데 기여해야 한다. 그리고 장애인의 복지뿐만 아니라 건강하고 보다 평등한 사회로 이어지는 조건들에 대해 보다 명확하게 이해해야 한다. 재활상담사는 연구자들이 가능한 한 완전하고 자유롭게 참여하고 노력할 수 있도록 지원해야 한다. 재활상담사는 연구 설계 및 실행에서 편견을 최소화하고 다양성을 존중해야 한다. 재활상담사는 장애인과 다른 소수 집단들을 포함하여 다양한 인구를 포함하는 연구의 필요성을 이해해야 한다.

10) 섹션 J: 기술, 소셜미디어 및 원격상담

재활상담사는 서비스 제공이 사람 간에 얼굴을 맞대고 상호작용하는 데에 국한되지 않는다는 것을 인정해야 한다. 재활상담사는 기술과 소셜미디어, 원격상담의 전개 방향을 이해하고, 이용자에게 더 나은 서비스를 제공하기 위해 이러한 자원들을 활용할 수 있는 방법을 적극적으로 시도해야 한다. 재활상담사는 기술, 소셜미디어, 원격상담을 이용할 때 합법적이고 윤리적인 실천에 대한 의미를 인식하고, 비밀유지, 접근성, 온라인 행동과 관련된 문제에 특히 유의해야 한다.

11) 섹션 K: 비즈니스 실천

재활상담사는 이용자, 피평가자, 기타 전문가 및 일반 대중과 일하거나 의사소통할 때 개방적이고 정직하며 정확하게 그 장면에 임해야 한다. 재활상담사는 차별 없는 태도로 전문적인 역량 범위 내에서 재활상담 서비스 및 실습에 임해야 한다.

12) 섹션 L: 윤리적 문제해결

재활상담사는 윤리적 및 법적인 방식으로 행동해야 한다. 그들은 이용자의 복지와 직업에 대한 신뢰도가 높은 수준의 전문적인 행동에 달려 있음을 인식해야 한다. 그들은 다른 재활상담사들과 동일한 기준을 가지고, 이 기준들이 유지되도록 하기 위해 기꺼이 적합한 노력을 기울여야 한다. 재활상담사는 관련된 모든 당사자 간의 직접적이고 개방적인 의사소통을 통해 윤리적 딜레마를 해결하고 필요한 경우 동료 및 슈퍼바이저들과 협의를 해야 한다. 재활상담사는 윤리적 실천을 일상 업무에 반영하고, 상담에서 윤리적·법적 문제에 대한 현재 주제에 대한 지속적인 전문 개발에 참여해야 한다. 재활상담사는 고충처리를 위해 재활상담사인증위원회(CRCC)의 지침 및 절차에 익숙해져야 하고, 윤리규약의 시행을 돕기 위해 CRCC 지침 및 절차를 참고자료로 사용해야 한다.

2. 한국의 재활상담사 윤리강령과 윤리원칙

재활상담사의 윤리강령 및 윤리원칙과 관련하여 한국장애인재활상담사협회(2014. 11. 20. 제정)는 다음과 같이 재활상담사 윤리강령을 제시하고 있다.

첫째, 재활상담사는 장애를 가진 사람들의 정당한 사회참여와 활동을 보장하기 위해 헌신하여야 한다.

둘째, 재활상담사는 장애로 인해 공평한 기회가 박탈되고 인간으로서의 소중한 권리에 손상을 입은 사람들의 편에서 사회정의와 평등, 자유와 민주주의 가치를 실현하는 데 앞장서야 하며, 사회적 관습과 제약들을 개선시켜 나가는 데 헌신하여야 한다.

셋째, 재활상담사는 장애를 가진 사람들이 자신의 권리를 적극 체득하고, 활용하도록 교육하며, 이들을 옹호하여야 한다. 이때 이들의 자기결정권을 최대한 존중하여야 한다.

넷째, 재활상담사는 장애를 가진 당사자에게 긍정적 영향을 미칠 수 있는 교육과 사회, 직업 분야의 전문지식과 기술을 지속적으로 배양하여야 하며, 전문가로서의 확고한 의식과 품위 유지를 위해 노력하여야 한다.

그 외에 재활상담사의 윤리원칙과 관련하여 이달엽(1994)과 김종인(2012)은 다섯 가지 윤리원칙, 즉 자치성(autonomy), 정당성(justice), 비해성(non-maleficence), 수혜성(beneficence), 충실성(fidelity) 등이 필요하다고 보았다. 이러한 윤리원칙들은 장애인 재활상담사들이 어떤 방식으로 행동하고, 윤리적인 의사결정을 해야 하는가에 대한 지침을 제공해 주며 개인과 기관이 가져야 할 기본적인 가치를 형성해 줄 수 있다. 다섯 가지 윤리원칙을 보다 자세히 살펴보면 다음과 같다.

1) 자치성

자치성(autonomy)의 가치는 개인이 스스로 선택할 수 있는 자유를 촉진하기를 바라는 데 있다. 즉, 자치성은 모든 개인이 자신의 행동을 선택할 자유가 있고, 자신의 행동에 책임을 지며, 타인의 자유를 침범하지 않을 권리를 의미한다. 다만 이용자가 정신적/정서적 장애를 가졌거나, 이용자의 잘못된 선택이 이용자 자신을 해칠 위험성이 있을 때에는 재활상담사가 개입하여 절충하는 것이 필요하다.

자치성은 두 가지의 자유, 즉 행동의 자유(개인은 무엇이든 타인의 자유를 비슷한 정도까지 침범하지 않을 경우, 자신의 삶에서 자신이 원하는 것을 할 수 있다)와 선택의 자유(개인은 스스로 자신의 판단을 내릴 수 있는 자유가 있다)를 중시한다. 첫째, 자치성은 자주적인 존재로서 행동할 권리, 자신의 결정을 내릴 권리, 자신의 가치를 발전시킬 권리를 중요시한다. 둘째, 자신이 자치적인 존재로 대우받고 싶다면 스스로 다른 사람을 동일한 방법으로 대우해야 한다는 점을 중요시한다.

따라서 자치성의 개념은 한 개인의 선택이 다른 사람의 권리를 침해하지 않는 한 그것이 명백한 실수로 여겨질 때에도 그 사람의 자치적인 선택권을 존중해야 한다는 것이다. 여기에서 자치적인 선택이란 이성적 판단을 할 수 있는 개인의 능력을 전제로 한다. 따라서 상담사가 개인의 선택을 윤리적으로 존중할지 말지는 의사결정 과정의 합리성에 달려 있다.

2) 정당성

정당성(justice)의 가치는 사람들을 공정하게 대하는 것이다. 즉, 정당성은 공정, 공평, 평등의 개념을 의미한다. 정당성은 사람들이 모두 동일하다는 전제에 기초하여 사람들이 동등하게 존중받지 못한다면 각기 다른 조치를 요구하는 그 차이점들에 대한 이유가 무엇인지 논의해야 한다.

정당성은 욕구에 대한 공평성과 노력과 기여에 대한 공평성이 함께 고려되어야 한다. 동등한 욕구의 고려는, 특히 부족한 재활서비스를 어떻게 배분하

는가의 문제와 관련된다. 개인의 욕구에 기초하여 동등하게 서비스를 제공
하는 것이 필요하지만, 보다 낮은 욕구를 지닌 사람에게 보다 적은 서비스가
배분될 수 있다.

3) 비해성

비해성(non-maleficence)의 가치는 해로움을 방지하고자 하는 것이다. 즉,
비해성은 남을 해롭게 하지 않을 의무와 더불어 해로운 환경을 미리 방지하
거나 제거하는 것을 의미한다. 재활상담사는 의식적으로 이용자를 해롭게
하거나 해롭게 할 수 있는 행위들을 삼가고 금지해야 하고, 윤리적으로 일관
성 있고 사려 깊은 태도로 이용자를 도와야 한다.

비해성의 원칙은 수혜성을 판단하기 어려울 때 또는 거의 모든 재활 장면
과 상황에서 필요하다. 그 이유는 재활상담사는 유기, 태만, 소홀, 방치 등으
로 이용자를 의도적으로 해롭게 할 수 있는 위치에 있을 수 있기 때문이다.

그러므로 재활상담사는 이용자를 해롭게 하는 일을 피하기 위해 최대한 노
력해야 하고, 그러한 상황들에 대해 민감성을 지니고 있어야 한다. 전문적인
재활서비스를 제공하지 않는 것도 비해성에 위배되는 것이다.

4) 수혜성

수혜성(beneficence)의 가치는 더 좋게 하고자 하는 것이다. 즉, 수혜성은
다른 사람을 돕거나 다른 사람을 위해 선한 일을 해야 한다는 뜻으로, 다른
사람의 중요하고 법적인 이익을 촉진시키기 위해 돕는 것을 의미한다.

수혜성의 원칙은 개인을 돕는 의무를 통해 이용자의 합법적인 이익과 중요
성을 조장하고 촉진하는 것이다. 재활상담에서는 상담사의 수혜적인 행동이

도움을 요청하는 이용자의 존엄성을 손상시키거나 이용자의 지속적인 의존성을 조장할 위험은 없는지, 그리고 이용자의 이익을 위하여 행동한다는 명목하에 이용자가 무엇을 해야 하는가에 대한 이용자 자신의 판단을 무시하거나 침해하지는 않는지 항상 주의해야 한다.

5) 충실성

충실성(fidelity)의 가치는 개인에 대해 전념하고자 하는 것이다. 즉, 충실성은 이용자에 대한 약속을 지키고, 정직하며, 헌신하는 상담사의 태도를 의미한다. 재활상담사는 고용주, 직장상사, 동료, 이용자, 그리고 지역사회에 대해 충실성을 가져야 한다. 장애인과 함께 일하는 사람들은 때때로 갈등적인 행동과정에서 선택을 해야 하는 상황에 직면하게 되고, 이용자의 성공적인 재활 기회 증대와 이용자의 자치성 중 하나를 선택해야 하는 갈등에 직면할 수 있다.

충실성의 원칙은 충실, 약속이행, 신뢰 등과 관련된다. 특히, 비밀유지와 이용자 동의는 충실성의 대표적인 요소로 이용자는 비밀보장을 이해함으로써 자신에 대한 신상정보를 그대로 노출시키고, 이용자의 동의는 재활서비스를 제공할 때 관계의 본질을 설정하며 이용자와 상담사가 협조적으로 참여할 수 있게 한다.

3. 윤리적 딜레마의 유형과 해결방안

1) 윤리적 딜레마의 유형

윤리적 딜레마는 두 가지 행동과정 사이에서 선택이 이루어져야 하는 경우, 각각의 행동과정에 대해 중요한 결과들이 나타나는 경우, 각각의 행동과정이 윤리적인 원칙에 의해 지지될 수 있는 경우, 선택하지 않은 행동과정을 지지하는 윤리원칙이 나쁜 평을 받게 되는 경우에 발생할 수 있다(Toriello & Benshoff, 2003).

Maxwell(2012)은 재활상담에서 윤리적 문제가 발생하는 이유로 비밀유지와 권한에 대한 소통, 정보 동의, 이용자와 상담사의 관계, 책임성, 상담사의 능력 때문이라고 하였다. 관련 내용을 보다 자세히 살펴보면 다음과 같다.

첫째, 비밀유지와 권한에 대한 소통(confidentiality and privilege communication)에서 윤리적 딜레마가 발생하는 경우는 여섯 가지로 정리해 볼 수 있다.

① 시설 장면에서 얻게 된 비밀을 유지할 것인가?

② 이용자의 위험이나 훈련에 대해 고용주에게 공개할 것인가?

③ 가족구성원들과 이용자의 정보를 공유할 것인가?

④ 제3의 기관들에 대해 공개할 것인가?

⑤ 자신과 다른 사람들에게 안전하지 않은 이용자의 질환들을 알릴 것인가?

⑥ 집단상담 환경과 치료 팀 결과 보고를 할 때 이용자의 정보를 공개할 것인가?

그리고 이러한 딜레마를 극복하기 위해 상담사는 모든 경우에 이용자에 대한 옹호의 개념을 유지하는 것이 필요하다. 그리고 상담사로서 개인의 진술과 정보 동의 과정에서 자신들의 한계와 의무에 대한 설명을 명확하고 간결하게 하는 것이 중요하며, 적합하고 필요한 것만 공유해야 한다고 하였다.

둘째, 정보 동의(informed consent)로 이 과정에서 재활상담사가 경험하는 딜레마는 상담사의 능력(capacity), 이해(comprehension), 자발성(voluntariness)이다. 정보 동의에서 상담사는 이용자가 정보에 근거하여 동의할 수 있는 능력이나 법적 권한을 가진다는 것에 대한 확신이 필요하다. 다시 말하면 옹호의 표현으로 상담사와 이용자 사이에 의견 차이가 있다면 서로 맞추어 가려고 노력해야 한다.

셋째, 이용자와 상담사의 관계(client-counselor relationship)에서 딜레마가 발생하는 경우는 성적 관계에 관한 영역이다. 상담사와 이용자와의 성적 관계는 불법이고, 상담사는 해롭지 않은 관계를 만들어야 함을 명심해야 한다.

넷째, 책임성(responsibility)으로 재활상담사의 주요 책임은 이용자 옹호에 있고, 다른 사람들(예: 고용주, 가족, 법률 등)에 대한 부수적인 책임도 부정할 수 없다. 그러나 그 과정에서 온정주의적이고 서로 의존적인 문제들은 처리될 필요가 있다.

다섯째, 상담사의 능력(counselor competence)으로 재활상담사들은 실천 범주 내에서 훈련받아야 하고, 지속적인 교육이 이루어져야 하며, 필요하다면 이용자를 자격을 갖춘 다른 상담사에게 의뢰해야 한다.

2) 윤리적 딜레마의 해결방안

나운환(2008)은 재활상담 과정에서 발생할 수 있는 윤리적 딜레마를 해결하기 위하여 다음과 같은 사항의 점검이 필요하다고 하였다.

(1) 이용자 면접 전

첫째, 윤리적 지침을 가지고 아울러 실제 윤리적 지침을 적용하고 있는가?

둘째, 자신의 개인적 가치를 이해하고 있는가?

셋째, 기관의 규칙이나 정책에 대한 사본 또는 적용 가능한 기술을 가지고 있는가?

넷째, 전문적 관계에 개입될 수 있는 갈등이나 개인적 문제를 가지고 있는가?

(2) 초기 면접

첫째, 필요할 때 다른 곳으로 의뢰할 준비가 되어 있는가?

둘째, 이용자에게 정보보호의 수준을 알려 주었는가?

셋째, 이용자를 상담할 때 영향을 줄 수 있는 목적이나 목표 제한점에 대해서 이야기하였는가?

넷째, 판단을 흐리게 하고 이용자의 자기계발을 저해할 이중적 관계가 있는가?

(3) 프로그램 계획

첫째, 평가서비스를 위한 정보를 제공하였는가?

둘째, 이용자의 재활계획에 이용자의 가족들을 참여시킬 방법을 강구하였는가?

셋째, 평가 결과에 대해 사회적 · 경제적 · 윤리적 요인, 장애 · 문화적 요인들의 결과를 고려하였는가?

넷째, 평가 결과에 대해 설명하였는가?

(4) 프로그램

첫째, 프로그램에 이용자와의 공동 노력이 반영되었는가?

둘째, 프로그램의 신뢰성 · 효과성을 위해 지속적인 모니터링이 이루어졌는가?

4. 요약

이번 장에서는 미국과 한국의 재활상담사 윤리강령과 윤리원칙, 그리고 재활상담 과정에서 경험할 수 있는 윤리적 딜레마를 중심으로 살펴보았다. 재활상담사는 일반적으로 다른 사람들을 돕기를 원하고, 장애를 가진 사람들의 욕구를 더 많이 이해하고자 하며, 문제를 인식하고, 자율성을 가지며, 직무에서 얻은 정보에 대해 비밀을 유지하고, 지식을 가르치고 함께 나누기를 원해야 한다. 그리고 재활상담 과정에서 발생할 수 있는 윤리적 딜레마를 해결하기 위하여 재활상담 과정에 대한 지속적인 점검이 필요하다.

제3장 재활상담의 역할과 자격

1. 재활상담사의 역할

재활상담사의 역할과 관련하여 초기의 재활상담사는 이용자에게 어떤 형태의 서비스를 제공할 것인가를 결정하는 직업 에이전트/자문가의 역할을 수행하였다. 그리고 이용자가 서비스 계획을 받아들이지 않으면 비협조적이라고 인식하고 사례를 종결시키기도 하였다. 이러한 초기의 직업 자문가 역할은 점차 안내자의 역할로 진화해 왔고, 이후에는 지시적 상담사의 역할로 변화되어 왔다(Sales, 2007). Jacques(1970)는 이러한 역할 변화를 초기 직업재활의 온정주의적이고 권위주의적인 수행에 대한 변화가 반영된 결과라고 보았다.

미국은 1950년대 중반까지 재활상담사의 역할에 대하여 두 가지로 대별되는 철학이 있어 왔다. Patterson(1957)은 '상담사 또는 조정자'가 직업명에 맞는지 의문을 제기하며, 상담 외의 재활기능들을 비전문적이라고 비난하였고, 상담사의 역할은 이용자가 자신의 직업계획을 개발할 수 있도록 이용자의 자기책임과 전문적인 기술을 촉진하는 것이라고 하였다. 반면 Hamilton(1950)과 Johnson(1960)은 보다 현실적인 측면에서 재활상담사를 중재자로 불러야 한다고 하였고, 그 외 일부 연구자들은 재활상담사의 역할을 상담과 중재 모두를 포함하는 것이라고 주장하기도 하였다(Ayer, Wright, & Butler, 1968; DiMichael, 1967; Sather, Wright, & Butler, 1968).

1960년대 이후부터 재활상담사의 역할에 대한 정의는 더욱더 다양하게 진행되어 왔는데 국내외 연구자들의 견해를 살펴보면 다음과 같다.

Dawis, England와 Lofquist(1964)는 재활상담사의 역할에 대해 "직업선택에 있어 이용자의 결정에 영향을 미치는 전문가"라고 하였고, Cubelli(1967)는 "필요한 재활서비스의 안팎에서 이용자들을 움직이도록 헌신하는 촉진자"라고 하였다. Muthard와 Salomone(1969)은 상담사와 슈퍼바이저, 그리고 관리자를 대상으로 재활상담사의 역할을 조사한 결과, 상담과 지도에 1/3의 시간을 보내고, 사무 업무나 계획, 기록 및 배치에 1/3의 시간을 보내며, 그 외 전문직으로서의 성장, 공적 관계, 보고, 자원개발, 자문, 행정 업무에 1/3의 시간을 보내는 것으로 나타났다. 그리고 Cohen, Cote, Galloway, Hedgeman과 Schmones(1971)는 재활상담사의 역할을 "상담사-관리자"로 정의하였고, Sinick(1977)은 "이용자의 문제와 관련된 책임과 기능을 가진 조합"으로 보았다.

1980년대 Rubin과 동료들(1984)은 재활상담사를 대상으로 한 직무과업 설문지(Job Task Inventory: JTI)의 다섯 가지 요소를 고찰한 결과, 재활상담의 주된 부분은 정서적 상담이고, 그다음은 직업평가라고 하였다. Emener와 Rubin(1980)은 미국 내 주립 재활기관, 사립 재활시설, 그리고 민간에서 휴먼서비스 프로그램을 제공하는 재활상담사들을 대상으로 재활상담사의 역할, 기능, 그리고 적성 등을 조사한 결과 재활상담사의 주요 업무 영역은 심리상담, 직업상담 및 평가, 사례관리, 그리고 직업배치 과제라고 하였다.

Hershenson(1988)은 재활상담사의 역할과 관련하여 역량강화적 측면을 고려하였다. 그는 재활상담사의 역할은 이용자들이 자신들의 개념과 목표를 재점검하고 재구성하는 데 도움을 줄 수 있는 상담기술, 이용자들이 필요로하는 서비스를 선택하고 모니터할 수 있는 조정자 기술, 고객의 접근과 기회를 최대화할 수 있게 환경을 재설계하는 데 있어 가족과 친구들, 그리고 고용주들과 일을 할 수 있도록 자문할 수 있는 전문성을 가져야 한다고 하였다.

　Chubon(1992)은 1990년대에 재활상담사가 장애를 가진 사람들에게 자신들의 환경에서 삶의 질을 높이도록 이용자의 주변 환경이나 사람, 또는 두 가지 모두를 변화시키는 데 도움을 주는 전문가라고 설명하였다. 재활상담사에 대한 이러한 견해는 역량강화 관점으로의 전환을 야기하게 되었다. Rubin과 Roessler(1995)는 재활상담의 역할과 기능을 연구한 결과, 재활상담사들이 상담을 선호하지만 실제로 업무의 약 1/4에 해당하는 시간만을 상담과 지도활동에 사용하며, 대부분은 이용자로부터 정보를 수집하거나 이용자들에게 정보를 제공하는 데 사용된다고 하였다. 그리고 재활상담사는 "정서적 상담, 직업평가, 직업상담, 사례 관리, 직업개발 및 취업상담과 관련된 광범위한 지식과 기술"이 필요하다고 결론지었다(p. 215). 그리고 이 연구를 기반으로 재활상담사의 역할과 기능을 ① 이용자를 상담하기, ② 이용자에게 조언하기, ③ 이용자가 결정한 결과를 검토하기, ④ 이용자에게 직업적 자질들과 장단점들을 파악하여 적절한 직업을 추천하기 등으로 제시하였다.

　2000년대에 접어들면서 McFarlance(2000)는 재활상담사가 중재자, 서비스조정자, 상담사의 역할을 한다고 하였다. 그는 중재자로서의 재활상담사는 현재와 미래, 또는 미래의 사업주와 산재근로자를 중재 및 연계하는 것이고, 조정자로서의 역할은 산재보험 서비스뿐만 아니라 재활과 복지서비스에 대한 정보 제공, 재활 계획서 수립과 전문기관과의 연계, 이용자의 상태 변화에 따른 재활서비스의 적정 배분과 조정 기능 등이라고 하였다. 그리고 상담사로서의 역할은 산재근로자의 문제를 해결하기 위해 심리상담 또는 집단작업, 사회적응 프로그램, 가족지원 프로그램 등 다양한 사회적·심리적 문제에 대한 전문적인 상담과 개입을 통해서 이들이 사회복귀 및 직업훈련을 보다 쉽게 도와주는 것이라고 하였다(박수경, 김진수, 박정란, 2003 재인용).

미국 재활상담사인증위원회(CRCC, 2003)는 재활상담사의 역할에 대해 ① 장애인의 욕구를 사정하고, ② 확인된 욕구에 맞는 프로그램을 기획하며, ③ 직무배치 및 사후서비스가 포함되는 서비스를 제공하거나 배치하는 역할을 해야 한다고 하였다. 그리고 재활상담 과정 내에서 사정과 평가, 진단과 처치계획, 진로상담, 장애에 대한 의료적·심리사회적 영향에 초점을 맞춘 개인 및 집단상담·처치·개입, 사례관리, 의뢰, 그리고 서비스 조정, 프로그램 평가와 연구, 환경·고용·태도의 장벽을 제거하기 위한 개입이 이루어져야 한다고 명시하고 있다(나운환, 2008 재인용).

최근 미국 노동부 『직업전망서(OOH)』(2018)에 제시된 재활상담사의 역할은 ① 이용자들이 장애에 적응하도록 돕기 위해 개인 및 집단상담을 제공하기, ② 이용자의 능력, 흥미, 경험, 기술, 건강, 교육에 대해 평가하기, ③ 의사나 치료사, 심리학자들과 같은 다른 전문가들과 상의하여 고객들을 위한 치료계획을 개발하기, ④ 이용자가 의료보호나 직업훈련과 같은 서비스들을 받도록 조정하기, ⑤ 고용주들이 장애인들의 욕구와 능력뿐만 아니라 장애인에게 영향을 미치는 법률들과 자원들을 이해하도록 돕기, ⑥ 이용자가 강점들을 개발하고, 자신들의 한계에 적응하도록 돕기, ⑦ 휠체어나 컴퓨터 프로그램들과 같이 고객들이 보다 독립적으로 생활하고 일할 수 있도록 도와주는 자원들을 찾기, ⑧ 필요시 재활이나 치료계획을 조정하는 등 고객의 기록들을 관리하고, 고객들의 진전을 모니터링하기, ⑨ 지역사회에서 살아가면서 자신들이 선택한 직무에서 일할 수 있도록 장애인들의 권리를 옹호하는 역할을 담당하는 것으로 나타났다.

우리나라의 경우, 오혜경(1999)은 재활상담사에 대해 상담사와 조정자, 자문가로서의 역할이 필요하다고 하였고, 박석돈과 이재철(2000)은 직업재활적인 관점, 즉 장애인의 의학적·생리학적·신체적·심리적·직업적 측면과 적절한 직종을 상호 연결해 주는 역할을 담당한다고 하였다. 박수경 등(2003)은 주로 산재환자에 대한 재활상담사의 역할과 관련하여 재활상담사는 산재환자에 대한 전문적인 심리상담과 산재장애인의 개인별 특성에 부합되는 직업재활 계획의 수립 및 실천, 즉 적절한 직업훈련으로 연계하거나 취업으로 연계하거나 혹은 자영업을 지원하며, 사후관리 서비스 등의 일련의 직업재활 서비스를 제공하고, 재활사업의 홍보, 기록 및 보고 등의 역할을 한다고 하였다. 또한 재활상담 서비스 전달체계 내에서 재활상담사의 역할, 즉 재활상담사는 기초 상담, 초기 면접, 직업평가, 직업재활 계획수립 및 서비스 제공, 사후관리 등의 역할을 한다고 하였다(박수경, 2004).

최국환(2011)은 재활상담사의 역할과 관련하여 『미국직업사전』(the Dictionary of Occupational Titles: DOT/1995년 O*NET 개발, 1998년 O*NET으로 대체)을 참고하여 "(직업)재활상담사(045.107-042)는 직업군(occupational group)에서 전문가 그룹이면서 생명과학(life science)과 심리학(psychology)에 위치하고, 직업명(occupational title)에서 조정(coordinating), 지도(mentoring), 운용(handling)의 역할을 수행하며, 장애인의 적응지도, 재활서비스 프로그램 계획, 직업평가를 통한 사회복귀 지원 등을 담당하고, 정신질환, 알코올 중독, 시각장애 등 장애 유형에 맞는 전문적 접근을 강조한다."고 하였다.

나운환 등(2017)의 장애인 재활상담사 직무분석 연구에서는 장애인 재활상담사의 주요 업무 영역을 재활상담 및 사례관리, 장애 진단 및 직업평가, 직무개발과 배치, 재활서비스, 재활행정, 연구개발 등으로 구분하고, 각 영역별 직무내용을 다음과 같이 제시하고 있다.

첫째, 재활상담 및 사례관리 업무로 초기 면접, 사례회의 및 IPE 작성, IPE

실행 및 모니터, 장애상담 및 사례관리, 직업상담, 역량강화 상담, 슈퍼비전을 포함하였다.

둘째, 장애 진단 및 직업평가 업무로 평가 의뢰 내용 확인 및 계획수립, 관련 기초 정보수집 및 의뢰, 지필검사 실시 및 해석, 작업표본평가 실시 및 해석, 상황 및 현장평가 실시 및 해석, 종합평가 보고서 작성을 포함하였다.

셋째, 직무개발과 배치 업무로 지역사회 노동시장 조사, 고용주 및 인사담당자 면담, 작업현장 관찰, 직무분석 및 직무조정(보조공학 서비스), 구인/구직자 매칭, 사업주 지원 자원개발 및 정보 제공, 고용주/구직자 간담회 및 교육을 포함하였다.

넷째, 재활서비스 업무로 전환/직업적응훈련 프로그램 개발 및 운영, 직업훈련 및 관련 정보 제공, 구직탐색 훈련 프로그램 개발 및 운영, 자립생활/사회적응훈련 프로그램 개발 및 운영, 보호/지원/맞춤식 고용 등 고용 프로그램 개발 및 운영, 취업 후 적응지도, 장애 인식 및 차별 개선 관련 프로그램 개발 및 운영을 포함하였다.

다섯째, 재활행정 업무로 문서 작성 및 관리, 제안서 작성 및 자원개발, 회의 및 세미나, 유관기관 네트워크, 홍보, 비영리 법인 및 시설 설립과 운영관리, 인사/노무/회계관리, 성과관리를 포함하였다.

여섯째, 연구관리 업무로 재활 프로그램 개발, 정책개발, 국내·외 장애정책 모니터, 직무 재교육이 포함하였다.

상기의 역할들을 정리해 보면 재활상담사는 신체적·정신적·발달상의, 그리고 정서적 장애가 있는 사람들이 독립적으로 살아가도록 돕고, 장애로 인한 개인적·사회적·심리적 영향들을 극복하고 관리하여 고용이나 독립생활을 하도록 돕는 역할을 하는 전문가로서 이용자의 문제를 파악하고, 이를 책임질 의무가 있는 상담사로서 이용자의 욕구들을 충족시키기 위해 다양한 서비스의 유형들을 종합적으로 조정하고 중재하며 이행하는 역할을 하는 전문가로 정의할 수 있다.

2. 재활상담사의 자격

다음에서는 미국과 한국을 중심으로 재활상담사 직무분석 관련 연구 결과를 중심으로 장애인 재활상담사의 자격조건들을 제시한다. 미국의 재활상담사 자격은 미국 노동부 『직업전망서(OOH)』와 미국 직업정보망(O*NET)의 직무분석 결과를 중심으로 제시하고, 한국의 재활상담사의 역할과 자격은 2017년 한국 보건의료인국가시험원에서 이루어진 「장애인 재활상담사 직무분석 연구」(나운환 외, 2017) 결과를 중심으로 제시하고자 한다.

1) 미국의 재활상담사 자격조건

재활상담사는 자신의 직무를 수행하기 위하여 필요한 교육과정을 이수해야 하고, 지식과 기술 및 능력을 갖추어야 하며, 그 외에도 흥미와 작업가치 등을 갖추어야 한다(O*NET, 2018).

(1) 교육수준
재활상담사 직무를 수행하는 데 필요한 교육(education) 수준은 〈표 3-1〉과 같이 석사학위, 학사학위, 고교 졸업장이나 이와 동등한 교육수준이 필요하다.

표 3-1 재활상담사에게 필요한 교육수준

교육수준 필요	응답자 비율 (%)
석사학위	49
학사학위	26
고등학교 졸업장 또는 이와 동등(예: GED)	14

(2) 지식

재활상담사에게 필요한 지식(knowledge)은 〈표 3-2〉와 같이 치료와 상담, 고객 및 개인서비스, 심리학, 교육 및 훈련, 영어, 서기, 행정 및 관리, 사회학과 인류학, 컴퓨터와 전자 등인 것으로 나타났다.

표 3-2 재활상담사에게 필요한 지식

지식 (중요도 순)	설명
치료와 상담	신체적 · 정신적 기능장애의 진단, 치료, 재활, 진로상담 및 지도를 위한 원리와 방법, 절차에 관한 지식
고객 및 개인서비스	고객 및 개인서비스를 제공하기 위한 원칙과 과정에 대한 지식. 여기에 고객의 욕구들에 대한 사정, 서비스 품질 기준 충족, 고객의 만족도에 대한 평가 포함
심리학	인간의 행동과 수행에 대한 지식, 능력 · 성격 · 흥미 분야의 개인차; 학습과 동기, 심리학적 연구방법, 행동 및 정서장애 사정 및 치료
교육 및 훈련	교육과정과 훈련 설계, 개인과 집단을 위한 교육 및 교수, 훈련효과 측정에 대한 원리와 방법에 관한 지식
영어	단어들의 의미와 철자, 구성 규칙들, 문법을 포함하여 영어의 구조와 내용에 관한 지식
서기	워드 프로세싱, 파일들과 기록들을 관리하기, 속기 및 필사본, 양식들을 디자인하기, 기타 사무절차들과 용어와 같은 행정 및 사무절차, 시스템에 관한 지식
행정 및 관리	전략계획, 자원배분, 인적 자원 모델링, 리더십 기술, 생산방법들, 사람과 자원의 조정을 포함한 비즈니스와 관리원칙들에 대한 지식

사회학과 인류학	집단행동과 역동성, 사회 동향과 영향들, 인간의 이주, 민족, 문화와 그들의 역사 및 기원에 대한 지식
컴퓨터와 전자	응용 프로그램과 프로그래밍을 포함하여 회로보드, 프로세서, 칩, 전자장비, 컴퓨터 하드웨어와 소프트웨어에 대한 지식

(3) 기술

재활상담사에게 필요한 기술(skills)을 중요도를 기준으로 제시하면 〈표 3-3〉과 같이 적극적인 청취, 사회적 지각, 말하기, 모니터링, 비판적 사고, 쓰기, 조정, 서비스 오리엔테이션, 독해력, 시간관리, 협상, 판단과 의사결정, 시스템 분석, 설득, 복잡한 문제해결, 교수, 운영분석, 시스템 평가, 능동학습, 학습전략 등인 것으로 나타났다.

표 3-3 **재활상담사에게 필요한 기술들**

기술 (중요도 순)	설명
적극적인 청취	다른 사람들이 말하는 것에 충분히 주의를 기울이고, 요점들을 이해할 시간을 가지며, 적절한 때에 질문하고, 부적절하게 방해하지 않기
사회적 지각	다른 사람들의 반응을 인식하고, 그들이 왜 그렇게 반응하는지 이해하기
말하기	다른 사람들에게 정보를 효과적으로 전달하기 위해 말하기
모니터링	개선하거나 시정 조치를 취하기 위해 자신을 비롯한 다른 개인들이나 조직들의 수행을 모니터링/사정하기
비판적 사고	대안적인 해결방안들의 강점과 약점, 문제들에 대한 결론이나 접근방법들을 식별하기 위해 논리와 추론 사용하기
쓰기	청중의 욕구들에 부합하도록 서면으로 효과적으로 의사소통하기
조정	다른 사람들의 행동들과 관련하여 행동들을 조정하기
서비스 오리엔테이션	사람들을 도울 방법들을 적극적으로 찾기

독해력	업무 관련 문서들의 문장들과 문단들을 이해하기
시간관리	자신의 시간과 다른 사람들의 시간 관리하기
협상	다른 사람들을 모으고, 차이들을 조정하려고 시도하기
판단과 의사결정	가장 적합한 행동을 선택하기 위해 잠재적인 행동들의 상대적 비용과 편익 고려하기
시스템 분석	시스템이 어떻게 작동해야 하는지, 조건들이나 운영, 환경 변화들이 결과에 어떤 영향을 미칠지 결정하기
설득	다른 사람들이 자신의 마음이나 행동을 바꾸도록 설득하기
복잡한 문제해결	옵션들을 개발하고 평가하며, 해결방안을 이행하기 위하여 복잡한 문제들을 확인하고, 관련 정보를 검토하기
교수	다른 사람들에게 무언가를 하는 방법 가르치기
운영분석	설계를 하기 위한 요구사항과 제품의 요구사항을 분석하기
시스템 평가	시스템의 목적들에 비해 시스템의 성능과 성능을 개선하고 수정하는 데 필요한 조치 또는 지표들을 확인하기
능동학습	현재와 미래의 문제해결, 의사결정을 위한 새로운 정보 함의를 이해하기
학습전략	새로운 것을 배우거나 가르칠 때 상황에 따라 적절한 훈련/교수방법들과 절차들을 선택하고 사용하기

(4) 능력

재활상담사에게 필요한 능력들(abilities)을 중요도를 기준으로 제시하면 〈표 3-4〉와 같이 구두이해, 서면이해, 구두표현, 서면표현, 말 명료도, 말 인식, 귀납적 추론, 문제 민감도, 연역적 추론, 단기 비전, 정보 주문, 아이디어, 독창력, 범주 유연성 등인 것으로 나타났다.

표 3-4 재활상담사에게 필요한 능력들

능력	설명
구두이해	구어와 문장을 통해 제시된 정보와 아이디어를 듣고 이해하는 능력
서면이해	서면으로 제시된 정보와 아이디어들을 읽고 이해하는 능력

구두표현	말하기를 통해 다른 사람들이 이해하도록 정보와 아이디어들을 전달하는 능력
서면표현	서면을 통해 다른 사람들이 이해하도록 정보와 아이디어들을 전달하는 능력
말 명료도	다른 사람들이 당신에 대해 이해할 수 있도록 명확하게 말하는 능력
말 인식	다른 사람들의 말을 식별하고 이해하는 능력
귀납적 추론	(겉보기에 무관한 사건들 사이의 관계를 찾는 것을 포함하여) 일반적인 규칙이나 결론을 형성하기 위해 정보의 부분들을 결합하는 능력
문제 민감도	뭔가 잘못되었거나 잘못될 가능성이 있는 경우를 알 수 있는 능력. 이것은 문제가 있다는 것을 인식하는 것으로 문제를 해결하는 것을 포함하지 않음
연역적 추론	의미 있는 답들을 산출하기 위해 특정한 문제들에 대해 일반적인 규칙을 적용하는 능력
단기 비전	(관찰자의 수 미터 이내) 근거리에서 세부사항들을 볼 수 있는 능력
정보 주문	특정한 규칙이나 규칙들의 집합(예: 숫자, 문자, 단어, 그림, 수학 연산 패턴들)에 따라 특정 순서나 패턴으로 사물들이나 동작들을 배열할 수 있는 능력
아이디어	(질이나 정확성, 또는 창의성이 아니라 아이디어의 수가 중요한) 주제에 대해 여러 가지 아이디어를 제시할 수 있는 능력
독창력	주어진 주제나 상황에 대해 비정상적이거나 영리한 아이디어들을 제시하거나 문제를 해결하기 위해 창의적인 방법을 개발하는 능력
범주 유연성	서로 다른 방법들로 사물들을 결합하거나 그룹화하기 위해 서로 다른 규칙 세트를 생성하거나 사용하는 능력

(5) 흥미 유형

재활상담사들에게 중요한 직업흥미(interests) 유형은 〈표 3-5〉와 같이 여섯 가지 유형 중 사회형과 탐구형에 대한 직업흥미가 중요하다고 보았고, 그 외 유형에서는 중요도에 대한 응답 비율이 보통 이하로 나타났다. 사회형은 다른 사람들과 함께 일하고, 의사소통하며, 가르치는 것과 관련되는 것으로,

종종 다른 사람들을 돕거나 서비스를 제공하는 일을 포함한다. 그리고 탐구형은 흔히 아이디어를 가지고 일하는 것과 관련되는 것으로, 광범위한 사고가 필요하며 사실들을 찾고, 정신적으로 문제들을 파악하는 일을 포함한다.

표 3-5 **재활상담사의 직업흥미 유형**

직업흥미		설명	비율
중요	사회형	사회형 직업들은 사람들과 함께 일하고, 의사소통하며, 가르치는 것과 관련된다. 이러한 직업들에는 종종 다른 사람들을 돕거나 서비스를 제공하는 일이 포함된다.	100
	탐구형	탐구형 직업들은 흔히 아이디어를 가지고 일하는 것과 관련되고, 광범위한 사고가 필요하다. 이러한 직업들에는 사실들을 찾고, 정신적으로 문제들을 파악하는 것이 포함된다.	50
예술형		예술형 직업들은 흔히 양식, 디자인, 패턴들을 가지고 일하는 것과 관련된다. 이들은 종종 자기표현을 필요로 하고, 명확한 규칙을 따르지 않고 일을 수행할 수 있다.	45
진취형		진취형 직업들은 흔히 프로젝트를 시작하고 수행하는 것과 관련된다. 이러한 직업들은 사람들을 이끌고, 많은 결정들을 내릴 수 있다. 때로는 위험을 감수하는 것이 필요하고, 종종 비즈니스를 처리해야 한다.	39
관습형		관습형 직업들은 흔히 절차들과 틀에 박힌 일을 따르는 것과 관련된다. 이러한 직업들에는 아이디어보다는 자료와 세부사항들을 가지고 일하는 것이 포함될 수 있다. 보통 여기에는 따라야 할 명확한 권한이 있다.	39
현실형		현실형 직업들은 흔히 실제적이고, 실용적인 문제 및 해결책을 포함하는 작업활동들과 관련된다. 이들은 식물과 동물, 그리고 나무, 공구, 기계와 같은 실제 세계의 재료들을 다루는 경우가 많다. 대부분의 직업들은 옥외에서 일하는 것이 필요하고, 많은 서류 작업을 하지 않고, 다른 사람들과 긴밀하게 협력하지 않는다.	0

(6) 작업스타일

재활상담사들에게 중요한 작업스타일(work styles)은 〈표 3-6〉과 같이 청렴함, 타인에 대한 관심, 신뢰성, 협력성, 자기통제, 사회적 지향, 스트레스 내성, 주도성, 지속성, 적응성/유연성, 성취/노력, 리더십, 세부사항에 대한 주의, 독립, 분석적 사고, 혁신이 필요한 것으로 나타났다.

표 3-6 재활상담사의 작업스타일

작업스타일 (중요도 순)	설명
청렴함	직무는 정직하고 윤리적이어야 한다.
타인에 대한 관심	직무는 다른 사람들의 욕구와 느낌에 민감하고, 그 일에 대해 이해하며 도움이 되어야 한다.
신뢰성	직무는 신뢰할 수 있고, 책임감이 있으며, 믿을 수 있어야 하고, 의무들을 이행해야 한다.
협력성	직무는 해당 직무에서 다른 사람들과 즐거운 시간을 보내고, 선량하고 협력적인 태도를 보여야 한다.
자기통제	직무는 매우 어려운 상황들에서도 평정을 유지하고, 감정을 억제하며, 분노를 조절하고, 공격적인 행동을 피해야 한다.
사회적 지향	직무는 혼자가 아닌 다른 사람들과 일하는 것을 선호하고, 해당 직무에서 다른 사람들과 개인적으로 연결되어 있어야 한다.
스트레스 내성	직무는 비판을 받아들이고, 심한 스트레스 상황에서도 침착하고 효과적으로 대처해야 한다.
주도성	직무는 책임감과 도전하고자 하는 의지가 필요하다.
지속성	직무는 장애물들에 직면해도 지속하는 것이 필요하다.
적응성/ 유연성	직무는 (긍정적 또는 부정적) 변화와 직장 내의 상당한 다양성에 대하여 열려 있는 것이 필요하다.
성취/노력	직무는 개인적으로 도전적인 성취 목표들을 수립하고 유지하며 과업들을 마스터하기 위해 노력을 기울여야 한다.
리더십	직무는 이끌어가고, 책임을 지며, 의견들과 방향들을 제시하는 것이 필요하다.

세부사항에 대한 주의	직무는 작업 과업들을 완료하는 데 있어 세부사항에 대해 주의를 기울여야 한다.
독립성	직무는 자신의 일하는 방식들을 개발하고, 지도감독이 거의 없어도 스스로 지도하며, 스스로 일을 마무리하고자 하는 것이 필요하다.
분석적 사고	직무는 직업과 관련된 이슈들과 문제들을 해결하기 위해 정보를 분석하고 논리를 사용해야 한다.
혁신	직무는 직업과 관련된 문제들에 대해 새로운 아이디어들을 개발하고 답하기 위해 창의성과 대안적인 사고가 필요하다.

(7) 작업가치

재활상담사들에게 중요한 작업가치(work values)는 〈표 3-7〉과 같이 관계, 성취, 지원, 근로조건, 인식, 독립 등으로 나타났다.

표 3-7 재활상담사에게 중요한 작업가치

작업가치 (중요도 순)	설명
관계	이 작업가치를 충족시키는 직업들은 직원들이 다른 사람들에게 서비스를 제공하고, 우호적으로 비경쟁적인 환경에서 동료들과 함께 일하게 하는 것이다. 상응하는 욕구들로 동료들과 도덕적 가치, 사회봉사가 있다.
성취	이 작업가치를 충족시키는 직업들은 결과지향적이며 직원들이 가장 강한 능력을 발휘할 수 있게 하여 성취감을 주는 것이다. 상응하는 욕구들로 능력 활용과 성취가 있다.
지원	이 작업가치를 충족시키는 직업들은 직원들 뒤에 서서 지지적인 관리를 제공하는 것이다. 상응하는 욕구들로 지도감독에 대한 회사의 정책들, 인간관계와 슈퍼비전, 기술이 있다.
근로 조건	이 작업가치를 충족시키는 직업들은 직무안정과 좋은 근로조건들을 제공하는 것이다. 상응하는 욕구들로 활동, 보상, 독립, 안전, 다양성, 근로조건이 있다.

인식	이 작업가치를 충족시키는 직업들은 승진과 잠재적인 리더십을 제공하는지, 그리고 권위 있는 직업으로 간주되는지에 관한 것이다. 상응하는 욕구들로 진보, 권위, 인정, 사회적 지위가 있다.
독립	이 작업가치를 충족시키는 직업들은 직원이 스스로 일하게 하고, 의사결정을 내릴 수 있게 하는 것이다. 상응하는 욕구로 창의성, 책임감, 자율성이 있다.

출처: https://www.bls.gov/ooh/community-and-social-service/rehabilitation-counselors.htm#tab-3

2) 한국의 장애인 재활상담사 자격조건

나운환 등(2017)에 따르면 한국의 장애인 재활상담사는 "개인의 손상이나 기능제한, 상황적 요인 등으로 개인 활동이나 사회참여에 어려움을 가지고 있는 사람들을 대상으로 진단과 평가, 재활상담과 사례관리, 전환기 서비스 및 직업재활 등의 전반적인 서비스를 제공하는 재활전문가"로 규정된다. 그리고 장애인 재활상담사의 주요 업무는 재활상담 및 사례관리, 장애 진단 및 직업평가, 직무개발과 배치, 재활서비스, 재활행정, 연구개발로 제시되고 있다.

상기의 업무들을 수행하기 위해 장애인 재활상담사가 갖추어야 할 자격조건을 살펴보면 한국은 현재 「장애인복지법」과 민간자격인 직업재활사 자격등급을 통해 1, 2, 3급으로 자격을 구분하고 있고, 각 자격등급별 업무영역과 일의 범위를 제시함과 동시에 필요한 교육수준을 명시하고 있다.

(1) 장애인 재활상담사의 주요 업무

한국의 장애인 재활상담사는 〈표 3-8〉과 같이 1급은 5개 업무영역에서 14개 일을 담당하고, 2급은 6개 업무영역에서 37개 일을 담당하며, 3급은 6개 업무영역에서 17개 일을 담당하는 것으로 나타났다. 업무영역을 통해 필요한 지식과 기술을 보다 자세히 살펴보면 1, 2, 3급 모두 재활상담 및 사례관리, 장애 진단 및 평가, 직무개발과 배치, 재활행정, 연구개발의 업무를 수행하는 것으로 나타났고, 각 자격등급별 일의 범위를 통해 자격등급 간 차이를 부여하고 있다. 그러나 현행 1, 2, 3급의 자격규정은 일의 범위에 유사성이 있어 향후 「장애인복지법」 제72조의 3(장애인 재활상담사 자격자 교부 등)의 개정을 통해 1급과 2급으로만 구분하거나 미국의 자격제도처럼 장애인 재활상담사 자격시험으로 개선하는 과정이 검토되고 있다.

표 3-8 한국의 장애인 재활상담사 자격등급별 주요 업무영역과 일의 범위

자격 유형	범위	
	업무영역	일의 범위
1급 (5개 업무, 14개 일)	재활상담 및 사례관리	사례회의 및 IPE 작성, 역량강화상담, 슈퍼비전
	장애 진단 및 직업평가	상황·현장평가 실시 및 해석, 종합평가보고서 작성
	직무개발과 배치	직무분석 및 직무조정(보조공학 서비스), 고용주·구직자 간담회 및 교육
	재활행정	회의 및 세미나, 비영리 법인 및 시설 설립과 운영관리, 성과관리
	연구개발	재활 프로그램 개발, 정책개발, 국내외 장애정책 모니터, 직무 재교육
2급 (6개 업무, 37개 일)	재활상담 및 사례관리	초기 면접, 사례회의 및 IPE 작성, IPE 실행 및 모니터, 장애상담 및 사례관리, 직업상담, 역량강화상담
	장애 진단 및 직업평가	평가 의뢰 내용 확인 및 계획 수립, 관련 기초 정보 수집 및 의뢰, 지필검사 실시 및 해석, 작업표본평가 실시 및 해석, 상황·현장평가 실시 및 해석, 종합평가보고서 작성
	직무개발과 배치	지역사회 노동시장 조사, 고용주 및 인사담당자 면담, 작업현장 관찰, 직무분석 및 직무조정(보조공학 서비스), 구인·구직자 매칭, 사업주 지원 자원개발 및 정보 제공, 고용주·구직자 간담회 및 교육

	재활서비스	전환·직업적응훈련 프로그램 개발 및 운영, 직업훈련 및 관련 정보 제공, 구직탐색훈련 프로그램 개발 및 운영, 자립생활·사회적응훈련 프로그램 개발 및 운영, 보호·지원·맞춤식 고용 등 고용 프로그램 개발 및 운영, 취업 후 적응지도, 장애 인식 및 차별 관련 프로그램 개발 및 운영
	재활행정	문서작성 및 관리, 제안서 작성 및 자원개발, 회의 및 세미나, 유관기관 네트워크, 홍보, 비영리 법인 및 시설 설립과 운영관리, 인사·노무·회계관리, 성과관리
	연구개발	재활 프로그램 개발, 국내외 장애정책 모니터링, 직무 재교육
3급 (6개 업무, 17개 일)	재활상담 및 사례관리	초기 면접, 장애상담 및 사례관리, 직업상담
	장애 진단 및 직업평가	평가 의뢰 내용 확인 및 계획수립, 관련 기초 정보 수집 및 의뢰
	직무개발과 배치	지역사회 노동시장 조사, 작업현장 관찰, 구인·구직자 매칭, 사업주 지원 자원개발 및 정보 제공
	재활서비스	직업훈련 및 관련 정보 제공, 구직탐색훈련 프로그램 개발 및 운영, 자립생활·사회적응훈련 등 고용 프로그램 개발 및 운영, 취업 후 적응지도
	재활행정	문서 작성 및 관리, 홍보
	연구개발	재활 프로그램 개발, 직무 재교육

(2) 교육수준

한국의 장애인 재활상담사는 개정된 「장애인복지법」 제72조의 3(장애인 재활상담사 자격증 교부 등)을 통해 장애인의 직업재활 등을 지원하기 위하여 자격요건을 갖춘 사람이며, 보건복지부 장관은 제73조에 따른 국가시험에 합격한 사람에 대하여 장애인 재활상담사 자격증을 발급하게 되어 있다. 자격 유형별 교육수준을 살펴보면 〈표 3-9〉와 같이 1급은 장애인 재활 분야의 박사학위를 취득했거나 2급 자격증 소지자 중 석사학위를 취득한 사람 등으로 제시하고 있고, 2급은 대학에서 재활 관련 교과목을 이수한 사람 등으로 제시하고 있으며, 3급은 전문대학에서 재활 관련 교과목을 이수한 사람으로 제시하고 있다. 정리하면 전문대학 이상에서 장애인 재활 관련 교과목을 이수하고, 국가시험에 합격한 경우, 장애인 재활상담사 자격이 발급됨을 알 수 있다.

표 3-9 장애인 재활상담사의 교육수준

자격 유형	교육수준
1급	• 「고등교육법」에 따른 대학원에서 장애인 재활 분야의 박사학위를 취득한 사람 • 2급 장애인 재활상담사 자격증을 가진 사람으로서 「고등교육법」에 따른 대학원에서 장애인 재활 분야의 석사학위를 취득한 사람 • 2급 장애인 재활상담사 자격증을 가진 사람으로서 장애인 재활 관련 기관에서 3년 이상 재직한 사람 • 사회복지사 2급 자격증을 가진 사람으로서 장애인 재활 관련 기관에서 5년 이상 재직한 사람
2급	• 「고등교육법」에 따른 대학에서 보건복지부령으로 정하는 장애인 재활 관련 교과목을 이수한 사람 • 3급 장애인 재활상담사 자격증을 가진 사람으로서 장애인 재활 관련 기관에서 2년 이상 재직한 사람 • 사회복지사 2급 자격증을 가진 사람으로서 장애인 재활 관련 기관에서 3년 이상 재직한 사람
3급	• 「고등교육법」에 따른 전문대학에서 보건복지부령으로 정하는 장애인 재활 관련 교과목을 이수한 사람

(3) 지식

재활상담사의 업무를 수행하는 데 필요한 지식 영역은 〈표 3-10〉과 같다.

표 3-10 장애인 재활상담사에게 필요한 지식

업무영역	일의 범위	필요한 지식
재활상담 및 사례관리	초기 면접	장애와 장애 유형에 대한 이해, 상담기술과 이론에 대한 이해, 재활상담과 직업에 대한 이해, 사례관리에 대한 이해, 상담실천에 대한 이해, 재활행정·정책·서비스·시설에 대한 이해, 직업에 대한 이해, 재활상담 및 사정에 대한 이해
	사례회의 및 IPE 작성	전인적 재활에 대한 이해, 이용자 배경정보 및 초기 면접·상담 결과 종합적 분석 능력, 직업평가 및 사례관리에 대한 이해, 장애에 대한 이해, 장애의 심리적 특성과 태도, 장애 진단과 평가, 장애영역별 특성 이해, 직업세계에 대한 이해, 장애의 직업적 특성과 태도, 직업평가와 진로개발, 장애인의 직업재활 과정에 대한 이해, 진로개발과 인적자원 개발·고용 유형에 대한 이해, 장애인의 직무개발과 배치, 직무조정에 대한 이해, 직업재활 서비스와 다양한 재활서비스에 대한 이해 재활정책과 행정에 대한 이해, 재활기관 및 서비스 전달체계에 대한 이해, 적격성 기준과 이용자 권리에 대한 이해, 재활 사례관리에 대한 이해
	IPE 실행 및 모니터링	IPE에 대한 이해, 재활서비스 및 직업재활 서비스에 대한 이해, 직무개발과 배치에 대한 이해, 사례관리에 대한 이해, 욕구사정 및 직업평가 능력, 서비스 적격성 및 성과관리 능력, 직업세계에 대한 이해, 장애인의 직업재활 과정에 대한 이해, 진로개발과 인적 자원 개발·고용 유형에 대한 이해, 상담기록에 대한 이해, 정보망 활용과 연계를 위한 능력, 종합분석 및 추론 능력
	장애상담 및 관리	전인적 재활에 대한 이해, 장애등록·재활치료 및 재활서비스 이해와 탐색 능력, 장애보상과 관련된 공적 부조와 사회서비스에 대한 이해, 교육 및 직업·노동문제 등에 대한 이해, 장애 관련 기관 및 정보 체계화, 장애 유형별 정당한 편의에 대한 이해, 장애인을 위한 공적 부조에 대한 이해, 장애 유형별 재활서비스에 대한 이해, 교통사고 및 산업재해·사고처리와 보상에 대한 이해, 재활정책에 대한 이해, 자원개발 및 연계능력, 교통사고 및 산업재해, 사고 등 중도장애인의 특성에 관한 이해, 장애 유형별 필요한 서비스 사정 능력

	직업상담	직업상담에 대한 이론과 실천 지식에 대한 이해, 노동시장 정보 및 진로개발에 대한 탐색 능력, 직무개발과 배치에 대한 이해, 이용자의 직업중요성 인식을 위한 상담능력, 이용자의 자기이미지 형성을 위한 상담능력, 이용자의 직업세계에 대한 수준을 분석하는 상담능력, 이론과 이용자 지원 시스템 연계능력, 진로상담 및 개발에 대한 탐색능력, 노동시장과 직무개발과 배치에 대한 이해, 위기상황 대처 이론, 은퇴 후의 직업설계에 대한 전문자료 탐색능력, 노동법규에 대한 이해, 노동 판례와 적용에 대한 이해, 노동 관련 구제 절차 및 방법에 대한 지식, 상담기록에 대한 이해, 사례관리에 대한 이해, 재활행정 능력
	역량강화 상담	장애 유형별 특성과 역량분석을 위한 지식 이해, 재활상담 기술과 이론에 대한 이해, 역량평가를 위한 진단과 평가 이해, 재활 사례관리에 대한 이해, 역량인식 강화를 위한 상담에 대한 이해, 장애 유형별 특성과 역량분석을 위한 지식 이해, 역량강화 기술에 대한 이해, 역량강화 기술지원 이후 모니터링과 평가에 대한 이해, 개인별 역량계획과 실행에 대한 사후관리
	슈퍼비전	장애 유형별 특성과 역량분석을 위한 지식 이해, 재활상담 기술과 이론·슈퍼비전 기술에 대한 이해, 슈퍼바이저 역할에 대한 이해, 사례관리에 대한 이해, 서비스 레코딩과 결과 분석 및 고찰능력, 재활서비스와 개입기술에 대한 이해, 레코딩 기술, 교육훈련 기술
장애 진단 및 직업평가	평가 의뢰내용 확인 및 계획수립	장애와 장애 유형에 대한 이해, 장애 진단과 평가 이론에 대한 이해, 평가도구에 대한 이해, 사례관리에 대한 이해, 행정 및 사례관리에 대한 이해
	관련 기초 정보 수집 및 의뢰	장애와 장애 유형에 대한 이해, ICF 분류코드 이해, 신체해부학과 정신기능에 대한 이해, 직업세계에 대한 이해, 이용자의 배경요인 탐색 능력, 장애인의 재활과정에 대한 이해, 서비스 적격성 기준 적용과 판단 능력, 레코딩 능력
	지필검사 실시 및 해석	장애와 장애 유형에 대한 이해, 검사도구에 대한 이해, 이용자 검사 유형 선택 적합성 판단 능력, 행동관찰 능력, 검사도구 해석과 요약능력, 레코딩 및 사례관리 능력

	작업표본평가 실시 및 해석	장애와 장애 유형에 대한 이해, 작업표본 평가도구에 대한 이해, 이용자 작업표본 검사 유형 선택 적합성 판단능력, 작업표본평가 해석과 요약능력, 레코딩 및 사례관리 능력
	상황 · 현장평가 실시 및 해석	장애와 장애 유형에 대한 이해, 상황 · 현장평가를 위한 작업행동 관찰 체크리스트에 대한 이해, 상황 · 현장평가 유형 선택 적합성 판단 능력, 상황 · 현장평가에 대한 이해, 행동관찰 능력, 상황 · 현장평가 해석과 요약능력, 레코딩 및 사례관리 능력, 도구개발 및 통계능력, 도구표준화 및 적용능력
	종합평가보고서 작성	장애와 장애 유형에 대한 이해, 검사 및 평가 결과 해석과 요약 능력, 레코딩 및 사례관리 능력, 직업세계 및 직무분석 능력, 장애와 직업세계 매칭 능력, 직업재활 과정에 대한 이해, 직업세계에 대한 이해, 보조공학 등 지원서비스에 대한 이해, 레코딩 및 사례관리 능력
직무개발과 배치	지역사회 노동시장 조사	직업세계에 대한 이해, 구인정보망 활용과 시장 조사 능력, 사회경제 흐름과 노동시장 관계 이해, 구인탐색 능력
	고용주 및 인사 담당자 면담	직업세계에 대한 이해, 상담 및 설득 능력, 직무개발과 배치과정 이해, 관련 정보수집 능력, 의사결정 능력, 직업재활 정책에 대한 이해, PPT 및 관련 미디어 제작 능력, 직무탐색 능력, 상담 결과 종합적 분석능력
	작업현장 관찰	직업세계에 대한 이해, 직무분석 능력, 사회경제 흐름과 노동시장 관계 이해, 구인탐색 능력, 척도개발 능력, 증거 기반 탐색능력
	직무분석 및 직무조정	직업세계에 대한 이해, 계획 및 평가 능력, 사회경제 흐름과 노동시장 관계 이해, 직무분석 능력, 정당한 편의 고려 능력, 직무변경이나 직무조정에 대한 사례탐색 능력
	구인 · 구직자 매칭	직업세계에 대한 이해, 직무분석 능력, 직무조정 및 정당한 편의 이해, 직무배치 능력, 이용자 적합 직무 탐색 및 직무배치 능력, 사례관리 능력, 지속적인 직업적응을 위한 지원수단 이해
	사업주 지원 자원개발 및 정보 제공	직업세계에 대한 이해, 장애인 고용정책과 사업주 지원정책에 대한 이해, 장애인 고용을 위한 다양한 자원연계 능력, 인센티브 및 자원매칭 능력, 직무분석과 직무조정에 대한 이해, 직무조정에 대한 지원정책 이해, 직무조정 실행능력, 장애인 고용에 따르는 지원정책 이해, 고용주에게 필요한 정보 자료화 및 제공능력

	고용주 및 구직자 간담회 및 교육	직업세계에 대한 이해, 직무개발에 대한 이해, 장애인 고용에 따르는 지원정책 이해, 고용주에게 필요한 정보 자료화 및 제공 능력, 기획 및 홍보 능력, 직업세계와 직무개발에 대한 이해, 기획 및 사례관리 능력, 기획 및 자원개발 능력
재활서비스	전환 · 직업적응 훈련 프로그램 개발 및 운영	기획 및 자원개발 능력, 직업적응훈련과 중증장애에 대한 이해, 장애인 고용에 따르는 지원정책 이해, 훈련 및 서비스 진행능력, 개인별 서비스 평가와 환류능력, 직무배치 및 훈련 등 서비스 자원개발 능력, 기획 및 행정능력
	직업훈련 및 관련 정보 제공	기획 및 자원개발 능력, 직업능력 개발 훈련에 대한 이해, 장애인 직업능력개발을 위한 지원정책 이해
	구직탐색훈련 프로그램 개발 및 운영	기획 및 자원개발 능력, 구직탐색훈련과 중증장애에 대한 이해, 장애인 고용에 따르는 지원정책 이해, 훈련 및 서비스 진행 능력, 개인별 서비스 평가와 환류능력, 기획 및 행정능력, 구직탐색 연계 서비스 자원개발 능력
	자립생활 · 사회적응훈련 프로그램 개발 및 운영	기획 및 자원개발 능력, 사회적응훈련과 중증장애에 대한 이해, 장애인 고용에 따르는 지원정책 이해, 훈련 및 서비스 진행능력, 자립생활 · 사회적응훈련과 중증장애에 대한 이해, 개인별 서비스 평가와 환류능력, 직무배치 및 훈련 등 서비스 자원개발 능력, 기획 및 행정능력
	보호 · 지원 · 맞춤식 고용 등 고용 프로그램 개발 및 운영	직무개발과 배치 등 고용서비스 자원개발 능력, 고용정책과 중증장애에 대한 이해, 고용지원 시스템 개발과 탐색 능력, 성과 평가 및 행정능력, 모니터 및 환류 능력, 고용 이후 서비스에 대한 자원개발 능력
	취업 후 적응지원	서비스 조정과 연계 능력, 고용정책과 중증장애에 대한 이해, 취업 후 적응지원을 위한 자원개발 능력, 자원개발과 연계능력, 기획 및 행정 능력, 장애 진단 및 평가 능력, 상담 및 사례관리 능력
	장애 인식 및 차별개선 관련 프로그램 개발 및 운영	장애 인식과 태도 개선을 위한 프로그램 기획 능력, 고용정책과 중증장애에 대한 이해, 차별 실태와 개선을 위한 정책 기획 능력, 차별 실태와 개선을 위한 정책 실행 능력, 프로그램 과정 및 성과 평가 능력, 프로그램 모니터 및 환류, 장애인식과 차별 실태 개선을 위한 정책개발 능력

재활행정	문서 작성 및 관리	기획 및 행정능력, 조직관리 및 운영능력, 인력관리 및 사무능력, 노동법 등 관련 법규 이해, 컴퓨터 보안 및 백업 시스템 운영 능력
	제안서 작성 및 자원개발	기획 및 행정능력, 인적 자원 개발 능력, 제안서 작성 및 자료제작 능력
	회의 및 세미나	기획 및 행정능력, 인적 자원 개발 능력, 재활의 총체적인 측면과 팀워크 대처능력
	유관기관 네트워크	기획 및 행정능력, 자원개발 능력, 재활의 총체적인 측면과 팀워크 대처 능력
	홍보	기획 및 행정능력, 홍보자원 개발능력, 홍보물 제작 및 관리능력
	비영리 법인 및 시설 설립과 운영관리	기획 및 행정능력, 법인 및 시설 설립 컨설팅 능력, 사업평가 및 분석능력, 기획 및 운영능력, 기록 및 운영능력, 평가능력
	인사, 노무, 회계관리	기획 및 행정능력, 인적 자원 관리능력, 성과평가 능력, 노무관리 능력, 회계 및 결산능력, 회계 시스템 운영능력
	성과관리	기획 및 행정능력, 사무능력, 협의 및 조정능력, 성과평가 능력
연구개발	프로그램 개발 연구	기획 및 행정능력, 사무능력, 성과평가 능력, 프로그램 운영 능력
	정책개발	기획 및 행정능력, 사무능력, 성과평가 능력, 정책결정 능력, 정책분석 능력, 정책연구 능력
	국내외 장애정책 모니터	기획 및 행정능력, 정책 모니터링 능력, 정책분석 및 평가 능력, 장애 관련 국내 및 국제법 이해
	직무재교육	기획 및 행정능력, 인적자원 관리 능력, 인력개발 및 성과평가 능력, 장애정책 변화에 대한 이해

(4) 기술

재활상담사의 업무를 수행하는 데 필요한 기술 영역은 〈표 3-11〉과 같다.

표 3-11 재활상담사에게 필요한 기술

업무영역	일의 범위	필요한 기술
재활상담 및 사례관리	초기 면접	자료종합 · 분석 · 비교능력, 이용자 라포 형성 및 정보탐색 · 수집능력, 이용자에 적합한 상담기술 활용 능력, 사례관리 능력, 지역사회 재활기관 네트워크 기술, 장애 진단 평가 기술
	사례회의 및 IPE 작성	자료종합 · 분석 · 비교 · 판단능력, 직업평가 결과 이해능력 기획 및 행정능력, 사례관리 능력, 장애의 특성과 세계보건기구 분류코드, 직업세계의 이해와 장애 진단에서 세계보건기구 직업재활 분류코드, 이용자와 직업세계의 매칭 기술, 직무분석과 직무조정 기술, 자원개발 및 연계기술, 정책개발 및 탐색 기술, 적격성 판단 기술, 이용자와의 의사소통 기술
	IPE 실행 및 모니터	자료종합 · 분석 · 비교능력, 이용자 라포 형성 및 정보 탐색 · 수집능력, 이용자에 적합한 상담기술 능력, 사례관리 능력, 이용자 서비스 성과평가 기술, 이용자에 적합한 상담기술 활용 능력, 이용자 서비스 직업평가 기술, 이용자와 직업세계의 매칭 기술, 기획 및 행정 능력, 서비스 연계 및 자원개발 기술, 레코딩 기술
	장애상담 및 관리	이용자 라포 형성 및 정보 탐색 · 수집능력, 이용자에 적합한 상담기술 활용 능력, 사례관리 능력, 이용자에 적합한 정당한 편의장치 활용 기술
	직업상담	자료종합 · 분석 · 비교능력, 이용자 라포 형성 및 정보 탐색 · 수집능력, 이용자의 직업문제 인식 분석 기술, 이용자의 자기이미지 형성을 위한 상담기술, 직업세계와 이용자의 직업세계를 분석하고 매칭하는 기술, 진로상담 기술, 위기상황 대처 기술, 자료탐색 기술, 노동법규 적용 및 판례 탐색 기술, 상담기록 기술, 사례관리 기술
	역량강화 상담	자료종합 · 분석 · 비교능력, 이용자 라포 형성 및 정보 탐색 · 수집능력, 이용자의 역량 특성과 역량분석 기술, 의사결정 및 전이기술, 이용자의 역량 인식강화 개입 기술, 이용자의 역량강화 기술, 서비스 모니터와 평가 기술, 이용자의 정보 제공 및 자원연계 기술

	슈퍼비전	자료종합·분석·비교능력, 슈퍼비전 사례의 구조화 기술, 슈퍼비전 개입과 평가 능력, 슈퍼비전 사례의 내용에 기반한 방법 선택과 결정 기술, 슈퍼비전 개입기술, 슈퍼비전 결과사정 및 평가 능력, 서비스 환류체계 기술, 교육 및 훈련 기술
장애 진단 및 직업평가	평가 의뢰 내용 확인 및 계획수립	자료종합·분석·비교능력, 이용자 라포 형성 및 정보 탐색·수집능력, 이용자에 적합한 상담기술 활용 능력, 사례관리 능력, 기획 및 행정 기술, 이용자에 적합한 진단 및 평가도구 활용 기술, 재활행정 기술
	관련 기초 정보 수집 및 의뢰	자료종합·분석·비교능력, 신체구조 및 기능이해 기술, ICF 분류코드 적용 기술, 정신구조 및 기능 이해 기술, 개인적 특성과 직업 매칭 기술, 환경요인에 대한 직업재활 고찰 기술, 적격성 기준 적용 기술, 적절한 평가 유형과 의뢰기관 선택 기술, 레코딩 기술
	지필검사 실시 및 해석	자료종합·분석·비교능력, 장애 유형에 적합한 검사도구 선택 기술, 검사 실시 및 행동관찰 기술, 장애 유형에 적합한 정당한 편의 선택, 검사도구 및 행동관찰 기술, 레코딩 기술, 결과분석 및 요약 기술
	작업표본평가 실시 및 해석	자료종합·분석·비교능력, 장애 유형에 적합한 작업표본 검사도구 선택 기술, 검사실시 및 행동관찰 기술, 장애 유형에 적합한 정당한 편의 선택, 작업표본 평가도구 및 행동관찰 기술, 레코딩 기술, 결과분석 및 요약 기술
	상황·현장평가 실시 및 해석	자료종합·분석·비교능력, 장애 유형에 적합한 상황·현장 평가 유형 선택 기술, 행동관찰 기술, 장애 유형에 적합한 정당한 편의 선택, 상황·현장평가 및 행동관찰 기술, 레코딩 기술, 결과분석 및 요약 기술, 도구개발 및 통계기술, 표준화 및 적용기술
	종합평가보고서 작성	자료종합·분석·비교능력, 레코딩 기술, 결과분석 및 요약 기술, 직무분석 기술, 구직자와 직무매칭 기술, 직무선택 기술, 보조기술과 지원서비스 기술
직무개발과 배치	지역사회 노동 시장 조사	자료종합·분석·비교능력, 시장조사 기술, 컴퓨터 활용기술, 구인탐색 기술
	고용주 및 인사 담당자 면담	자료종합·분석·비교능력, 직무분석과 매칭 기술, 컴퓨터 활용기술, 구인탐색 기술, 의사소통과 대처 기술, 미디어 제작 기술, 레코딩 기술

	작업현장 관찰	자료종합·분석·비교능력, 시장조사 기술, 컴퓨터 활용기술, 직무분석 기술, 작업행동 척도개발 기술, 작업행동 척도해석 기술, 레코딩 기술
	직무분석 및 직무조정	자료종합·분석·비교능력, 기획 기술, 컴퓨터 활용 기술, 직무분석 기술, 직무변경 및 조정 기술
	구인·구직자 매칭	자료종합·분석·비교능력, 매칭기술, 컴퓨터 활용 기술, 레코딩 기술
	사업주 지원 자원개발 및 정보 제공	자료종합·분석·비교능력, 정책분석과 제공 기술, 컴퓨터 활용 기술, 자원탐색 기술, 직무조정 기술, 자원연계 기술, 자원연계 및 정보 제공 기술
	고용주 및 구직자 간담회 및 교육	자료종합·분석·비교능력, 기획 및 자원조정 기술, 컴퓨터 활용 기술, 사업평가 기술, 기획 및 홍보기술, 기획 및 레코딩 기술, 사례관리 및 조정 기술
재활서비스	전환·직업적응 훈련 프로그램 개발 및 운영	자료종합·분석·비교능력, 기획 및 사업계획 기술, 컴퓨터 활용기술, 적격성 판단 및 사례관리 기술, 교수 및 프로그램 진행 기술, 평가 및 환류 기술, 직무배치 기술, 상담 및 레코딩 기술
	직업훈련 및 관련 정보 제공	자료종합·분석·비교능력, 기획 및 자료수집 기술, 컴퓨터 활용기술
	구직탐색훈련 프로그램 개발 및 운영	자료종합·분석·비교능력, 기획 및 사업계획 기술, 컴퓨터 활용기술, 적격성 판단 및 사례관리 기술, 교수 및 프로그램 진행 기술, 평가 및 환류 기술, 상담 및 레코딩 기술, 구직 탐색 기술
	자립생활·사회 적응훈련 프로그램 개발 및 운영	자료종합·분석·비교능력, 기획 및 사업계획 기술, 컴퓨터 활용 기술, 적격성 판단 및 사례관리 기술, 교수 및 프로그램 진행 기술, 평가 및 환류 기술, 직무배치 기술, 상담 및 레코딩 기술
	보호·지원· 맞춤식 고용 등 고용 프로그램 개발 및 운영	직무개발 및 탐색 기술, 사례관리 기술, 노동시장 및 고용 시스템 개발 기술, 직무변경 및 조정 기술, 자원연계 기술, 기획 및 평가 기술, 모니터 기술, 장애인 고용성과 측정 기술, 고용성과 결과분석 및 탐색 기술
	취업 후 적응지원	사례관리 기술, 모니터 기술, 자원 및 서비스 연계 기술, 문서작성 기술, 진단 및 평가 기술, 레코딩 기술

	장애 인식 및 차별 개선 관련 프로그램 개발 및 운영	장애 인식·홍보 개선을 위한 자료 제작 기술, 차별 측정 및 모니터 기술, 기획 및 행정기술, 인식·홍보 개선을 위한 교육 기술, 차별 예방 교육과 프로그램을 위한 운영 기술, 과정 및 결과 평가 기술, 레코딩 기술
재활행정	문서 작성 및 관리	행정 및 사무기술, 조직운영 기술, 컴퓨터 활용기술, 법률 적용 및 대응기술, 기획 및 예산 운영
	제안서 작성 및 자원개발	행정 및 사무기술, 조직운영 및 마케팅 기술, 컴퓨터 활용기술
	회의 및 세미나	행정 및 사무기술, 조직운영 및 마케팅 기술, 컴퓨터 활용기술, 교육 및 조직관리 기술
	유관기관 네트워크	행정 및 사무기술, 자원개발 및 연계기술, 컴퓨터 활용기술, 레코딩 기술
	홍보	행정 및 사무기술, 홍보기관 활용기술, 홍보물 제작기술, 평가 기술
	비영리 법인 및 시설 설립과 운영관리	행정 및 사무기술, 조직관리 기술, 평가기술, 녹취기술
	인사, 노무, 회계 관리	행정 및 사무기술, 인적 자원 관리 기술, 근무평정 기술, 노무관리 기술, 세무회계 기술, 컴퓨터 활용기술, 문서 작성 기술
	성과관리	행정 및 사무기술, 문서 작성 기술, 평가기술
연구개발	프로그램 개발 연구	행정 및 사무기술, 문서 작성 및 기획 기술, 평가 기술, 자원활용 및 예산운용 기술, 프로그램 운영과 진행 기술
	정책개발	행정 및 사무기술, 통계 및 레코딩 기술, 평가기술, 정책 의제화 및 분석기술, 정책분석 및 연구기술
	국내외 장애 정책 모니터	행정 및 사무기술, 문서작성 기술, 모니터 기록 및 관찰기술
	직무재교육	행정 및 사무기술, 인력 관리 기술, 평가기술

(5) 태도

재활상담사의 업무를 수행하는 데 필요한 태도 영역은 〈표 3-12〉와 같다.

표 3-12 재활상담사에게 필요한 태도

업무영역	일의 범위	필요한 태도
재활상담 및 사례관리	초기 면접	• 이용자에 대한 수용적 · 공감적 태도 • 이용자의 개인정보 보호와 자율성, 수혜성, 충실성, 공정성, 비해성, 정직성, 책임성 등의 윤리적 태도
	사례회의 및 IPE 작성	• 타 영역에 대한 공감과 수용적 태도 • 이용자의 개인정보 보호와 윤리적 태도
	IPE 실행 및 모니터	• 전인적 재활에 대한 이해를 토대로 이용자의 총체성을 보려는 태도 • 이용자의 개인정보 보호와 윤리적 태도
	장애상담 및 관리	• 이용자에 대한 수용적 태도 • 이용자의 개인정보 보호와 윤리적 태도
	직업상담	• 이용자에 대한 수용적 태도 • 노동문제의 중재자로서의 태도 • 이용자의 개인정보 보호와 윤리적 태도
	역량강화 상담	• 이용자에 대한 수용적 태도 • 이용자의 개인정보 보호와 윤리적 태도
	슈퍼비전	• 휴먼서비스에 대한 수용적 태도 • 이용자의 개인정보 보호와 윤리적 태도 • 슈퍼바이저로서의 전문성과 윤리적 태도
장애 진단 및 직업평가	평가 의뢰 내용 확인 및 계획수립	• 이용자에 대한 수용적 태도 • 종합적 · 분석적 태도 • 팀워크에 대한 긍정적 · 수용적 태도 • 전문가 및 이용자와의 조율과 조정에 대한 분석적 태도
	관련 기초 정보 수집 및 의뢰	• 이용자에 대한 수용적 태도 • 종합적 · 분석적 태도
	지필검사 실시 및 해석	• 이용자에 대한 수용적 태도 • 종합적 · 분석적 태도

	작업표본평가 실시 및 해석	• 이용자에 대한 수용적 태도 • 종합적 · 분석적 태도
	상황 · 현장평가 실시 및 해석	• 이용자에 대한 수용적 태도 • 종합적 · 분석적 태도
	종합평가보고서 작성	• 이용자에 대한 수용적 태도 • 종합적 · 분석적 태도 • 연구와 개발을 위한 창조적 태도 • 타 영역에 대한 공감과 수용적 태도
직무개발과 배치	지역사회 노동시장 조사	• 마케팅을 위한 태도 • 적극적 · 분석적 · 사교적 태도
	고용주 및 인사담당자 면담	• 마케팅을 위한 태도 • 적극적 · 분석적 · 사교적 태도 • 미디어 제작을 위한 종합적 이해와 공감 • 구체적이고 증거 기반 태도
	작업현장 관찰	• 공감과 수용적 태도 • 적극적이고 사교적인 태도 • 증거 기반 개발 태도 • 종합적 · 분석적 태도 • 객관적이고 장애민감적 태도
	직무분석 및 직무조정	• 기획 및 평가적 태도 • 분석 · 종합적 태도
	구인 · 구직자 매칭	• 기획 · 평가적 태도 • 분석 · 종합적 태도 • 장애민감성
	사업주 지원 자원개발 및 정보 제공	• 마케팅을 위한 태도 • 자원개발을 위한 적극적 태도 • 장애민감성 태도
	고용주 및 구직자 간담회 및 교육	• 장애민감성 태도 • 자원개발을 위한 적극적 태도 • 종합적 · 분석적 태도

재활서비스	전환·직업적응·훈련 프로그램 개발 및 운영	• 장애민감성 태도 • 체계적인 사례관리 태도 • 종합적·분석적 태도 • 교육적 태도
	직업 훈련 및 관련 정보 제공	• 장애민감성 태도 • 체계적인 사례관리 태도 • 종합적·분석적 태도
	구직탐색 훈련 프로그램 개발 및 운영	• 장애민감성 태도 • 체계적인 사례관리 태도 • 종합적·분석적 태도 • 교육적 태도
	자립생활·사회적응 훈련 프로그램 개발 및 운영	• 장애민감성 태도 • 체계적인 사례관리 태도 • 종합적·분석적 태도 • 교육적 태도
	보호·지원·맞춤식 고용 등 고용 프로그램 개발 및 운영	• 장애민감성 태도 • 노동시장 개발을 위한 적극적 태도 • 실험적 태도 • 지원서비스 개발을 위한 적극적 태도 • 객관적이고 증거 기반 태도
	취업 후 적응지원	• 장애민감성 태도 • 객관적이고 증거 기반 태도 • 휴먼서비스 제공을 위한 전문적 태도
	장애 인식 및 차별 개선 관련 프로그램 개발 및 운영	• 장애민감성 태도 • 통합 및 보편적 서비스 태도 • 휴먼서비스 제공을 위한 전문적 태도
재활행정	문서 작성 및 관리	• 장애 민감성 태도 • 통합 행정과 효율적 태도 • 휴먼서비스 제공을 위한 전문적 태도
	제안서 작성 및 자원개발	• 장애민감성 태도 • 통합 행정과 효율적 태도 • 창의적·적극적 태도

	회의 및 세미나	• 장애민감성 태도 • 재활의 총체적 측면과 종합적 태도 • 창의적 · 적극적 태도
	유관기관 네트워크	• 장애민감성 태도 • 재활의 총체적 측면과 종합적 태도 • 창의적 · 적극적 태도
	홍보	• 장애민감성 태도 • 재활의 총체적 측면과 종합적 태도 • 창의적 · 적극적 태도
	비영리 법인 및 시 설 설립과 운영관리	• 장애민감성 태도 • 재활의 총체적 측면과 종합적 태도 • 창의적 · 적극적 태도 • 분석적 태도
	인사, 노무, 회계관리	• 장애민감성 태도 • 휴먼서비스 직원으로서 태도 • 창의적 · 적극적 태도 • 투명성 태도
	성과 관리	• 장애민감성 태도 • 투명성 태도 • 종합적 · 진단적 태도
연구개발	프로그램 개발 연구	• 장애민감성 태도 • 기획 및 선구자적 태도 • 종합적 · 진단적 태도
	정책개발	• 장애 민감성 태도 • 탐구적 태도 • 종합적 · 진단적 태도
	국내외 장애 정책 모니터링	• 장애민감성 태도 • 탐구적 태도 • 종합적 · 진단적 태도
	직무재교육	• 장애민감성 태도 • 기획 및 선구자적 태도 • 종합적 · 진단적 태도

3. 요약

　재활상담사의 역할 및 자격과 관련하여 재활상담사는 이용자의 기록을 관리하고, 욕구 및 서비스 계획을 사정하기 위한 방법에 대해 논의하며, 적격성을 결정하고, 서비스 계획 및 다양한 서비스를 개발한다. 그리고 재활상담사는 진행과정에 대한 모니터링과 진전 상황을 논의하고, 상담/교육 프로그램의 효율성을 평가하고, 원활한 프로그램을 진행하기 위하여 다른 사람들과의 관계를 개발하는 등의 활동을 하는 것으로 나타났다. 이에 더하여 재활상담사로서 직무를 수행하기 위하여 재활상담사는 기본적으로 갖추어야 할 능력과 자질 외에 장애와 장애연구, 장애에 대한 태도, 이용자를 위한 지지적인 자원, 재활 법규, 심리적 · 직업적 사정, 사례관리, 배치와 같은 영역들에서 종합적인 지식이 필요한 것으로 나타났다.

제2부

재활상담 과정과 이론

제4장 재활상담 모델과 과정

1. 재활상담 모델

재활상담 모델은 치료적인 계약과 치료적인 관계를 중시하던 전통적인 과정 중심 모델에서 역량강화 구조를 반영한 역량강화 관점의 모델로 변화하고 있다. 다음에서는 전통적인 과정 중심 상담 모델과 역량강화 관점의 모델에 대해서 설명하고자 한다.

1) 전통적인 과정 중심 재활상담 모델

이용자의 인구통계학적 특성들과 상담사의 개인적 · 전문적 자질들은 서로의 상호작용을 통해 독특한 상담관계를 야기한다. 전통적인 과정 중심 재활상담 모델은 [그림 4-1]과 같이 상담사와 이용자가 이용자의 현재 문제를 다루기 위해 접촉하고, 상담사와 이용자는 치료계약을 통해 전략들을 확인

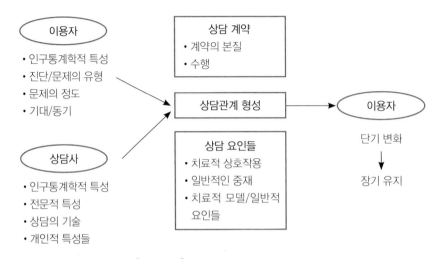

[그림 4-1] 전통적인 과정 중심 상담 모델

출처: Sales, A. (2007). *Rehabilitation counseling: An empowerment perspective.* Austin, TX: Pro-ed.,
    p. 191.

하고 수행하는데 이때 치료적인 상호작용, 일반적인 중재들과 모델링을 통
해 이용자의 감정이나 사고, 행동의 변화를 유도하고자 하는 모델이다(Sales,
2007). Lambert(1992)는 상담 관점과 관계없이 치료적인 관계를 발전시켜 나
가는 상담사의 능력이 상담 성과 중 약 30%의 변수를 차지한다고 하였다. 이
에 따르면 상담에 있어서 가장 중요한 상담자의 능력은 이용자와의 관계 형
성능력이라고 할 수 있다.

2) 역량강화 관점의 재활상담 모델

Kosciulek(2003)은 역량강화적인 재활상담 모델이란 전통적인 재활상담
모델에 역량강화적인 상담사와 이용자의 특성들을 제안하여 역량강화의 개
념과 실천들을 통합한 것이라고 주장하였다. 이 모델은 [그림 4-2]와 같이 상
담사와 이용자의 역량강화적인 특성을 상담과정에 반영할 뿐만 아니라 이용

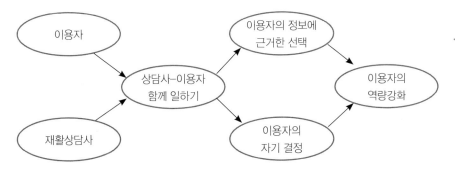

[그림 4-2] 역량강화적 재활상담 구조

출처: Kosciulek, J. F. (2003). Rehabilitation counseling with individuals with disabilities: An empowerment framework. *Rehabilitation education, 17*(4), p. 208

자가 상담과정 동안 상담자가 제공하는 정보에 근거하여 자기결정을 하도록 제시하고 있다.

Kosciulek(2003)은 재활상담 과정의 수준과 질의 기초가 되는 효과적인 상담사-이용자 관계는 재활상담 과정에서 이용자의 자기결정 기술들을 발전시키고, 정보에 근거한 선택을 할 수 있도록 하는 것이라고 하였다.

Sales(2007)는 Kosciulek의 역량강화 모델에서 한 걸음 더 나아가 [그림 4-3]과 같이 전통적인 과정 중심 상담 모델과 Kosciulek의 역량강화 구조를 통합하여 역량강화 관점의 재활상담 모델을 제안하였다. 이 모델에 따르면 상담사와 이용자가 이용자의 삶의 변화를 촉진하기 위해 계획된 상담 파트너십에 동의하고, 이 관계를 통해 이용자는 자신의 행동과 결정에 책임을 지고 결과를 받아들이게 된다. 그리고 상담사로서의 자질과 상담기술들을 갖춘 상담사는 상담관계에서 이용자가 역량강화할 수 있도록 도와줌으로써 이들이 정보에 근거한 선택과 자기결정을 할 수 있도록 일관성과 긍정적 관여, 공감적 태도를 보여야 한다. 이를 통해 이용자는 자신과 환경에 대한 관심사들을 자유롭게 탐색하고, 이해하며, 편안하게 느끼게 된다.

상담관계에서 상담사와 이용자가 함께 일하면서 이용자의 관점에서 문제

를 탐색하고, 상호 개인적·환경적 변화를 위한 목적들을 개발하며, 이러한
변화들을 가져올 양측의 책임들을 목록으로 만들어 계약하게 하고 이러한 상
담과정의 성과를 역량강화라고 한다.

역량강화 관점의 재활상담은 이용자의 내적(예: 심리적 요인으로 개인적인
통제력과 능력, 신뢰, 책임 등)·외적(예: 사회환경적 요인, 즉 자신의 환경을 극복
하고자 하는 이용자의 능력과 관련되는 지지적인 자원들과 대인관계들, 자급자족하
는 것 등) 요인들을 강조한다. 그리고 이용자의 역량을 강화하는 것은 정보수
집(자기사정이나 직무들에 관해 더 많이 배우는 것), 대안적인 행동과정들의 형

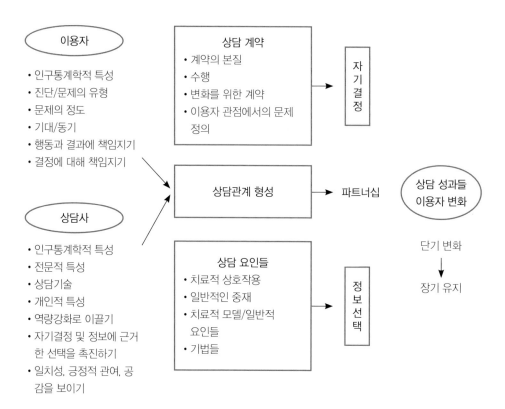

[그림 4-3] 역량강화 관점의 재활상담 과정

출처: Sales, A. (2007). *Rehabilitation counseling: An empowerment perspective.* Austin, TX: Pro-ed.,
p. 193.

성, 행동계획을 만드는 과정에 이용자가 적극적으로 관여함으로써 이루어지게 된다(Sales, 2007).

2. 재활상담 과정

재활상담사는 이용자와 함께 상담과정을 준비하고, 관리해야 하는 책임이 있다(Sales, 2007). 상담과정은 학자와 이론에 따라 구분하는 단계나 과정이 다양하다. Gladding(2014)은 상담과정을 상담관계(counseling relationship)에 기초하여 관계 형성, 상담 진행, 상담 종결 순으로 제시하였고, Davis(1993)는 탐색기(exploration), 문제설정(clear model), 목표설정(goal setting), 활동계획(planning action), 상담실행(implementation), 평가(evaluation), 종결(termination) 순으로 제시하였다. Hackney와 Cormier(2009)는 상담과정을 관계 형성 단계, 문제평가 단계, 상담목표 설정 단계, 상담개입 단계, 평가·종결 단계 순으로 제시한 바 있다(최국환, 2018). 또 노안영(2018)은 상담을 원하는 이용자와의 첫 만남으로 이루어지는 접수면접 단계, 이용자가 상담사에게 자신의 문제를 털어놓을 수 있는 신뢰관계 형성 단계, 이용자가 자기탐색을 확장하도록 촉진하는 탐색 단계, 이용자가 자기탐색을 통한 자각에 의해 이루어지는 문제의 본질에 대한 통찰과 이해 단계, 그리고 이용자의 문제해결을 위한 실행 단계, 상담을 마무리하는 종결 단계 등 여섯 단계로 구분하고 있다.

그러나 이러한 상담과정은 가장 일반적으로 초기, 중기, 종결의 형태로 구분하여 제시해 볼 수 있고, 재활상담 장면에서는 보다 세분화하여 이용자를 처음 발굴하게 되는 의뢰 및 초기 면접의 단계부터 진로결정 이후 지속적인 서비스 단계인 사후관리, 또는 고용 후 서비스에 이르는 연속적인 과정으로 제시해 볼 수 있다. 그리고 이 과정에서 상담사는 뛰어난 상담기술도 필요하지만 이용자들이 스스로 제어할 수 있도록 개인적인 기술을 이용하는 방법을 지도하고 분석하는 능력과 이에 대한 방침을 가지는 것이 필요하다. 다음에서는 일반적인 상담과정과 재활상담 과정을 중심으로 제시하고자 한다.

1) 일반적인 상담과정

일반적인 상담과정은 초기, 중기, 종결의 단계로 구분할 수 있다(이장호 외, 2005; 천성문 외, 2015; 최국환, 2018; 김춘경 외, 2017).

(1) 초기 단계

상담의 초기 단계는 상담사와 이용자 간의 첫 만남이 이루어지는 순간부터 이후 몇 번의 만남을 가지는 것을 의미한다. 초기 단계에서 상담사가 해야 할 것은 이용자와의 신뢰관계를 구축하고 이용자의 문제를 평가하며 상담의 목표를 설정하는 일이다. 이를 구체적으로 살펴보면 다음과 같다.

첫째, 상담관계 형성 단계로 상담사는 이용자와 신뢰할 수 있고, 안정된 상담관계를 형성하는 것이다. 상담관계 형성은 앞으로 진행될 상담의 성패를 좌우한다. 이용자가 상담사를 신뢰할 수 있으면 자신의 개인적인 고충을 털어놓을 수 있지만 그렇지 못하면 자신의 이야기를 마음 놓고 할 수 없으므로 상담의 효과를 기대하기 어렵다. 그러므로 상담이 제대로 진행되기 위해서는 상담사와 이용자 간 서로 존중하고 신뢰하며 이해하는 관계 형성이 무엇보다 중요하다.

둘째, 문제평가 단계로 이 단계에서는 문제탐색과 문제설정이 이루어진다. 문제탐색은 상담사가 이용자의 문제가 무엇이고, 언제부터 그 문제가 발생하였으며, 그 정도는 어떠한지, 기관을 방문하게 된 계기는 무엇이었는지 등의 질문을 통해 이용자의 문제를 구체적으로 파악하는 것이다. 즉, 이용자가 호소하는 어려움에 대한 체계적인 이해와 평가가 필요하다. 그리고 문제설정은 문제를 파악하고, 이용자가 계속 상담을 받고자 한다면 상담에 대한 안내를 하는 것이 필요하다. 상담이 어떻게 진행되는지, 상담에서 어떤 도움을 받을 수 있고, 이를 위해 이용자 자신이 무엇을 해야 하는지, 상담을 얼마나 자주 하고 오래 할 것인지 등에 관해 상세하게 안내해야 한다.

셋째, 상담목표 설정 단계로 이 단계에서는 이용자의 문제에 대하여 이용자가 원한다면 상담을 통해 도움을 받고자 하는 것이 무엇인지를 구체화하는 단계다. 이때 상담사는 일방적으로 상담목표를 정하지 않아야 하고, 이용자와 함께 협의하여 상담계약을 체결하고, 이용자가 상담에 보다 적극적으로 참여하도록 해야 한다. 그리고 상담목표가 설정되면 상담사와 이용자는 문제를 해결하기 위한 활동계획들을 수립해야 한다. 이를 위해 상담사는 이용자가 그동안 문제를 해결하기 위해 어떤 노력을 하였는지 알아보고, 상담목표에 효과적으로 도달할 수 있는 상담전략들을 검토해야 한다.

(2) 중기 단계

중기 단계는 상담목표를 성취하기 위해 상담사가 이용자를 변화시키기 위한 구체적인 상담기술을 시도하는 시기다. 중기 단계는 초기 단계에서 드러난 이용자의 문제들에 대하여 본격적인 해결이 시도되는 단계이므로 '작업 혹은 문제해결 단계'로 불리기도 한다.

중기 단계의 목표는 이용자의 문제를 해결해 나가기 위해 상담사가 앞으로 상담을 어떻게 진행할 것인가에 대한 구체적인 상담계획을 작성하고 실행하는 것이다. 상담계획은 이용자의 문제, 상담목표, 환경적 요인, 상담사의 이론과 경험, 상담사의 전문성 등 다양한 요인을 고려하여 가장 효과적인 방법을 찾아야 한다. 그리고 그 과정에서 이용자의 기대, 선호, 능력, 자원은 효과적인 상담계획을 세우는 데 중요한 준거로 고려되어야 한다.

상담이 진행되는 동안 이용자에게 변화가 없거나 저항이 일어날 때 상담사는 이용자와 함께 그 이유를 정확히 파악하고, 적절한 대책을 세워야 하며, 이용자가 변화하고 있는가에 관심을 기울여야 한다. 이용자에 따라 변화가 눈에 띄게 빨리 나타나는 경우도 있고, 서서히 나타나는 경우도 있으며, 이용자가 자신의 변화를 자각하기도 하고, 주위 사람들로부터 변했다는 이야기를 듣고 자신의 변화를 알아차리기도 한다. 상담사는 이러한 이용자의 변화를 예의 주시하면서 상담과정에 대한 평가를 계속하여 상담의 효율성을 검증하게 된다.

(3) 종결 단계

종결 단계는 상담 초기의 목표를 달성하게 되면 상담을 마무리하는 과정으로 목표달성도에 대한 평가, 종결, 필요시 타 기관 의뢰의 형태로 이루어질 수 있다. 상담사는 상담관계를 종결하기 전에 이용자가 관계를 마칠 준비가 되어 있는지 평가해야 하는데 이를 위해 상담사와 이용자는 종결 시기를 정하고, 앞으로의 계획을 이야기하며 상담기간이 더 필요한지에 대해 논의해야 한다. 갑자기 상담을 종결하기보다는 종결하기 몇 주 또는 몇 달 전부터 천천히 상담간격을 늘려 가면서 상담을 종결하는 것이 필요하다.

그리고 이용자와 함께 그동안 진행되어 왔던 상담과정을 평가함으로써 상담에서 배운 것과 변화된 것을 살펴보고 해결되지 않은 것은 무엇인지 등의 요약과정을 거치는 일이 필요하다. 또한 종결과정에서 상담사는 성공적인 종결을 할 것인지, 타 기관에 이용자를 의뢰할 것인지, 아니면 다시 상담목표를 재설정하여 상담을 진행할 것인지 결정해야 한다.

일반적으로 이용자는 상담 종결 후에 자신의 문제가 재발하지 않을지, 상담사 없이 자신의 문제를 잘 해결해 나갈 수 있을지에 대해 두려움을 느낀다. 상담사는 이용자의 그런 감정을 충분히 이해하고 받아 주며, 이용자가 스스로 독립적으로 성장할 수 있다는 용기와 힘을 실어 주어야 하며, 이 상담을 마지막으로 완전히 끝나는 것이 아니라 이용자가 어려움을 겪을 때 다시 상담을 할 수 있다고 이야기해 주어야 한다.

2) 재활상담 과정

재활상담 과정은 크게 3단계로 나눌 수 있다(강윤주, 2011a; 강윤주, 2011b). 1단계는 초기 면접 및 사정 단계로 이용자의 욕구나 상태를 파악하여 바로 직업훈련이나 직업 안내를 하거나 혹은 계속적인 재활상담을 통한 도움이 필요한지를 파악하는 단계다. 2단계는 개인별 고용계획 작성 및 서비스 제공 단계로 이용자에게 필요한 서비스 계획을 작성하고, 필요로 하는 상담 관련 서비스, 즉 심리적 지원이나 직업적응 관련 적응훈련 등을 제공하는 단계다. 3단계는 사례기록들을 정리하고 모니터링하여 재활상담 관련 서비스의 전환 여부를 결정하는 단계라고 할 수 있다. 구체적인 단계는 다음과 같다.

(1) 초기 면접

초기 면접은 의뢰받은 사례나 자발적으로 서비스 요청 시, 잠재적 이용자 및 가구원과 직접 초기 상담을 실시하는 것으로 일차적인 사정 과정이라 할 수 있다. 이때 이용자의 기본 욕구를 확인하고, 공공 및 민간으로부터 제공받을 수 있는 서비스 유형을 결정하게 되며, 상담사와 이용자의 관계를 형성하는 데 결정적인 과정이 된다. 초기 면접에서의 개입 목표는 대개 이용자에게 그 기관과 서비스에 대한 오리엔테이션, 진단과정의 시작, 적절한 라포 형성이라고 할 수 있다(Roessler & Rubin, 2006).

첫째, 기관의 역할과 가능한 서비스에 대한 오리엔테이션에서는 기관의 목적과 서비스, 서비스의 적격성 기준, 이용자의 권리와 책임, 재활상담사의 역할에 대한 오리엔테이션, 비밀유지 정도, 진단의 필요성과 이유 설명, 진단 실행이 언제, 어디서, 어떻게 이루어지는지 등에 대한 정보, 서명이 필요한 모든 서류의 형식의 내용, 서명의 이유 설명, 초기 면접의 목표 알리기, 여러 가지 정보에 대한 이해 확인, 이용자와 상담자가 동의하고 진행하기로 한 과정들을 명확하게 제시한다(나운환, 2008; 강윤주, 2011a; 강윤주, 2011b).

둘째, 진단 과정의 시작에서는 정보 수집을 위한 중요한 수단으로서 초기 면접에서 직업적 관점 · 신체적 관점 · 심리사회적 관점 · 교육적 관점 · 경제적 관점에 대한 정보를 수집한다(〈표 4-1〉 참고).

표 4-1 초기 면접에서 수집해야 할 정보들

	내용
직업적 관점	• 이용자의 특정 직업목표 • 한 가지 이상의 잠재적 직업목표 • 각 직업목표를 성취하는 자신의 능력에 대한 자세(낙관, 비관) • 직업훈련에 대한 흥미 • 특정 유형의 직업훈련에 대한 흥미 • 최근에 경험한 직업(세 가지 정도) • 최근 직업에서의 정보(수입, 고용기간, 퇴사 이후시간, 직무수행 장단점, 가장 선호, 비선호 직무, 퇴사 이유) • 장애 발생 이전 경력에서 방해 요소와 이유 • 현재 실업 상태 여부 • 장애 발생 이후 고용 경력
신체적 관점	• 특정 신체적 손상 • 장애 원인 • 장애 발생 후 기간 • 과거 장애와 관련된 치료 경력 • 장애 상태의 진행 상황 • 현재 장애 관련 치료 • 잠재적 부작용 있는 약물치료 여부 • 최근 의료검사 결과를 통해 신체적 장애로 판단된 근거 • 이용자의 신체적 장애가 일상생활에 미치는 장애 정도

심리사회적 관점	• 최근 심리검사 결과들이 이용자 심리적응 문제와 관련 있는지 여부 • 현재 받고 있는 서비스 기관이나 전문가 여부 • 개인 적응 문제에 대한 전문 치료 경험 • 신경안정제나 수면제 복용 여부 • 이용자가 장애를 가진 후 사회생활이나 직업생활의 여부 • 결혼 상태 • 가족과 동거 여부 • 부양 자녀 • 가족 구성원들의 재활계획 지지 여부 • 이용자가 자신의 가정환경에 대해 갖는 느낌 • 가족구성원들과의 관계 • 가까운 친구 • 자신의 사회생활에 만족 정도 • 하루 시간을 보내는 방법 • 직업을 가질 경우 이사 용의 여부
교육적 관점	• 최종 학력 • 학교생활에서 선호하는 것과 비선호하는 것 • 학교 중퇴 이유 • 고등학교 졸업하지 않은 경우 검정고시 통과 여부 • 직업능력개발 훈련 경험
경제적 관점	• 기본 생활비 출처 • 다른 생활비 출처 여부 • 빚 여부 • 고정된 생계비용 중 감소 가능한 것 • 근로자 임금 관련 소송사건 계류 여부 • 복지 혹은 연금을 받거나 신청 상태 • 건강보험 • 자신의 경제적 상황에 대한 걱정 • 최적수준의 임금 정도

출처: Roessler, R. T., & Rubin, S. E. (2006). *Case management and rehabilitation counseling: Procedures and techniques* (4th ed.). Austin, TX: Pro-ed. 재구성.

셋째, 적절한 라포 형성에서 라포 형성은 재활상담사의 면접 준비의 효율성과 면접반응 양식에 의해 많은 영향을 받으므로 초기 면접을 위한 철저한 사전 준비와 재활상담사의 반응 유형이 주요하게 고려되어야 한다. 특히, 이용자의 부정적 감정 해소, 기대 명료화, 물리적 환경조성, 언어적 · 비언어적 의사소통 방법(이해, 따뜻함, 존경, 진실성, 눈맞춤, 개방적 자세 등), 비밀보장, 초기 면접 목표를 얻기 위해 충분한 시간을 허용한다.

초기 면접 시 직업재활사가 생각해야 할 일반적인 질문의 유형을 살펴보면 다음과 같다.

첫째, 면접을 하는 목표가 무엇인가?(예: 기관의 역할 및 가능한 서비스, 정보 수집을 통한 진단과정 시작, 적절한 라포 형성 등)

둘째, 초기 면접 동안 이용자에게 전달할 정보는 무엇인가?

셋째, 초기 면접 동안 이용자로부터 어떤 정보를 수집해야 하는가?

넷째, 서로 정보를 교환하기 위한 가장 효과적인 방법에는 어떤 것들이 있는가?

McGowan과 Porter(1967)는 협력적인 파트너십에서 상담사와 이용자의 역할들과 기여들을 다음과 같이 명료하게 제시함으로써 초기 면접에 대한 각자의 중요성에 대해서도 논의하였다. "이용자는 자신을 표현하는 것이 자유롭다고 느껴야 한다. 이용자는 자신의 문제에 대해 자신과 상담사가 모두 만족할 만한 해결책을 만들어 낼 수 있을 것이라는 생각을 버려야 한다. 라포는 이용자가 개인적인 문제들에 관해 이야기하고, 필요하다면 자신이 일부 상담사의 비난들에 대한 두려움 없이 판단이나 반대, 부적절할 수 있는 감정들을 표현하는 데 자유롭다고 느끼기 시작하는 지점에서 설정될 것이다"(p. 53).

상담은 상담사와 이용자 모두에게 학습의 과정이다. 우리가 첫 번째 회기에서 사용한 특정 전략들은 이러한 학습에 대하여 분위기를 결정한다. 만일 우리가 구조화된 문답형과 폐쇄형 질문들을 사용한다면 이용자는 자신들이 우리의 지시에 수동적으로 응답하도록 되어 있다고 예상하게 될 것이다.

시작부터 이용자들을 존중하고 있음을 보여 주는 몇 가지 상식적인 방법들이 있다. 하나는 약속시간을 지키며 장애물들이 거의 없고, 비밀이 보장되는 장소에서 만나는 것이다. 이용자는 상담시간 동안 전화나 휴대전화 등의 방해 없이 전적으로 배려 받아야 한다. 미팅룸은 휠체어나 보행 보조기기를 이용하는 개인들이 쉽게 접근할 수 있어야 하고, 책상 뒤에 가려져서는 안 된다. 다시 말해서, 효과적인 상담은 이용자가 상담사의 이해, 온정, 성실성을 지각하는 데서 나타난다. 처음에 이러한 인상들은 중요하다.

초기 면접을 할 때에는 어느 정도 배려가 필요하다. 초기 면접 동안 역량강화에 대한 관점과 상담과정에서 상담사와 이용자의 책임들, 지지적인 역량강화에서 상담사가 할 수 있는 다양한 역할들, 그리고 상담사와 이용자 간의 논의에서 비밀이 보장되는 범위들을 설명하게 된다. 첫 번째 섹션은 이용자가 각 단계를 점차 관리하게 될 것이라는 점에서 상담관계를 파트너십으로 정의하는 것에서 시작된다. 이용자의 자기결정에 대한 중요성을 강조하고, 상담사의 역할은 이용자가 자신의 삶을 보다 잘 관리하도록 하는 과정의 조언자, 컨설턴트, 멘토라는 점을 강조한다. 언제든 이용자와 함께 상담의 파트너십과 역할, 관련된 책임들에 대한 논의, 명료화, 공감이 필요하다. 만일 이용자가 독립적이지 않다고 하여 선택할 자유가 거부된다면 '이용자를 가능한 한 독립적으로 만든다(making the consumer as independent as possible)'는 목적은 본질적으로 모순이 되는 것이다(Rubin & Roessler, 1995). 상담사의 전문지식과 경험을 대략적으로 제시하고, 이용자가 자신의 목적들을 추구하는 과정에서 이것을 어떻게 이용할 수 있는지를 명확하게 설명해야 한다.

초기 면접의 목적은 상담과정의 한계를 정의하고, 성실하고, 온정적이며, 이해하는 방식으로 이용자의 자기표현과 자기탐색을 격려하는 데 있다. 이러한 목적을 수행하려면 이용자를 인정하고, 탐색하며, 자극하기 위한 다양한 전략들을 사용해야 한다.

(2) 사정: 문제 상황 측정 및 이용자 선정

사정은 이용자의 상황과 주위 환경을 이해하는 집중적이고 체계적인 과정을 의미한다. 이 단계에서는 신체적 · 인지적 · 사회적 · 정서적 · 재정적 · 환경적 욕구 등을 파악하고, 공식적인 서비스 제공자와 비공식적 서비스 제공자로부터 이용자의 자원에 대해 파악하게 된다. 특히, 사정은 재활상담에서 종합적인 직업사정이 이루어지는 단계이며 의료적 평가, 심리적 평가, 직업평가 등이 수행된다.

재활상담사는 지속적으로 수집된 정보들을 토대로 이용자와 함께 서비스 계획을 결정하게 되는데 모든 재활서비스 계획의 성공에서 중요한 것은 바로 사정이며 사례가 종결되는 시점까지 지속적으로 이루어져야 한다. 직업재활 전문가와 이용자가 개발한 서비스 계획이 이용자의 목표를 성취하는 데 기여하지 못한다면 이는 직업재활 전문가가 사정된 정보를 이용하여 이용자의 상황을 분명히 이해하는 데 실패했기 때문이다(나운환, 2008). 즉, 사정과정은 사례관리를 위하여 이용자의 상황을 분명하게 이해하고 이를 바탕으로 효과적인 재활계획을 수립하는 데 중요한 요건이다.

사정에 있어서 고려해야 할 몇 가지 주요 원리들을 살펴보면 다음과 같다.

첫째, 이용자 중심적 사정이 되어야 한다. 전문가가 일방적으로 실시하여 기술하는 사정은 이용자에게 도움이 되지 않는다. 사정과정에서 이용자는 평가자의 협력자/동반자로서 관여해야 하고, 이용자가 진정으로 원하는 욕구와 문제해결의 내용을 정확히 파악하기 위해 이용자가 충분히 표현하고 관여하도록 해야 한다.

둘째, 이용자의 강점에 관심을 가진다. 강점에 주목하는 것은 기대와 가능성을 발견하게 한다.

셋째, 과거도 중요하지만 현재와 미래에 초점을 둔다.

사정은 서비스의 적격성 여부 결정, 이용자의 욕구·능력·잠재적 자원의 확인, 이용자의 진행과정 평가방법을 구체화하는 데 유용하다.

사정은 다음과 같은 분야에서 이루어진다.

① 의료적 평가

의료적 평가에서 직업재활사가 진료를 의뢰할 때 사용하는 일반적 질문은 다음과 같다.

첫째, 이용자의 전반적인 신체적 건강 상태 파악

둘째, 장애의 진행·변화·정지 혹은 제어 가능성 여부

셋째, 추천되는 치료법 혹은 타당한 근거, 치료 기관 여부

넷째, 생활방식의 유형 및 상태를 악화시킬 수 있는 스트레스 요인 파악

다섯째, 일상생활에서 겪는 장애로 인한 불편함 여부 파악

여섯째, 처방된 약물치료가 작업수행에 미칠 수 있는 잠재적인 효과 파악

일곱째, 장애로 발생될 수 있는 잠재적인 합병증 여부, 필요한 부가적 의료평가 등

② 심리적 평가

심리평가가 필요한 경우는 이용자가 경력이 없는 분야에서 장기적이고 고비용의 훈련을 하게 되었을 때, 이용자에게 명확한 직업적 대안이 나타나지 않을 때, 이용자에게 여러 가지 직업목표들이 적합하게 나타났을 때, 재활상담사가 볼 때 이용자의 직업목표가 적합하지 않아 보이고, 그 적합성을 확인할 수 있는 정보가 필요할 때, 사례 파일에서 정보가 서로 모순되거나 학력이나 직업 경력에서 중요한 차이가 나타날 때, 직업재활사가 이용자에게서 밝혀지지 않은 제한이나 능력을 갖고 있을 것으로 추측할 때, 새로운 직업에 재

배치되었을 때 이용자의 적응 여부의 판단이 필요할 때, 혹은 이용자가 뇌나 중추신경계 손상 등의 장애로 능력, 기술, 관심, 성격 등 특별한 평가가 필요할 때 등이다.

　심리평가에 앞서 재활상담사는 심리평가 결과가 이용자의 자기인식 수준을 높이고, 행동의 강점과 제한점을 확인하며, 직업목표와 계획을 개발하고, 향후 검사와 치료 프로그램을 결정하는 데 도움이 될 수 있음을 설명하여 이용자에게 동기부여시키는 것이 필요하다. 그리고 심리평가 전문가에게 신체적(장애의 내력, 이전 치료, 현재 의료 상태, 최근 의료검사 결과), 교육 · 직업적(교육연수, 좋아하거나 싫어하는 과목, 이전 직업훈련, 과거 직업, 좋아하거나 싫어하는 일의 유형), 심리사회학적(이전 심리치료 내역, 현재 복용 약물, 친구와 가족 간의 관계의 질), 경제적(현재 경제상태, 재정지원 원천, 장애나 다른 이유로 발생된 현재 부채나 앞으로 예상되는 부채, 사회보장이나 임금 등 기타 경제적 지원), 직업적 선택(이용자가 표현한 직업적 관심과 목표, 희망하는 직업훈련 유형, 직업목표를 성취할 능력에 대한 지각, 희망하는 급여수준 등) 등에 대한 요약 정보를 제공해야 한다.

　심리평가 보고서에 기재되어야 할 공통 영역은 다음과 같다(Isett & Roszkowski, 1979).

　첫째, 배경정보(발달기록, 학력, 사회력)

　둘째, 심리평가가 이루어지는 동안의 행동

　셋째, 심리학자와 접촉하는 동안의 행동

　넷째, 검사 결과들, 즉 지능검사 결과, 지각–운동기능 정보, 사회적 기술 및 사회적 성숙, 학업성취 기록, 객관적 성격검사 결과(행동평가 척도, 행동 차트), 투사적 성격검사 결과

　다섯째, 요약과 결론

　여섯째, 교육적 부족을 개선하기 위한 추천

일곱째, 행동관리를 위한 추천 등

그 외 Groth-Marnat(1984, p. 366)은 심리평가 보고서의 추천 영역으로 의뢰 질문에 대한 논의, 주어진 검사와 기타 평가절차의 목록, 행동관찰, 관련 기록, 검사 결과, 인상과 해석, 권고사항 등이 포함된다고 하였다.

③ 직업적 평가

직업평가의 목적은 직업과 관련하여 이용자의 최근 사회적 · 교육적 · 심리사회적 · 생태학적 기능수준에 대한 정보를 파악하는 것, 개인의 행동 변화와 기술 습득에 대한 잠재력을 평가하는 것, 이용자의 가장 효과적인 학습 유형을 결정하는 것, 이용자가 다른 직업재활 서비스를 받지 않고도 할 수 있는 직업이 무엇인지 알아내는 것, 직업적인 잠재력을 높이는 교육 프로그램이나 특별한 훈련 프로그램을 알아내는 것, 직업재활 서비스를 받은 후에 가능한 직업들을 알아내는 것, 성공적인 직업배치 이후 직업생활을 잘 유지하기 위해 필요한 지역사회 지원 요소를 알아내는 것 등이다(Roessler & Rubin, 2006).

평가의 질은 평가 직원의 전문적인 기술, 활용할 수 있는 평가도구와 기술(표준화된 지필검사, 작업표본, 상황평가 및 현장평가 등 활용), 평가과정에 이용자를 참여시키는 평가 직원의 능력, 평가 결과를 효과적으로 보고하는 능력 등에 달려 있다.

직업평가 보고서에는 다음과 같은 내용들이 기재되어야 한다(Cutler & Ramm, 1992).

첫째, 의뢰 이유에 대한 간단한 요약

둘째, 장애 및 관련 배경에 대한 정보

셋째, 중요한 행동에 대한 관찰 및 그것이 직업과 관련하여 가지는 의미

넷째, 평가 결과와 평가 동안 사용된 작업표본과 그 결과에서 나타난 기능적 · 직업적 의미

다섯째, 일상생활과 사회기능적 기술과 관련된 정보

여섯째, 관찰과 검사 결과를 종합하여 일반적인 강점, 전이될 수 있는 기술, 한계, 향후 프로그램 계획에 고려할 수 있는 필요한 조정사항 등을 일반적인 진술로 요약

일곱째, 유용한 정보에 기초하여 가장 적합하다고 판단되는 직업적 · 기타 잠재적 선택사항을 추천

여덟째, 이를 실현할 수 있는 단계를 제안하는 부분 등

(3) 개인별 고용계획 수립

개인별 고용계획(Individualized Plan for Employment: IPE)은 개인의 직업목표와 목표성취를 위해 제공되는 서비스에 대하여 밑그림을 그리게 되는 성문화된 계획서로 IPE를 통해 고용 성과, 서비스 전달 및 서비스 전달의 제한시간, 목표성취 과정을 모니터링하는 계획 등을 분명히 함으로써 목표성취 과정을 보다 체계화시킬 수 있다.

고용계획은 사정 시 수집한 정보를 이용자에게 도움이 되는 일련의 활동으로 전환하는 과정을 의미한다. 고용계획을 수립하기 위하여 먼저 초기 면접과 의료적 · 심리적 · 직업적 평가를 통해 수집된 정보를 재검토해야 한다. 이용자는 초기 평가와 측정과정을 거치면서 많은 사안과 평가들을 진행해 왔기 때문에 그 결과들을 다시 재검토함으로써 이용자의 정보를 종합하고, 필요한 서비스를 규명할 수 있다. 이러한 과정을 토대로 재활목표를 성취하기 위한 프로그램을 개발하게 되고, 개인별 고용 계획서(구 개인별 재활 계획서)를 수립하게 되며, 정기적인 검토를 통해 계획이 변화할 수 있다(강윤주, 2011b).

고용목표와 서비스의 특성 및 범위를 결정하기 위해서는 이용자의 특별한 강점, 자원, 장애 정도, 문제점, 능력, 기술, 흥미 및 지원고용 서비스 욕구에 대한 종합적인 사정이 있어야 한다. 또한 그 결과에 대한 충분한 정보를 이용

자에게 제공하고 그 정보를 근거로 이용자가 선택할 수 있도록 도와야 한다.

IPE에서의 목표, 즉 고용 성과(employment outcome)란 전임제 고용, 또는 통합된 노동시장에서 파트타임 경쟁고용, 지원고용, 자영업 등 어떤 유형이라도 통합된 환경에서의 고용을 지향한다. 목표의 선정은 직업재활 욕구에 대한 면밀한 사정에 기반을 두고 이루어져야 하고, 목표를 선정하기 위하여 이용자와 상담자는 다음과 같은 여러 가지 요인을 고려해야 한다.

첫째, 고용 가능성

둘째, 직업적 요구사항

셋째, 의학적 요인들

넷째, 이용자의 이전 직업력, 흥미, 능력, 기술, 직장 복귀에 대한 이용자의 자발성(적극성)

다섯째, 지역경제 또는 지역적 노동시장 상황

서비스 이용자는 반드시 재활 프로그램의 적극적인 참여자의 역할을 하여 그들이 받게 되는 직업재활서비스와 직업목표를 선택할 때 의미 있고 충분한 정보를 바탕으로 선택해야 한다. 이용자는 IPE를 통해 재활 과정에서 그들의 권리와 책임에 대한 정보를 제공받아야 한다. 그리고 IPE에 대하여 이용자와 상담자는 반드시 함께 동의하고 서명을 해야 한다.

기관의 서비스를 이용하는 데 적격하다고 판정된 이용자의 경우 가능한 빨리 IPE를 수립해야 하는데 미국의 경우에는 직업재활서비스를 위한 적격성 판정 후 120일을 넘지 않는 범위 내에서 IPE를 수립하도록 하고 있다.

① IPE 개발의 원칙

IPE를 개발할 때에는 다음과 같은 일반적인 원칙이 적용된다.

첫째, 협력적인 개발이 필요하다. IPE 수립과 수정과정은 반드시 상담자와 이용자(필요한 경우 대변인)의 동의와 서명이 있는 협력적 개발과정이어야 한다. 대부분의 경우 IPE는 상담사와 이용자의 대면 상담과정 중에 수립되지만 대면하여 계획 수립을 하지 못할 경우 그 이유에 대하여 사례 보고서에 기록을 남겨야 한다. 만약 이용자의 대변인이 있다면 그 대변인은 IPE 개발 과정에 함께 참여해야 한다.

둘째, 청각장애인의 경우 통역사를 활용한다. 수어를 통해 의사소통해야 하는 이용자의 경우 계획수립 과정에 수어통역사가 함께 있어야 한다. 이것은 상담사의 수어 기술에 따라서 결정될 부분이다. IPE 작성 과정에서 상담자는 이용자가 이해하고 있는지 수시로 확인하여야 하며 통역자를 통하여 이해 정도를 재확인해야 한다.

셋째, IPE의 기본 지침을 준수한다. IPE는 개인이 충분한 정보를 바탕으로 선택해야 하며, 가장 개별화되고 통합된 환경 속에서 진행된 사정의 결과를 바탕으로 한 것이어야 한다.

넷째, 대안적인 선택에 대하여 이용자에게 알린다. 상담사는 IPE를 개발하는 과정에서 이용자에게 가능한 다양한 대안들에 관하여 이야기해야 한다. 이것은 고용 목표들, 서비스들, 서비스 제공자들, 서비스를 소개하거나 제공하는 방법들에 있어서 있을 만한 대안들에 관한 정보를 기초로 이용자가 자신의 고용 계획을 결정할 수 있도록 도와준다.

다섯째, 재검토가 필요하다. IPE는 적어도 1년에 한 번 정도 이용자(또는 대변인과 함께)와 상담자가 함께 검토해야 한다. 검토를 통한 교정 또는 수정된 계획서는 이용자가 사인을 해야 그 효력이 발생한다. 검토하는 과정도 상담자와 이용자(대변인)가 대면하여 이루어져야 하며, 혹시 대면하여 검토하지 못하는 경우 그 이유를 사례기록에 남긴다. 재검토 내용은 문서화하여 사례관리 기록에 남기고 이용자에게 그 내용을 정리하여 알려 주어야 한다.

여섯째, IPE는 수정이 가능하다. 서비스 제공자, 서비스 날짜, 목표 성취 예상 일자의 변동, 이동수단이나 대독 서비스 등 약간의 서비스 추가나 삭제가 있을 경우 IPE를 수정할 수 있으며, 이 경우 내용은 추가로 기록하고 서명을 받아야 한다. 또한 주요 서비스의 추가나 삭제, IPE의 목표 변화와 같은 수정은 IPE에 대한 전체적인 재검토가 필요하다.

일곱째, 이해할 수 있는 언어와 형식을 갖춘다. IPE의 복사본 및 수정본을 이용자 또는 이용자를 옹호해 주는 대변인에게 반드시 제공해야 한다. IPE는 이용자가 선호하는 형태로 제공되어야 한다(확대본, 점자, 녹음파일, 컴퓨터 디스크 또는 이메일). 서명된 IPE의 복사본과 수정본은 이용자의 서비스 기록에 보관한다.

② IPE의 내용

IPE에는 다음과 같은 내용들이 포함되어야 한다(http://www.vdbvi.org).

㉠ 고용 목표

㉡ 제공될 구체적인 재활서비스

㉢ 서비스를 제공하거나 연결하는 절차와 서비스 제공자

㉣ 계획된 서비스의 개시 날짜와 각 서비스의 예상 기간

㉤ 고용 목표를 성취하기 위한 절차의 결정 기준

㉥ 가장 통합된 환경에서 제공될 서비스에 대한 정의 및 조건에 대한 설명

㉦ 초기 재검토, 조정, 행정적 재검토 및 행정적 공청회에 대한 권리 등을 포함하는 개인의 권리와 책임

㉧ 이용자를 옹호할 수 있는 지역 원조 단체에 대한 설명

㉨ 고용서비스 이후를 위해 예측할 수 있는 욕구사정

㉩ 직업재활서비스의 비용을 상쇄시킬 수 있는 개인 또는 가족에게 가능한 급부(이득) 목록화

㉪ 필요할 경우 재활보조공학, 특정 직장서비스, 관련 활동보조서비스 등에 대한 개인의 욕구에 대한 정보

- 직업상담
- 직업평가 및 진로탐색
- 구직기술
- 직업개발
- 고등학교에서 대학으로 진학 또는 즉시 고용의 전이
- 직장에서 적절한 편의를 위해 필요한 보조기기
- 도구 및 설비
- 기타(직업 탐색 및 유지, 승진에 필요한 지원)

③ IPE 작성 절차

상담사와 이용자는 다음과 같은 절차에 따라 IPE를 작성할 수 있다(http://
www.vdbvi.org).

㉠ 개인의 이름과 사례 번호를 기입한다.

㉡ 새로운 사례 또는 수정한 사례인지 표시한다.

㉢ 고용목표를 기입하되 가능한 한 구체적으로 기입한다. 또한 직업사전
에서 일반 직업범주, 또는 보다 구체적인 직업코드를 알고 있는 경우 기
입한다(한국: 한국직업사전 대분류, 미국: DOT 코드). 기존의 직업군에 대
한 안내뿐만 아니라 활용 가능한 자원이나 창업적인 측면도 함께 고려
하여 작성한다.

㉣ 특정 서비스, 서비스 제공자, 각 서비스의 시작일과 종결일, 각 서비스
참여에 관계된 이용자 책임, 이용자의 성공(목표달성)을 측정할 수 있는
방법에 대하여 기록한다.

㉤ 목표달성에 대한 측정의 예로 컴퓨터 소프트웨어 활용능력, 특정 대학
에서의 졸업, 자격취득 등을 확인한다.

㉥ 이용자와 함께 상담자의 책임에 대해 검토한다.

Ⓐ 이용자와 함께 상담자 외에 목표를 성취하는 데 도움이 되는 서비스를 제공할 인력의 책임에 대해 검토한다.

Ⓞ 비밀유지, 불편 접수, 이용자 지원 프로그램 등에 대한 이용자 권리를 검토한다. 이러한 논의는 반드시 서비스 사례관리 기록에 남겨두어야 한다.

ⓩ 향후 가능한 서비스(고용 후 서비스)에 관련된 내용을 점검한다.

ⓒ 이용자의 서명을 받고 IPE에 대해 설명한다. 이용자가 서명하기를 거부한다면 그 계획은 유효하지 않으며 서명을 거부하는 이유에 대하여 이용자와 함께 논의해야 한다. 그리고 그 내용을 IPE나 사례 보고서 안에 기록으로 남겨 두어야 한다.

ⓚ IPE 재검토 예정 날짜를 기입한다.

ⓣ 상담사도 서명을 하고 IPE 작성 날짜를 기재한다.

ⓟ 슈퍼바이저의 검토 및 서명을 받는다.

ⓗ 수퍼바이저 검토에서 IPE 내용에 특이한 변화가 없을 경우 서명을 받은 IPE 사본을 이용자에게 보낸다.

(4) 서비스 개입(실행)

서비스 개입(실행)은 계획이 세워지고 개입 목적과 전략을 결정한 다음 재활상담사가 개입하는 것을 의미한다. 주요 방법으로 수립된 서비스 제공계획에 따라 이용자의 서비스는 공공의 자원을 직접 제공하거나, 의뢰 내용을 기술하고 지역사회 기관에 요청하는 업무를 통해 이루어지며, 주요 개입 내용으로는 고용 및 훈련과 관련된 서비스를 들 수 있다.

직접 서비스 제공 시 재활상담사는 이행자, 안내자, 교육자, 정보 제공자, 지원자의 역할을 하게 되며 주요 서비스 제공은 상담, 프로그램 등을 통해 이루어진다. 간접 서비스 제공 시 직업재활 전문가는 중계자, 연결자, 옹호자의 역할을 하게 되며 주요 서비스 제공은 유관기관 연계 및 조정을 통해 이루어진다. 그 외에 기타 기능으로 사회적 망에 대한 개입을 들 수 있는데 이때 재활상담사는 이용자의 사회적 지원체계 확장을 도모하고, 공식적인 대인서비스 제공자나 사회적 망 구성원과의 기술적 조력 및 협력 등을 하게 된다.

(5) 점검

점검(monitoring)은 이용자에게 서비스가 적절히 제공되고 있는지 확인하고, 이용자의 환경 및 욕구에 변화가 발생하였는지 여부를 점검하는 활동으로 서비스가 적절했는지 서비스의 질이 어떠했는지를 평가하며 전체적인 서비스 전달 상태를 점검하여 계획의 변화 수정을 이끌어 낼 수 있다. 점검의 목적은 다음과 같다.

① 재활서비스 계획이 적절히 실행되고 있는가?
② 이용자를 위한 서비스 지원이나 설정목표가 잘 성취되고 실행되고 있는가?
③ 재활서비스 계획에 개선이나 수정사항이 있는가?
④ 재활서비스 계획에 대한 이용자의 새로운 욕구 변화가 있는가?

점검은 이용자와 서비스 제공자의 측면에서 이루어질 수 있다.

첫째, 이용자 수준은 이용자가 목표달성을 위해 스스로 노력하고 있는가? 이용자의 자기보호 노력은 적절한가? 이용자에게 제공되는 서비스는 욕구충족과 변화에 기여하는가? 이용자의 새로운 욕구나 문제가 발생하고 있는가? 등을 점검하게 된다.

둘째, 서비스 제공자 수준은 이용자에 대한 보호계획에 따라 서비스가 적절하게 수행되고 있는가? 이용자에 대한 지원은 적절한 시기에 지속적으로 제공되고 있는가? 이용자에게 제공되고 있는 서비스가 이용자의 욕구충족과 변화를 위해 필요한 것인가? 서비스 제공자들 간에 또는 서비스 제공자와 이용자 간에 갈등이 존재하는가? 등을 점검하게 된다.

점검의 주요 내용을 살펴보면 다음과 같다.

① 서비스 제공 현황을 점검한다. 즉, 이용자와의 면담을 통해 서비스가 계획된 기간과 횟수에 기반하여 제공되고 있는지를 확인하고, 서비스의 양, 내용, 질 측면에서의 적절성을 확인한다.

② 이용자에 대해 점검한다. 개인별 고용계획을 통한 이용자의 변화 정도를 이용자와의 면담을 통해 측정하고 변화에 따른 재평가 또는 서비스 계획 수정 필요 여부를 확인하게 되는데 이때 주어지는 질문 유형은 다음과 같다.

㉠ 서비스 계획이 어느 정도 적절하게 실행되고 있는지를 검토한다.

㉡ 이용자에 대한 서비스와 지원계획의 소목표가 달성되고 있는가를 검토한다.

㉢ 이용자와 지원의 결과를 검토한다.

㉣ 이용자의 새로운 욕구를 알고, 그것이 서비스 계획의 변경을 필요로 하는지 여부를 검토한다.

상기의 점검 결과에 따라 〈표 4-2〉와 같은 조치가 이루어진다.

표 4-2 점검 결과에 따른 조치 방안

점검 결과	조치 방안
• 이용자를 둘러싼 환경 변화가 발생하여 내·외부 강점 재검토가 필요한 경우 • 서비스가 진행되면서 심각한 신규 욕구 또는 문제가 발생한 경우	욕구 재조사

• 서비스의 양 또는 횟수에 대한 이용자의 변경 요청 시 • 사례관리자의 판단 결과, 서비스의 양 또는 횟수의 변경이 필요할 시 • 욕구 재조사 결과, 서비스의 종류 변경이 필요할 경우 • 서비스 제공자가 여건 변화로 더 이상 서비스를 제공할 수 없는 경우	서비스 제공계획 재수립
• 이용자의 상황이 서비스가 필요하지 않을 정도로 호전된 경우 • 이용자의 사망, 이사, 연락두절 등으로 더 이상 서비스를 제공하기 어려운 경우 • 이용자의 1개월 이상 지속적인 서비스 거절 또는 포기	종결을 위한 평가

(6) 평가(재측정)

평가는 이용자의 욕구와 문제가 개입과 점검을 통해 어느 정도 달성되었는지 확인하는 과정으로 재활계획의 목적과 비교하여 서비스 전달 이후 차이나 변화가 있는지 확인하기 위하여 상태를 측정하는 것이다.

평가 주기는 3개월이나 6개월 단위에서 주 단위로 평가될 수 있다. 이때 다음의 평가 내용을 포함하며 사례기록 검토와 필요에 따라 진단과 평가에서 사용되었던 도구들을 다시 사용하기도 한다(강윤주, 2011b).

① 이용자의 재활계획과 실행의 점검, 판단 및 전략 수정

② 이용자의 장애와 건강 상태 평가

③ 기능 상태

④ 인지, 행동이나 정서 상태

⑤ 지원이나 지지체계

⑥ 환경 상태

⑦ 재정 상태

평가에 대한 접근방식은 ① 이용자에 대한 서비스와 개입계획에 대해 평가로 이는 재활계획과 실행을 검증하기 위한 평가, 판단 및 수정 활동들을 제안

하고, ② 목적 달성에 대해 평가하며, ③ 사례관리 서비스의 전반적인 효과성
에 대해 평가하고, ④ 이용자의 만족도에 대해 평가한다.

평가와 점검의 경우, 평가는 재활상담사의 활동이 이용자의 삶에 어떤 차
이를 만들어 가고 있는지를 보고자 하는 것이고, 점검은 정해진 활동이 계획
대로 잘 이루어지고 있는지를 살펴보는 것이다.

(7) 종결 및 사후관리

종결은 목표달성, 이용자의 전출, 사망, 연락두절 등의 사유로 더 이상 사
례관리를 진행하지 못할 상황이 발생하였을 때 이루어지게 되며 이때 종결
심사서를 기초로 종결 여부를 결정하게 된다.

사후관리는 종결 사례에 대해 3, 6개월 후 현 상황에 대한 잠재적 위험의
확인을 통해 종결유지, 재등록 여부를 판단하기 위한 것으로 방법은 전화, 내
방, 가정방문, 통신망 활용 등을 활용할 수 있다(강윤주, 2011b).

3. 요약

이번 장에서는 재활상담 모델과 재활상담 과정을 중심으로 살펴보았다.
재활상담 모델은 치료적인 계약과 치료적인 관계를 중시하던 전통적인 과정
중심 모델에서 역량강화 구조를 반영한 역량강화 관점의 모델로 변화하고 있
다. 재활상담 과정은 일반적으로 초기, 중기, 종결의 형태로 구분하여 제시할
수도 있고, 보다 세분화하여 사례관리의 관점에서 이용자를 처음 발굴하게
되는 의뢰 및 초기 면접의 단계부터 진로결정 이후 지속적인 서비스 단계인
사후관리, 또는 고용 후 서비스에 이르는 연속적인 과정으로 제시해 볼 수도
있다.

제5장 **재활상담 기법**

1. Darley의 면담 기법

특성-요인 이론가인 Darley(1950)는 이용자와의 초기 면접부터 마지막 면담에 이르는 과정 동안 활용될 수 있는 주요 상담 기법들을 〈표 5-1〉과 같이 제시하였다.

표 5-1 Darley의 면담 기법

단계	내용	주요 상담과정
1	면담 시작	처음 면담 장면에서 상담사와 이용자 모두 긴장하고 있다면 빨리 여유 있는 자세를 취하는 것이 중요하다. 이때 상담사는 이용자의 이름을 불러 주고, 반기며 앉을 것을 청하는 일상 예절의 몇 가지를 빨리 생각해야 한다. "오늘은 무슨 생각을 하셨습니까?" 또는 "무슨 문제로 방문하셨나요?", "당신을 어떻게 도와드릴까요?"와 같이 임의적이고 느슨한 표현으로 면담을 시작한다.

2	질문의 진술	이용자와의 모든 대화의 흐름을 단절시키는 방법 중 하나는 "예", "아니요"로 답할 수 있는 질문을 하는 것이다. 예를 들어, "그래서 당신은 소규모 사업을 하고 싶으신가요?"라는 질문은 "개인 사업을 시작하는 것에 대하여 어떻게 생각하시나요?"보다 훨씬 비생산적이다. 또 "소규모 사업을 시작하는 것에 대하여 당신이 생각하신 바는 무엇인지 말해 주시겠어요."보다 효과적이지 못하다. 다시 말하면 "예", "아니요"로 대답할 수 있는 질문이나 이와 유사한 표현으로 대답할 수 있는 질문은 가능하면 어디서든 피해야 한다.
3	이용자의 상담 체험	상담에 대해 기대하고 오는 대부분의 이용자들은 이전에 여러 기관에서 상담을 받아 본 경험이 있다. 이용자는 좋든 나쁘든 이전에 알던 다른 상담사와 당신을 비교할 것이고, 다른 상담사들이 자신에게 말한 내용들을 당신에게 언급할 것이다. 상담사는 이용자의 말에 모순이 있는지를 알기 위하여 이용자에게 무엇을 말했는지 가끔 물어보아야 한다. 한편, 상담사는 다른 상담사들이 이용자에게 말한 것을 이용자가 주관적인 감정, 태도, 욕구의 견지에서 설명할 수도 있다는 점을 기억해 둘 필요가 있다.
4	이용자를 압도해서 말함	상담 시에 이용자는 "다소 말을 더듬고 말하고자 하는 바를 정확하게 표현하기"가 어렵다. 만일 이용자가 그가 원하는 표현을 더듬어 찾고 있다면 그를 유도하거나 대답을 강요하듯이 말하지(overtalking the client) 않아야 한다. 초보 상담사들이 자주 저지르는 실수는 이용자에게 답변을 강요하거나 이용자보다 먼저 말함으로써 이용자로부터 대화를 빼앗는 것이다.
5	이용자의 태도와 감정의 수용	면담 중 여러 각도에서 이용자는 자신의 행동을 통제하는 보다 깊은 내면의 태도와 감정을 표현하려고 한다. 그러나 이용자는 이러한 표현이 쉽지 않다. 왜냐하면 개인적인 태도, 후회, 의심, 불안을 말로 표현하기란 누구에게나 어려운 일이기 때문이다. 또한 이용자는 자신의 말을 상담사가 인정하지 않을지도 모른다는 두려움에 싸여 있을지도 모른다. 그러므로 상담사는 이용자의 감정이나 태도를 판단하지 않고, 있는 그대로 받아들이고 있다는 것을 이용자에게 보여 주어야 한다. "그렇군요", "이해됩니다", "네"와 같은 간단한 응답은 대화의 단절을 메워 주며 이용자가 이야기를 계속할 수 있도록 도와줄 것이다.

6	반대심문	이용자에게 기관총처럼 질문 공세를 하지 않아야 한다. 면담은 반대심문(cross-examining)이 아니다. 만일 면담 도중의 공백을 메우려 할 때나 이름, 주소, 어떤 사실 등을 알고자 할 때에는 그 질문 사항들을 면담과정 전체에 고루 분배하여야 하며 처음부터 질문 공세를 펴서는 안 된다. 어떤 경우이든 질문이 필요한 경우에는 언제나 고루 배치하고 가급적 중립적인 태도로 질문한다.
7	면담 중의 침묵	대화가 끊기면 대부분의 사람들은 당황한다. 침묵이 오랫동안 계속되는 듯이 느껴진다. 그러나 이런 침묵은 기껏해야 30초 정도일 것이다. 그리고 침묵이 반드시 활동이 없는 상태만을 뜻하는 것도 아니다. 이용자가 표현할 말이나 생각을 찾고 있는 중일 수도 있고, 상담사가 조금 전의 상담 내용을 검토해 보고 있는 중일 수도 있다. 그러므로 면담 중에 때때로 나타나는 침묵을 두려워 말자. 수다를 떨어 침묵을 깨뜨린다는 것은 생각과 감정의 흐름을 깨뜨리는 것이다. 침묵을 깰 필요가 있으면 이용자가 방금 한 이야기에 대하여 요점을 정리해 달라고 요구한다. 이렇게 함으로써 이용자가 다시 행동하게끔 기회를 주게 된다.
8	이용자의 감정을 반영해 주기	이용자는 자신의 내면 깊숙이 자리 잡은 생각이나 감정을 말로 표현하려고 할 때 힘들어하고 어색해할 수 있으며, 이러한 정서적 태도와 관련된 수치감이나 죄책감을 느끼거나 다른 사람의 눈에 어리석게 보일까 봐 주저하게 된다. 이때 상담사가 도덕적 판단을 내리거나 다른 질문을 하여 면담 내용을 다른 방향으로 돌려 이용자의 내면에 있는 감정을 피한다면, 이 감정의 흐름은 단절되고 회복할 길이 없게 된다. 이용자가 불만을 토로할 경우에는 "누구나 잘 살아가면서 때로는 어려움을 느낍니다."라고 하기보다는 "사람들이 당신에게는 공정하게 대하지 않는다고 느끼는군요."라고 말하는 것이 낫다. "가서 지금 당장 결혼하세요." 또는 "좀 더 친숙해질 때까지 기다리세요."라고 하기보다는 "당신은 지금 결혼하고 싶지만 당신이 그녀를 본 지가 꽤 오래 되었기 때문에 당신이 아직도 그녀를 사랑하고 있는지 확신하지 못하는군요."라고 말하는 것이 좋다. "미안합니다만 이전의 상담사가 당신을 도와주어야 하기 때문에 그분에게 다시 돌아가셔야 합니다."보다는 "이전의 상담사가 당신에게 아무런 도움도 주지 못했다고 느끼고 있군요."라고 하는 것이 좋다. 이용자의 감정과 태도를 반영해 준다는 말은 당신이 거울을 들고 있어서 이용자의 내면 깊숙이 자리 잡은 감정의 뜻과 중요성을 스스로 볼 수 있게 비춰 준다는 의미다.

9	상담사 자신의 무지를 인정하기	이용자가 당신이 모르는 사실에 대하여 질문할 때 애매하게 얼버무리거나 무지를 덮으려 하지 말고, "모릅니다."라고 솔직히 말하는 것이 좋다. 상담사가 자신의 무지를 서슴지 않고 인정할 때 이용자는 상담사를 더욱 신뢰하게 된다. 상담사는 자신이 몰랐던 사실들은 나중에 알아보고 나서 이용자에게 알려 주는 것이 바람직하다.
10	면담 시간의 안배	초보 상담사에게 있어 가장 큰 실수는 이용자를 멍하게 만들 정도로 말을 많이 하는 것이다. 누가 어느 정도로 말을 하여야 하는지에 대한 명확한 규칙은 없다. 면담 중에는 상담사가 주로 이야기해야 하는 부분도 있지만 면담이 성공적이려면 이용자가 자신의 태도를 표면화시키고, 행동계획을 구체화하는 가운데 자신에 대하여 스스로 알 수 있도록 도와주는 측면에서 상담사는 이야기해야 한다. 다시 말해서 면담이 성공적이려면 상담사보다는 이용자가 이야기하는 시간이 면담 시간의 반 이상을 차지해야 한다.
11	상담사의 용어	앞서 말한 바와 같이 상담사가 사용하는 말이나 생각이 이용자의 범위를 벗어나면 이용자는 배우는 것이 별로 없다. 다시 말해서 상담사는 이용자의 어휘 수준과 이해 수준을 판정하고 거기에 맞게 가급적 쉬운 말을 골라 필요한 경우에는 되풀이하여 설명하면서 생각을 분명하게 전해야 한다.
12	면담마다 다루어야 할 주제의 수	보통의 면담에서 상담사의 일방적 지시로는 면담의 성공을 기대할 수 없다. 즉, 대부분의 면담에서 논의되는 생각이나 주제의 숫자는 최소한으로 제한되어야 한다. 예를 들면, 어떤 사람에게 한 지역에 있는 기관을 네 군데 방문하라는 말을 할 때 40분 안에 모두 방문하라는 것과 20분 안에 두 곳을 방문하게 하고 돌아오게 한 뒤 또 20분 안에 두 곳을 방문하게 하는 방법이 있을 수 있다. 이때 후자가 유리하다. 한꺼번에 시키면 핑계도 댈 수 있고, 부담이 되어 잊어버릴 수도 있다. 더구나 상담사는 이용자의 욕구와 관련된 생각(주제)을 분류해야 하는 시간도 가져야 한다. 면담에서 다루어야 할 주제가 정서적 태도, 후회, 실패, 좌절, 갈등과 관련된 것이라면 특히 문제가 된다. 상담사가 이용자에게 마음속에 있는 "모든 것을 말하라"고 한다면 정말 별 도움이 안 될 것이다. 상담사가 지나친 동정이나 호기심으로 이용자의 감정을 너무 많이 토로하게 하면 이용자는 두 번 다시 오지 않을 것이다. 왜냐하면 낯선 사람에게 너무 많이 노출된 것에 대하여 죄책감이나 부끄러움을 느끼기 때문이다.

13	면담의 통제	면담이 계속되어 이용자의 행동을 수정하는 최종 결과를 얻으려면 상담사는 면담을 통제하여야 한다. 상담사는 결실이 없는 논의나 당장은 해결할 수 없는 논의로 대화가 벗어나지 않도록 이용자를 잡아당겨야 한다. 예를 들면, "우리가 지금 이야기하고 있는 주제는……", "당신이 이야기한 것이 무엇이죠", "지금 한 말과 전에 한 말이 어떤 관계가 있지요" 등으로 대화를 정상 궤도로 되돌려 놓아야 한다.
14	인칭 대명사의 사용 삼가	우리는 대부분 우리도 모르는 사이에 "나"라는 말을 곧잘 쓴다. "당신은 ……를 찾아가야 한다고 생각합니다" "내가 당신이라면 나는……", "나에게는 ……처럼 보입니다", "당신이 어떻게 ……할 수 있을지 나는 모르겠어요", 상담사가 "나는", "나를" 또는 자신을 가리키는 말을 삼가고 위의 말들을 달리 표현한다면 면담이 보다 효과적이 될 것이다. 이용자는 상담사의 의견이나 경험을 요구하는 것이 아니다. 그는 자신에 대한 비판을 허용하면서 자신의 의견을 정립하려고 애쓰고 있는 중이다.
15	면담 중의 나쁜 소식	상담사가 이용자에게 주어야 하는 사실이 모두 다 기쁘거나 호의적인 것만은 아니다. 이런 상황에서는 "모든 일이 잘될 것입니다", "당신이 이 일을 하는 데 별 어려움이 없으리라고 확신합니다"라는 말은 별 도움이 안 된다. 만일 거주지에서 취업난이 심하다면 이용자에게 좋게만 이야기해서는 소용이 없다. 이용자가 찾아온 상담기관에서 할 수 없는 일을 이용자가 원하는 경우에는 기적 같은 어려운 일을 성취해 보겠다는 동의만으로는 아무것도 이룰 수 없다. 이용자를 어느 상담기관에 의뢰하려고 할 때 그 기관에 대하여 과대 선전을 하면 그를 실망에 빠뜨리게 된다. 이용자는 결국 그 어려움을 알게 될 것이기 때문이다.
16	추가적인 문제들	이용자를 '문제아'로 만드는 것이 상담사의 본분은 아니다. 또한 이용자가 자신의 어려움을 이야기하는 첫 진술이 사실이거나 안전하다고 보아서도 안 된다. 예컨대, 연금을 어디에 청구해야 하는가라는 질문이 나왔을 때 대답을 해 주었는데도 이용자가 일어서서 나가려 하지 않을 경우가 있다. 면담은 끝났으나 내담자가 가지 않고 있는 경우에는 이용자가 다른 문제를 갖고 있을 가능성이 많고, 상담사는 그것을 찾아내야 한다. "그 밖에 또 물어볼 것이 있습니까?", "또 다른 문제가 있습니까?"라고 물으면 바람직할 것이다.

17	자주 찾아오는 방문객	자신의 문제를 토의하는 것을 무척 좋아하는 특정 집단의 사람들이 있다. 그들은 상담사와 마음의 문을 열고 이야기하려고 자주 찾아온다. 그들은 상담사가 하라는 대로 다 하겠다고 맹세하지만 상담사가 찾아가라는 상담기관에는 좀처럼 가지 않는다. 이용자가 상담사를 찾는 마음은 상담사로서는 성공적인 사례라 할 수 있으나 시간이 낭비되기도 한다. 그들은 대개 동정을 바라는 사람, 불평불만자, 지나치게 의존적인 사람들로, 바쁜 시간을 어지럽힌다.
18	면담 횟수 제한	상담사와 이용자는 처음부터 면담 시간과 횟수를 정하는 것이 좋다. 상담사는 가급적이면 그 범위 내에서 면담을 마치도록 해야 한다. 이용자가 원하는 경우에는 다른 면담이 나중에 연장될 수도 있다.
19	행동계획	면담의 결과, 이용자가 어떤 행동을 취하게 되는 것은 모든 면담에서 필수적인 것은 아니라도 이용자가 해야 할 일이 있다면 자신과 자신의 세계에 대한 학습과정을 마쳤다고 볼 수 있다. 더욱이 우리의 삶의 계획은 대부분 행동수정의 유연성이나 새로 적응할 몇 가지 계획을 세우는 데에 그치고 있다. 따라서 상담사나 이용자가 실천 가능한 대안적 계획을 수립하는 것이 도움이 된다. 예를 들면, 이용자가 학교에 가기로 결심한 것만으로는 충분하지 않다. 어떤 학교에 다닐 것이고, 다니지 않는다면 어떻게 될 것인가에 대해 알아야 한다. 이용자가 선택한 주간학교에 갈 수 없는 상황이라면 야간학교에 다녀도 괜찮은지 등 모든 면담과정에서 대안적 계획 수립은 중요하다.
20	면담 요약	면담에서 이루어진 학습량은 이용자가 요약하는 방식으로 개괄할 수 있다. 상담사는 면담을 끝낼 때가 되었다고 보면 요약 단계를 설정해야 한다. 가능하다면 이용자가 요약하여야 한다. "이제는 우리가 면담에서 요약한 것이 무엇인지 알 수 있으리라고 봅니다." 또는 "지금은 상황이 어떻게 달라졌다고 보는지 말씀해 주시겠습니까?"와 같은 말을 이용자가 요약해 보도록 하는 것이 도움이 될 것이다.
21	면담 종료	면담 종료는 쉬운 일이 아니다. 면담의 긴장으로부터 편안해진 마음으로 상담사는 자신의 생활과 관심사에 대하여 이야기하기 쉽다. 그리하여 일상 대화로 전락할 염려가 있다. 지금까지의 공적을 파괴할 염려도 있다. "오늘 우리가 할 수 있는 일을 모두 달성했다고 봅니까?" 또는 "오늘 더 이야기하고 싶은 것이 있습니까?" 등으로 면담을 끝내면 좋을 것이다. 상담사가 설정한 시간 내에 면담이 정말로 끝났다면 면담을 끝내는 기법은 어느 경우에나 중요하다.

출처: Darley, J. G. (1950), pp. 267-290.

2. Sales의 재활상담 기법

Sales(2007)는 재활상담의 주요 기법들과 관련하여 재활상담 과정에서 개방적이고 협력적인 관계를 개발하는 것은 좋은 의사소통과 기본적인 삶의 기술에 달려 있다고 하였다. 일반적으로 이러한 관계 형성과정에는 핵심적인 치료의 3요소(Rogers, 1957)와 그 과정에서 이용자와 함께하고자 하는 경청, 명료화, 재진술이나 쉽게 설명하기, 감정들의 반영 및 만족, 그리고 요약하기 같은 기법들이 활용될 수 있다. 다음에서는 재활상담 과정에서 활용될 수 있는 주요 상담 기법을 제시하기 위하여 Sales(2007)가 제시한 의사소통에 기초한 재활상담 기법을 중심으로 기술한다.

의사소통(communication)은 "의미를 주고받고, 파악하며, 사람들이 다른 사람과 상호작용할 때 일어나는 과정"으로(Compton & Galaway, 1989, p. 332) 자신에 대한 표현이자 다른 사람들에 관해 배우는 방법이다. 상담과정에서 효과적인 의사소통 기술은 매우 중요하다. 효과적인 의사소통은 관찰, 경청, 공감, 자기개방, 피드백을 주고받기, 직면, 그리고 비음성적 단서들에 반응하기 등으로 나타날 수 있다.

1) 관찰

관찰은 상담사들과 이용자들이 상담관계 내의 행동들과 활동들에 대해 주목하고, 이러한 관찰들로부터 결론을 이끌어 내며, 종종 이런 판단들에 대해 설명하는 것이다. 때때로 한 사람의 판단들이 정확하지 않을 수도 있다. 그 사람이 주목한 것이 무엇인지, 그리고 그 사람이 얻어낸 추론들이 무엇인지를 이야기할 때 그 사람을 관찰하는 것보다 관찰자의 생각이 더 많이 언급될 수도 있다. 상담사들은 그들이 관찰하고, 추론한 과정을 이해하고, 그들에게 행동으로 옮기기 전에 생각들을 확인하는 것이 필요하다.

2) 경청

경청(listening)은 효과적인 의사소통에서 가장 중요한 요인이 될 수 있다. Drakeford(1967)는 듣기(hearing)와 경청(listening) 간의 중요한 차이를 제시하였다.

듣기(hearing)는 "귀를 통해 소리를 받아들이고, 뇌에서 전환하는 생리학적 감각과정을 설명하는 데 사용되는 단어"인 반면 경청(listening)은 "중요한 감각경험을 이해하고, 해석하는 보다 심리적인 절차를 언급하는 것"이라고 하였다(p. 67). 훌륭한 경청은 이용자들이 무엇을 말하고 있으며, 그들이 그것을 어떻게 말하는지에 대해 신체적인 주의를 기울이고, 의미를 부여하며, 정확하게 대처하는 것이다. 즉, 경청은 이용자의 이야기를 주의 깊게 귀담아 듣는 태도로 말의 내용뿐만 아니라 말하려는 의도와 심정을 주의 깊게 정성들여 듣는 것이다(김춘경 외, 2017). 실제로 세심한 경청은 가장 널리 보급되어 있는 의사소통 형태인 비음성적 언어에 주의를 기울이는 것으로 목소리, 음조, 망설임, 신체언어, 눈 맞춤, 얼굴 표정, 자세, 제스처 등은 종종 음성적 언어보다 더 많은 것을 전달할 수 있다.

Mehrabian(1971)은 ① 메시지가 지닌 의미 중 7%는 사람들이 말하는 것에서 얻어지고, ② 의미 중 38%는 음색, 음량, 그리고 그 외 운율상의 특성들에서 얻어지지만 실제로 사용한 말에서 얻어지는 것은 아니며, ③ 의미 중 55%는 전적으로 비음성적 의사소통의 형태에서 얻어진다고 하였다. 또한 효과적인 경청에 장벽이 되는 것으로 ① 선택적으로 듣는 것, ② 개인의 관점에 치우치는 것, ③ 다음에 무슨 말을 할지 연습하는 것, ④ 틀에 박힌 형태로 반응하는 것, ⑤ 가정들(assumptions)을 하는 것을 들고 있다.

경청을 통해 사람들은 다른 사람들의 관점과 그 사람이 어떻게 느끼는가를 이해하게 된다. 적극적인 경청은 화자에 대한 관심을 나타내고, 라포를 형성하며, 오해들을 예방하는 데 도움을 준다. 경청은 개인에게 신경을 쓰고, 개인의 언어에 주의를 기울이며, 방해하지 않는다는 특징이 있다.

Sales(2007)는 세심한 경청 기술로 다음의 세 가지를 제시하고 있다.

(1) 주의

주의(attending)는 상담사가 이용자에게 집중하고 있고, 이용자가 무엇을 말하고 있는지를 이해하고 있다는 것을 의미한다. 상담사가 이용자에게 주의를 기울이고 있음을 나타내는 수단으로 상담사들은 종종 "아하", "알겠어요", "더 말씀해 보세요"와 같은 반응을 통해 이용자를 격려하기도 하는데 이용자를 인정하고 자기탐색을 촉진하게 하는 보다 중요한 방법은 적절한 눈맞춤과 개방된 자세를 통해 이루어지는 비음성적인 반응을 보이는 것이다.

(2) 반영

반영(reflection)은 이용자의 메시지 속에 담겨 있는 감정이나 정서를 되돌려 주는 기법으로 이용자가 말한 내용 자체보다는 그 뒤에 숨어 있는 감정을 파악하고, 그것을 다시 이용자에게 전달하는 것이다(김춘경 외, 2017). 즉, 반영은 상담사가 공감을 통해 이용자의 메시지에 대한 느낌과 내용을 모두 이해한 다음 이를 "슬퍼 보이네요" 또는 "잊었다고 느끼는군요"와 같이 진술하는 반영을 통해 전달하는 것이다.

(3) 부연과 재진술, 요약하기

부연과 재진술, 요약하기는 이해를 전하기 위한 방법들이다.

부연하기(paraphrasing)는 상담사가 이용자의 생각과 느낌, 즉 이용자의 메시지에 표현된 핵심 인지 내용을 되돌려주는 기법이다. 예를 들면, "당신은 관계를 원한다고 매우 확신하지만 당신은 자신이 가진 몇 차례의 기회들을 없애 버립니다."와 같이 이용자가 표현한 바를 상담사의 언어로 바꾸어 표현하는 것이다.

재진술하기(restating)는 "당신이 말하길 '당신이 왜 바보 같은지 모르겠다'고 했습니다. 그건 아마도 당신이 관계를 원하지 않기 때문일 것입니다."처럼 이용자의 이야기를 정확하게 활용하는 것이다.

요약하기(summarizing)는 이용자가 표현했던 주요한 주제를 상담사가 정리하여 말로 나타내는 것으로 부연하기와 비슷하지만 다소 더 긴 시간적인 프레임에서 이용자의 생각과 느낌을 제시하는 것이다. 이러한 반응들을 통해 상담사는 상담을 통해 이용자에게 도움을 줄 수 있다.

3) 공감

공감(empathy)은 다른 사람들의 감정과 상황을 이해하고, 판별하며, 이러한 이해를 내부로 전달할 수 있게 하는 기술로 부연하기(paraphrasing), 즉 이용자가 우리말로 무엇을 말했는지를 다시 진술하게 하거나 몇몇 생각들과 느낌들을 요약하도록 하는 방식으로 활용되고 있다.

Egan(1994)은 공감과 진보적 공감(advanced empathy)을 구별하고 있는데 "진보적 공감은 …… 상담사가 표현한 것과 부분적으로 표현한 것, 그리고 함축된 것 이상으로 나아가는 것"이라고 하였다(p. 212). 진보적 공감의 예로 다음의 세 가지 기법을 들 수 있다.

(1) 주제나 모순을 언급하고, 직감적으로 행동하기

주제나 모순을 언급하고, 직감적으로 행동하기(noting the theme, noting the discrepancy, and playing a hunch)의 경우, 주제를 언급하는 것은 "나는 다른 회기들에서도 이 메시지를 들었습니다. 당신은 자신에 대해 낮은 기대를 가지고 있어서 당신이 성공하지 않아도 슬프지 않다고 느낍니다."와 같이 이용자가 빈번하게 나타내는 패턴을 분석하는 것이 포함된다. 모순을 언급하는 것은 이용자가 말하는 것과 말하지 않는 것 사이에서 명백하게 일치하지 않는 것들을 이야기하는 것으로 다음과 같이 현재 말하고 있는 것 대비 서로 다른 회기들에서 말하고 있는 것, 또는 하고 있는 것 대비 말하고 있는 것을 나타낸다. "한편으로 당신은 이렇게 말했지만…… 당신은 이렇게 했어요." 또는 "당신이 말하길 이것으로 괴롭지는 않다고 했지만 그것에 대해 이야기할 때 당신은 눈물을 흘렸어요."

(2) 재구성하기

재구성하기(reframing)는 다음과 같이 이용자가 어떤 것을 다른 관점에서 보도록 돕는 것으로 부가적인 설명이나 해석을 제공할 수 있다(Egan, 1994, p. 38).

- 경험: "이것을 변화의 기회로 볼 수 있다면 나는 놀랄까요?"
- 감정: "당신이 불안(anxiety)이라고 말하는 것은 다른 말로 흥분(excitement)이 될 수도 있습니다."
- 사고: "당신은 이 경험에서 아무것도 배우지 못했다고 했지만 당신은 살아남는 방법을 배웠습니다."
- 행동: "이러한 느낌은 이 상황을 피하라는 신호가 될 수 있습니다." 등

(3) 가정들을 명료화하고 점검하기

가정들을 명료화하고 점검하기(clarifying and checking assumptions)는 이용

자에게 이용자의 이야기와 생각, 또는 감정들에 대해 명확하게 말해 주거나 분명하게 말해 달라고 요청하며, 상담사의 지각이나 가정들을 확인하거나 수정하는 것이다. "이해가 잘 안 됩니다. 당신이 말하고자 하는 바를 좀 더 분명히 말씀해 주시겠습니까? 나는 당신이 직업에 대해 느끼는 감정이 어떤지 정확히 모르겠습니다." 등이 있다.

4) 자기개방

자기개방(self-disclosure)은 상담사가 상담과정에서 자신의 생각, 감정, 경험, 가치, 판단, 정보, 생활철학 등을 이용자에게 드러내는 것으로 개인이 무엇을 느끼고 생각하는지를 공유함으로써 다른 사람들이 자신에 대해 더 많이 알게 하는 과정이다. 그러나 이것은 매우 선택적으로, 신중하게 행해져야 한다. 이것은 개방적이고, 진실하며, 정직하게 이루어져야 하고, 상담사가 이용자들을 진심으로 이해하고 있음을 전할 수 있어야 한다.

자기개방을 사용하려면 메시지의 적절성과 전달 시기를 고려하는 게 중요하고, 상담사들이 깊이 있게 개인적인 삶의 양상들을 공유하는 것은 상담과정의 초점을 바꿀 수 있으므로 적절하지 않다. 적절한 개방은 그 순간의 생각들과 느낌들을 공유하는 것으로 이것은 상담과정에서 상담관계에 성실성과 진정성이 있다는 경험들을 공유하는 것과 관련된다. 예를 들면, "당신이 전한 분노는 나의 잃어버린 관계들을 생각나게 해서 이로 인해 나는 분노하게 됩니다."와 같은 것을 들 수 있다. 관련 사항으로 '나(I) 진술문'에 나타나 있다. '나'로 우리 자신의 느낌이나 생각들을 진술하게 하는 것은 소유권을 나타내는 것이다. 상담에서 '나 진술문'은 우리의 생각과 느낌, 그리고 행동들에 대하여 개인이 책임을 진다는 것을 언어를 통해 강화하는 것이므로 특히 효과가 있다.

5) 피드백을 주고받기

피드백을 주고받기(giving and receiving feedback)는 자신과 다른 사람들에 대해 더 많이 배우는 방법이다. 피드백은 다음과 같은 상황에서 매우 유용하다.

① 특정한 행동을 묘사하고, 받는 사람의 욕구를 고려할 때

② 그 순간의 한 가지 일에 중점을 둘 때

③ 전반적인 일련의 행동들에 대해 반응하기보다는 변화될 수 있는 개인의 행동에 중점을 둘 때

행동이 일어난 후 가능한 한 빨리 피드백을 제공한다면 그 효과성은 더욱 커질 것이다. 피드백은 상담사들이 비심판적이고 지지적인 상담환경들을 설정할 때 가장 효과적이 될 수 있다.

6) 직면하기

직면하기(confrontation)는 이용자의 사고, 감정, 행동에 있는 어떤 불일치나 모순에 도전하는 상담사의 반응(김춘경 외, 2017)이므로 공격적으로 들릴 수도 있지만 이것은 공정하고 사실적인 방식으로 제공되는 단순한 피드백이 되어야 한다. 상담사는 공정하고, 직접적인 방식으로 이용자가 자신들에 대해 어떻게 지각하고 있는지에 대한 통찰을 제공하고, 다음과 같이 의사소통하여 이용자의 이야기와 행동들 간에 차이들을 확인시킨다. "당신은 나에게 몇 차례나 이것을 할 거라고 말했지만 당신은 계속해서 그 일을 그대로 두고 보고 있습니다. 당신의 행동들은 당신이 무엇을 원한다고 하였지만 전적으로 반하는 행동을 하고 있습니다."

7) 비음성적 단서들에 반응하기

비언어적 단서들에 반응하기(responding to nonverbal cues)는 이용자의 신체적인 활동들에서 분명한 메시지들을 확인하는 과정에서 이루어진다. 상담사는 보통 이용자들이 화나거나 슬픈 이야기를 할 때 웃거나 미소 짓고, 무언가를 말할 때 주의를 다른 데로 돌리며, 눈에 눈물이 흐르는데 행복하다고 주장하는 것 같은 형태들이 드러나기 시작할 때 이 전략을 사용한다. 이용자들과 이러한 관찰들을 공유하는 것은 여러분이 기본적인 감정에 대한 가정들을 검토하고, 이용자가 여러분의 관찰과 가정들을 승인하거나 부정하게 할 수 있다.

정리하면 상기의 기법들은 상담사가 이용자를 이해하고 경청하고자 하는 의지를 보여 주는 것으로 질문하기와 명료화하기처럼 탐색하고자 하는 기법들은 이용자가 새로운 정보를 얻거나 통찰하도록 도울 수 있고, 연결 부분을 재구성하거나 기록하기와 같은 기법들은 이용자가 자신들의 상황을 다르게 보도록 해 준다. 그리고 이러한 기법들은 이용자가 자기인식과 명료함을 얻도록 도와주고, 상담사가 바라는 더 나은 삶으로 이끌어 줄 결정들을 하게 한다. 또한 이용자의 자기표현과 자기탐색은 보다 적합한 개인적ㆍ사회적 기능을 수행하게 하고 적절한 행동을 하는 데 필요한 건전한 의사결정을 극대화할 수 있도록 도와준다(Sales, 2007).

3. 요약

이번 장에서는 재활상담 과정에서 활용할 수 있는 상담 기법을 중심으로 살펴보았다. 재활상담 기법은 이용자가 현재 문제를 확인하고, 더 잘 이해하며, 변화하는 데 필요한 전략이나 계획들을 논의할 수 있게 해 주는 것으로 이용자와의 초기 면접부터 종결에 이르는 전 과정에서 활용될 수 있다. 특히, Darley의 면담 기법에서는 재활상담 과정별 면담 기법을 설명하였고, Sales 의 상담 기법에서는 효과적인 의사소통을 진행하는 데 필요한 재활상담 기법을 제시하였다.

제6장 일반 상담 이론

일반 상담 이론은 상담 이론의 접근방식에 따라 정신역동적 접근, 행동주의적 접근, 인본주의적 접근, 합리주의적 접근, 인지주의적 접근으로 구분하여 살펴볼 수 있다. 각각의 접근방식별 주요 상담 이론으로 정신역동적 접근은 정신분석 상담 이론, 행동주의적 접근은 행동주의 상담 이론, 인본주의적 접근은 인간중심 상담 이론과 게슈탈트 상담 이론, 인지주의적 접근은 합리적 · 정서적 행동 상담 이론과 인지치료 상담 이론을 들 수 있다. 다음에서는 각각의 상담 이론별 개념과 기법을 중심으로 제시한다.

1. 정신분석 상담 이론

정신역동적 접근에서 정신분석 상담 이론은 인간을 비합리적이고 결정론적이며 생물학적 충동과 본능을 만족시키려는 욕망에 의해 동기화된 존재로 가정하고, 개인의 사고, 감정, 행동은 심리 내적 원인에 의해 결정된다고 보았다. Sigmund Freud(1856~1939)는 개인이 겪는 갈등은 내부에 존재하는 어떤 정신적 원인이 작용한 결과로 이러한 원인이 제거되지 않는 한 심리적 문제는 결코 해결되지 않는다고 보았다. 특히 그는 어린 시절의 경험과 무의식을 강조하며, 인간의 적응을 방해하는 요소를 무의식 속에서 억압된 충동이라고 보고 있다.

무의식은 인간 정신의 가장 깊고 중요한 부분이며 개인의 행동을 이해하는 단서가 되는 것으로 Freud는 인간의 의식 밖에 있는 무의식이 정신세계의 대부분을 차지하고, 인간의 행동을 지배하며, 행동의 방향을 결정한다고 믿었다. 따라서 개인의 행동을 결정하는 정신적 원인의 실체, 즉 무의식의 내용과 그 과정을 분석하는 것이 정신분석의 핵심이라고 보았다.

Freud는 정신분석 상담의 초점을 개인의 성격구조를 변화시키고, 본능적 충동에 따르지 않고 보다 현실적인 행동을 선택할 수 있도록 자아를 강화하는 데 치료의 초점을 두고 있다. 따라서 정신분석 상담과정은 어떤 위협이나 비난받을 위험이 없는 안전한 분위기 속에서 이용자로 하여금 과거에 효과적으로 대처할 수 없었던 장면들에 직면하도록 하고, 억압되어 있는 감정이나 충동을 자유롭게 표현하도록 함으로써 무의식의 세계를 의식적 수준으로 끌어올려 자각할 수 있도록 하는 것이다. Freud의 기본 개념과 주요 기법, 정신분석 상담에 대한 평가를 중심으로 보다 상세히 살펴보면 다음과 같다.

1) 기본 개념

Freud의 정신분석 상담 이론은 연속적이기보다는 분절적으로 나누어져 있다. 그의 이론적 발달은 크게 세 가지 시기로 구분하여 설명할 수 있는데 첫째, 정동외상 이론에서는 신경증이 어린 시절의 심리적 외상(특히, 성적인

외상)의 억압으로 인해 유발된다고 간주하여 이에 대한 기억을 이야기하게
함으로써 치료할 수 있다고 주장하였다. 둘째, 지형학적 이론으로 인간의 정
신구조를 의식, 전의식, 무의식으로 나누고, 인간의 심리성적 발달 단계 등의
주요 이론적 틀을 마련한 시기였다. 셋째, 구조적 이론은 성격을 원초아(id),
자아(ego), 초자아(superego)로 구분하여 설명하고, 리비도(성충동)라는 하나
의 정신 에너지에 대한 설명과 타나토스(죽음 충동 혹은 공격충동)라는 또 다른
종류의 정신 에너지에 대해 설명함으로써 인간의 정신세계에서 일어나는 갈
등을 구조적으로 설명한 시기였다.

다음에서는 정신분석 상담 이론의 기본 개념이 될 수 있는 지형학적 이론
과 구조적 이론, 본능과 불안을 통해 나타나는 성격의 역동성, 불안에 대처하
기 위한 방어기제, 성격발달 단계를 중심으로 제시한다.

(1) 인간 정신에 대한 지형학적 이론

Freud는 1900년 발표한 『꿈의 해석』에서 지형학적 모형(topographical
model)에 근거하여 인간의 정신세계와 성격구조를 설명하였다. 인간의 정신
세계는 의식, 전의식, 무의식의 세 가지 의식수준으로 설명될 수 있다.

① 의식

의식(consciousness)은 어떤 순간에 개인이 알거나 느낄 수 있는 모든 감각
과 경험으로 특정 시점에 인식하는 모든 것을 의미한다. 의식은 말이나 행동
으로 표현할 수밖에 없는 주관적인 경험으로 Freud는 정신생활의 극히 일부
분만이 의식의 범위 안에 포함된다고 하였다. 그는 우리가 어떤 순간에 경험
하는 의식의 내용은 외부적 요인에 의해 주로 규제되는 선택적 여과 과정의
결과이며, 이 경험은 잠깐 의식될 뿐 시간이 경과하거나 다른 곳으로 주의를
돌리면 그 순간 전의식이나 무의식 속으로 사라져 버린다고 하였다. 그러므

로 의식은 정신의 극히 제한된 부분만을 나타낸다.

② 전의식

전의식(preconsciousness)은 의식과 무의식의 교량역할로 현재는 의식하지 못하지만 조금만 노력하면 의식으로 가져올 수 있는 정신세계의 일부분이며 종종 '잠재의식' 혹은 '이용 가능한 기억'이라고 명명되기도 한다. Freud는 '자유연상'에 의해 무의식의 내용이 전의식으로 나타나고, 그다음에 의식이 될 수 있다고 하였다. 그리고 일상생활의 경험 중 의식적으로 주의를 기울이지 않게 되는 것들은 전의식으로 사라지며, 그다음에는 더 깊은 무의식 속으로 사라진다고 하였다. 그러므로 전의식은 의식과 무의식 사이의 문지기라고 할 수 있다.

③ 무의식

무의식(unconsciousness)은 정신 내용의 대부분에 해당하는 것으로 의식적 사고의 행동을 전적으로 통제하는 힘이다. 무의식은 우리의 정신 속 가장 크고 깊숙한 곳에 자리 잡고 있는 의식의 통제가 미치지 않는 영역이다. 이러한 무의식은 의식되지 않으면서 사람들의 행동을 결정하는 주요인으로 작용한다.

무의식은 자신의 힘으로는 의식 속으로 끌어올리기 어려운 심적 내용을 포함하며 용납될 수 없는 생각, 감정, 기억, 또는 충동이 억압되어 있는 곳이다. 의식 상태에 두기에는 너무 위협적이거나 고통스러운 경험들이 대부분 무의식 상태로 잠복하게 된다. 즉, 사람들의 모든 생활 경험은 잠깐 의식의 세계에 있을 뿐 주의를 바꾸거나 시간이 지나면 그 순간에 의식의 경험들은 전의식을 거쳐 보다 깊은 곳, 즉 무의식으로 들어가 잠재하는 것이다. 이때 의식 밖에서 억압되는 어떤 체험이나 생각은 소멸되어 없어지는 것이 아니라 무의식 속으로 들어가 잠재되어 있으면서 개인의 행동에 강력한 영향력을 행사한다고 본다. 그리고 억압된 생각이나 체험, 또는 그 밖의 잠재된 경험들은 생물학적 충동이나 혹은 다른 어떤 일과 연상되어 나타날 때 현실에서 불안을 일으키고 다시 밑으로 밀려나 끝없는 무의식적 갈등이 된다.

초기에 Freud는 이러한 무의식적 갈등을 해결하기 위해 환자에게 최면술을 시도하기도 했지만 나중에는 자유연상법을 이용하여 억압된 무의식을 의식화하였다. 이러한 시도를 통해 Freud는 무의식이 추상적인 것이 아니라 증명할 수 있고 제시될 수 있는 현실이라고 주장하였다.

(2) 인간 성격에 대한 구조적 이론

Freud는 1923년에 출판한 『자아와 원초아(The Ego and the Id)』 서문에서 성격의 구조론이라는 용어를 처음 사용하였다. 구조론에 따르면 인간의 성격은 원초아(id), 자아(ego), 초자아(superego)의 세 부분으로 이루어져 있다. 출생 시의 인간은 본능적인 욕구를 포함하는 원초아 상태라고 할 수 있고, 성장하는 동안 현실과 접촉하면서 점차 현실적응, 불안에 대한 방어, 마음의 평형 조절, 본능적 욕구조절 등의 기능을 담당하는 자아가 발달하게 되며 4~5세경에 도덕적 교훈과 이상(ideal)을 포함하는 초자아가 형성된다. 이러한 성격의 각 영역들은 고유의 기능, 특성, 구성요소, 역동 및 기제 등을 가지고 있지만 서로 매우 밀접하게 관련되어 있고, 인간의 행동은 대부분 이 세 체계 간의 상호작용에 의해 나타난다고 볼 수 있다.

① 원초아

원초아(id)는 생물학적 구성요소로 자아와 초자아에 필요한 심리적 에너지의 원천이자 생물학적 반사 및 충동과 본능이 자리 잡고 있는 곳이다. 즉, 원초아는 Freud가 무의식이라고 불렀던 성격의 한 부분으로, 출생 당시부터 이미 존재하는 것이며 자아와 초자아가 분화되어 나오는 모체라 할 수 있다. 세 가지 성격구조 가운데 가장 강력한 힘을 지니고 있는 원초아는 쾌락의 원리 (pleasure principle)에 따라 고통을 최소화하고 유기체의 긴장을 해소하는 것을 궁극적인 목적으로 한다. 예를 들면, 우리는 배고픔을 느낄 때 고통과 불쾌 등과 같은 긴장을 느끼게 되고, 음식물 섭취를 통해 포만과 만족을 경험하게 되면서 긴장을 해소하게 된다.

이처럼 원초아는 식욕, 배설욕, 성욕, 수면욕 등과 같은 본능적 욕구를 즉각적으로 충족시키기 위해 외부의 현실이나 도덕을 고려하지 않은 채 비논리적이고 맹목적으로 작용한다. 그러나 현실에서는 대부분의 경우 본능적 욕구를 즉각, 있는 그대로 충족하기 어려우므로 개인의 욕구들은 무의식적으로 억압될 수밖에 없고, 이렇게 무의식화된 욕구들은 숨겨진 채로 개인의 의식적인 삶에 영향을 미친다. 원초아는 본능적 욕구를 충족하기 위해 두 가지 전략, 즉 반사작용과 일차 과정(primary process)을 사용한다. 반사작용의 예로 눈 깜박임이나 재채기 같은 생득적인 자동적 반응을 들 수 있고, 일차 과정의 예로 음식을 떠올리거나 꿈을 꾸는 것 같이 욕구를 충족시켜 주는 대상의 이미지를 상상하면서 긴장을 해소하는 것을 들 수 있다.

② 자아

자아(ego)는 원초아에서 파생된 것으로 현실세계와 접촉하는 성격의 한 부분이다. 지형학적 모형에서 자아는 의식과 전의식, 무의식의 모든 영역에 걸쳐 있지만 대부분 의식영역에 속해 있다. 신생아는 원초아로 존재하지만 이후 성장과정 동안 외부세계와의 접촉을 통해 억제와 간섭 등의 다양한 욕구에 직면하게 되면 원초아가 수정되면서 자아가 발달하게 된다.

자아의 주된 임무는 원초아의 욕구충족(yes)과 초자아의 도덕적 판단(no) 사이에서 현실에 맞도록 조정하여 개체를 적절히 유지시키는 것이다. 즉, 자아(ego)는 현실에 맞게 개인을 조정해 가는 집행 부분(executive part)으로 원초아의 충동과 초자아의 양심과 사회환경으로부터의 영향에 대해 중재자로서 기능하며 현실에서 허락될 수 있는 행동을 할 수 있도록 하기 위해 억압 등의 방어기제를 사용하게 된다.

자아는 객관적 현실을 이해하고 판단하는 현실파악(reality testing)을 기초로 행동하는 의식적인 성격기능으로 현실의 원리(reality principle)를 따른다. 현실의 원리란 개인의 욕구를 만족시키거나 긴장을 감소시킬 대상을 발견할 때까지 심리적 에너지의 방출을 지연시키기 위해 합리적이고 현실적인 방법을 사용하는 것이다. 이때 현실적 사고과정을 통해 작용하고 반응할 환경의 특성을 검토하고, 선정하며, 어떤 욕구를 어떤 방법으로 충족시킬 수 있을지 판단하는 데 이러한 현실적 사고과정을 이차 과정(secondary process)이라고 한다.

자아(ego)는 이치와 현실에 맞고, 사회적 욕구에 적합하게 기능할 때 강한 자아(strong ego)로 기능할 수 있다. 이러한 강한 자아를 지닌 사람들은 원초아의 욕구를 승화하고, 조절하여 생활에 잘 적응해 나가는 융통성이 있는 성숙한 자아를 갖게 된다. 반면 약한 자아(weak ego)를 지닌 사람들은 융통성 없이 반복되는 방어를 되풀이함으로써 신경증적(neurotic)ㆍ정신병적(psychotic) 증상을 나타낸다.

③ 초자아

초자아(superego)는 성장과정에서 부모와 주위 사람들로부터 물려받은 전통적 가치관, 사회규범과 이상, 도덕과 양심이 자리 잡은 곳으로 주로 부모가 주는 보상과 벌을 통해 점차 발달된다. 이러한 초자아는 성격의 도덕적ㆍ사회적ㆍ판단적 측면을 반영한다. 원초아가 쾌락을 지향한다면 초자아는 완전과 완벽을 지향하고, 자아가 현실을 추구한다면 초자아는 이상을 추구한다. 따라서 초자아는 무엇이 옳고 그른지, 어떤 것을 해야 하고 어떤 것을 하지 말아야 하는지 등을 판단하는 역할을 하며 인간이 무언가 잘못된 행동을 했을 때 수치감과 죄책감을 느끼게 한다. 초자아는 성격의 도덕적 기능에 해당되고, 현실보다는 이상을, 쾌락보다는 완성을 위해 당위 원리(should principle) 또는 도덕적 원리(moral principle)을 따른다.

Freud는 초자아에 두 가지 측면이 있다고 보았는데 하나는 양심(conscience)이고, 다른 하나는 자아이상(ego-ideal)이라고 하였다. 양심은 잘못된 행위에 대해 처벌을 받거나 비난을 받은 경험에서 생기는 죄책감과 결부된 것으로 외부의 제재, 즉 부모의 가치관이나 사회적 제재 등이 내면화된 것이다. 자아이상은 동일시 과정을 통해 유아가 본받고자 하는 모델이 내면화된 것으로 긍정적인 경험에 의해 상을 받은 경험 등이 이상적으로 자아상을 형성하고, 이를 추구하게 된다는 것이다.

정리하면 세 가지 성격구조 중 어느 요소가 더 많은 심리적 에너지를 갖고 통제력을 확보하고 있는가에 따라 개인의 행동과 성격 특성이 결정된다. 즉, 자아나 초자아보다 원초아가 심리적 에너지를 더 많이 갖고 있는 경우, 개인은 논리적 · 현실적 · 규범적이기보다 욕망의 충족에 더 많은 관심을 두고, 소망을 충족시키거나 긴장과 고통을 해소하는 방식으로 행동하는 경향을 보이게 된다. 반면 초자아가 심리적 에너지를 상대적으로 더 많이 좌우하는 경우, 개인은 소망의 충족이나 현실적인 대안을 선택하기보다 완벽성을 추구하고, 사회적 규범에 부합되는 방식으로 행동하는 경향을 보일 것이다.

(3) 성격의 역동성

Freud는 인간 유기체를 복잡한 에너지 체계로 생각하고, 이러한 에너지 체계는 질량불변의 법칙에 따라 에너지양이 일정하다고 간주하였다. 그리고 정신 에너지와 신체 에너지는 서로 전환될 수 있으며, 정신 에너지와 신체 에너지 사이에서 교량역할을 하는 것을 본능이라 생각했다. 본능은 유기체를 움직이는 원천적인 힘의 생리적 · 심리적 표현이다. Freud는 본능을 삶의 본능과 죽음의 본능으로 구분하였다.

① 리비도

리비도(Libido: 삶의 본능)는 성적 본능의 정신적인 측면이라 할 수 있으며, 일반적으로 삶의 본능이라고 불린다. 인간은 삶의 본능에 의하여 생명을 유지하고, 발전시키며, 자신과 타인을 사랑하고, 종족의 번창을 가져오게 한다. 리비도의 방출은 개인으로 하여금 쾌, 즉 기쁨을 경험하게 한다. 리비도는 개인의 삶에 있어서 정신적 활동에 강력한 힘으로 작용하며 신경증의 병인론적 역할을 한다. Freud가 가장 중요시한 삶의 본능은 성본능이며, 리비도는 신체 여러 부위에 있는 성감대, 즉 입술, 구강, 항문, 성기 등에 부착된다고 주장하였다. 예를 들면, 리비도 에너지가 입술에 부착될 경우, 빠는 행동을 통해 욕구를 충족하고자 하며 항문에 부착될 경우, 배설과 관련되는 행동이 주요 발달과업이 된다. 사춘기에 이르게 되면 이러한 것들이 모두 융합되어 함께 생식 목적에 공헌하게 된다.

② 타나토스

타나토스(Thanatos: 죽음의 본능 혹은 공격적 본능)는 죽음의 본능으로 삶의 본능의 작용보다 뚜렷하게 표출되지 않으므로 이를 입증하기는 어렵다. 그러나 죽음의 본능이 보이지는 않지만 결국 인간이 모두 죽는다는 사실은 Freud로 하여금 모든 생의 목표를 죽음이라고 생각하게 했다. 죽음의 본능에 부수되는 본능은 공격의 욕구다. 공격이란 죽음의 본능에 내포된 자기파괴의 욕구가 자신에게로 향할 경우는 자신의 죽음이며, 외부의 다른 대상물에게 돌려진 경우는 공격성이라고 할 수 있다. 어떤 사람이 타인과 싸우거나 파괴적인 행위를 하는 것은 스스로의 죽음에 대한 욕구가 바깥으로 나타나는 것이다. 죽음의 본능이 직접 죽음의 형태로 나타나지 않는 것은 삶의 본능이

지니는 힘이 강하거나 성격 내부에서 일어나는 다른 어떤 면에 의해 죽음의 본능이 저지되기 때문이다. 1914년부터 1918년에 일어난 제1차 세계 대전은 Freud가 인간에게 있어 공격욕이 성욕만큼 강력한 행동의 동기라고 생각하는 데 영향을 미쳤다.

③ 불안

불안(anxiety)은 정신분석에서 매우 중요한 개념으로 인간으로 하여금 어떤 것을 하도록 동기화시키는 긴장상태를 의미한다. 정신분석 초기 이론에서는 불안을 신경증의 핵심으로 여기고, 참을 수 없는 충동과 그와 관련된 생각들이 불안을 유발한다고 보았다. 특히, 리비도가 정상적인 성적 행위를 통해 표출되지 못할 때 불안으로 변화된다고 보았다. 이것을 불안의 일차 이론 또는 독성 이론(toxic theory)이라고 한다.

그러나 정신분석 이론의 구조 모형이 정립된 이후, Freud의 불안에 관한 이론은 수정되었는데 불안은 원초아의 충동(성본능과 공격본능)과 자아, 초자아의 갈등의 결과로 생기며 자기방어를 요청하는 일종의 신호로 여기게 되었다. 통제할 수 없는 불안은 자아를 위협하게 되며 이때 자아가 합리적이고 직접적인 방법으로 불안을 제거할 수 없는 경우에 비현실적인 방법, 즉 자기방어기제에 의존하게 된다.

이러한 불안에는 다음과 같이 현실적 불안, 신경증적 불안, 도덕적 불안의 세 가지 유형이 있다. 세 가지 불안이 모두 개인에게 불쾌한 경험이라는 점에서 공통적이지만 현실적 불안은 원인이 외부에 존재하는 반면, 신경증적 불안과 도덕적 불안은 그 원인이 개인 내부에 존재한다는 점에서 차이가 있다.

㉠ 현실적 불안

현실적 불안(reality anxiety)은 객관적 불안(objective anxiety)이라고도 하며

외부세계에서의 실제적인 위험을 지각함으로써 발생하는 감정적 체험으로 공포(phobia)와 유사한 특징이 있다(김춘경 외, 2017). 한 예로, 맹수가 덮쳐 올 때 느껴지는 불안이나 차가 과속할 때 느껴지는 불안이 이에 해당될 수 있다. 이러한 현실적 불안은 위험을 피하기 위해 무엇인가를 해야 한다는 경고를 담고 있어 신체적 손상이나 심리적 결함을 예방하는 역할을 하기도 한다. 예를 들면, 교통사고에 대한 불안으로 안전운전을 하거나 낙제에 대한 불안으로 공부에 집중하는 등의 기여를 하기도 한다.

ⓒ 신경증적 불안

신경증적 불안(neurotic anxiety)은 실제로 불안을 느껴야 할 현실적인 이유가 없는데도 불구하고, 자아가 본능적 충동을 통제하지 못하여 무슨 일이 일어날 것 같은 위험을 느껴서 불안에 사로잡히는 경우를 말한다. 신경증적 불안은 주로 원초아와 자아 간의 갈등에서 비롯되는 불안이며 본능적 욕구를 충족하기 위한 충동적 행동으로 인해 처벌받지 않을까 하는 무의식적인 두려움이다. 신경증적 불안은 무의식으로 작동되므로 불안을 느끼는 개인은 본인이 왜 불안을 느끼는지 그 이유를 알지 못하며, 강한 압박감을 느끼는 것이 특징이다. 신경증적 불안이 심리적 압박감을 증가시킬 경우, 이성을 잃고 충동적인 행동을 하게 되는데 그 이유는 충동적인 행동의 결과가 불안 그 자체보다 덜 고통스럽다고 느끼기 때문이다. 신경증적 불안이 과도할 경우에는 신경증(neurosis)이나 정신병(psychosis)으로 발전되기도 한다.

ⓒ 도덕적 불안

도덕적 불안(moral anxiety)은 원초아와 초자아 간의 갈등에 의해 야기되는 불안으로 본질적인 자기양심에 대한 두려움과 연관된다. 예를 들면, 도덕적 기준에 위배되는 생각을 했을 때 이것이 초자아의 양심에 거리끼는 일이 아닐까 하는 경계심과 공포에서 오는 불안이다. 도덕적 원칙에 위배되는 본능적 충동을 나타냈을 때 초자아는 수치심과 죄의식을 느끼게 되는데 이때 죄의식이 심할 경우, 자신의 죄를 속죄받기 위해 고의적으로 처벌받을 행동을 저지르기도 한다. 도덕적 불안이 과도할 경우에는 신경쇠약(neurasthenia)을 초래하기도 한다.

(4) 방어기제

방어기제(defense mechanism)는 인간이 불안으로부터 자신을 보호하기 위해 사용하는 것이다. 이것은 자아가 불안을 의식적인 수준에서 적절하고 합리적으로 다룰 수 없을 때 무의식적으로 현실을 부정하거나 왜곡하는 것으로 자아가 위협받는 상황에서 무의식적으로 자신을 속이거나 상황을 다르게 해석하여 자신을 보호하려는 심리적 의식이나 행위를 의미한다.

방어기제는 다음과 같이 네 가지 유형으로 구분할 수 있다.

첫째, 자기애적 방어(narcissistic defenses) 유형은 실제를 인식하는 기능을 전적으로 망각시켜 거의 언제나 병적으로 만들어 버리는 것이다. 가장 원시적인 형태로 정신병 환자에게 흔히 나타나며 현실을 재배치하거나 재구성하기 때문에 현실 적응능력이 매우 낮고, 이 유형은 부정, 망상적 투사, 왜곡 등을 보인다.

둘째, 미성숙한 방어(immature defense) 유형은 사회적으로 수용되기 힘든 행동을 하게 한다. 주로 심각한 우울증 환자, 성격장애 환자, 청소년과 같이 대부분 외부세계 적응에 어려움을 경험하는 사람들에게 나타나며 이 유형은 행동화, 퇴행, 분열성 환상, 신체화, 동일시 등을 보인다.

셋째, 신경증적 방어(neurotic defences) 유형은 현실세계에서의 적응력이 떨어지고, 장기적으로 대인관계, 직장생활, 일상생활 등에서 역기능적인 갈등이 초래된다. 주로 강박신경증, 히스테리 환자, 심한 스트레스 상황에 놓여 있는 사람들에게서 나타나며 억압, 반동형성, 전치, 합리화, 해리, 주지화 등이 이에 속한다.

넷째, 성숙한 방어(mature defenses) 유형은 사랑, 일, 즐거움을 경험하기 위해 개인의 능력을 최대한 활용하며, 승화, 유머, 이타주의 등이 이 유형에 속한다.

방어기제는 불안을 극하고, 불안에 압도되지 않도록 자아를 보호하는 기능을 하여 실패에 대처하고 긍정적인 자아상을 유지하는 데 도움이 된다는 점에서 가치가 있다. 그러나 방어기제를 지속적으로 과도하게 사용하여 현실을 회피하는 생활양식이나 성격 특성으로 굳어질 때 자아성장을 방해하는 병리적인 요인이 될 수 있다(김춘경 외, 2017). 개인의 발달수준과 경험하는 불안의 정도에 따라 사용되는 방어기제의 유형은 달라지는데 대표적인 방어기제는 다음과 같다(강진령, 2009; 윤순임 외, 2000; 김춘경 외, 2017).

① 부정

부정(denial)은 부인 또는 거부라고도 하며 감당하기 어려운 고통이나 욕구를 무의식적으로 부정하는 것이다. 예를 들면, 가족이 교통사고로 사망했음에도 불구하고, 가족의 죽음을 인정하지 않고 그 사람이 여행을 떠난 것이라고 주장하거나 장애아동의 부모가 자신에게 장애 자녀가 있다는 것을 인정하지 않는 경우가 이에 해당된다.

② 투사

투사(projection)는 스스로 또는 사회적으로 인정받을 수 없는 자신의 행동과 생각을 마치 다른 사람의 것인 양 생각하고, 남을 탓하는 것이다. 자신의 결점을 타인이나 환경의 탓으로 돌려 비난함으로써 자신의 결함이나 약점 때문에 갖게 되는 위협이나 불안으로부터 자아를 보호하고자 하는 것이다. 한 예로, 자기가 화가 난 것을 의식하지 못한 채 상대방이 자기에게 화를 낸다고 생각하거나 입사 면접에서 떨어진 이유가 면접관이 다른 사람을 넣기 위해 고의로 자신에게 점수를 적게 주었기 때문이라는 등으로 다른 사람을 탓하는 경우가 이에 해당된다.

③ 퇴행

퇴행(regression)은 생의 초기에 성공적으로 사용했던 생각이나 감정, 행동에 의지하여 자기 자신의 불안이나 위협을 해소하려는 것으로 현재의 심리적 갈등으로 좌절을 경험할 때 이를 피하기 위해 이전의 발달 단계로 되돌아가는 것을 의미한다. 예를 들면, 대소변을 잘 가리던 아이가 동생이 태어난 후 밤에 오줌을 싸거나 어리광을 부리는 경우가 이에 해당된다.

④ 신체화

신체화(somatization)는 심리적 갈등을 신체적 증상으로 표현하는 것을 의미한다. 예를 들면, 어머니와의 분리불안을 갖고 있는 유아가 유치원이나 어린이집에 가기 싫어 배가 아프다는 등의 신체적 증상을 일으키는 경우가 해당된다.

⑤ 동일시

동일시(identification)는 자기가 좋아하거나 존경하는 대상과 자기 자신 또는 그 외의 대상을 같은 것으로 인식하는 것이다. 예를 들면, 자신이 좋아하는 연예인의 옷차림을 따라 하거나 자녀가 동성 부모의 행동을 모방하여 성 역할 행동을 하는 경우가 이에 해당된다.

⑥ 억압

억압(repression)은 가장 기본적인 방어기제로 죄의식이나 괴로운 경험, 수치스러운 생각을 의식에서 무의식으로 밀어내는 것으로 선택적 망각이라고도 한다. 억압은 사회적·윤리적으로 용납될 수 없다고 생각되는 욕구나 충동, 생각들을 자신의 무의식 속으로 감춰 버리는 것으로 억제와는 차이가 있다. 억제는 의식적 수준에서 일어나고, 억압은 무의식적 수준에서 일어난다. 억압은 무의식적인 성적·공격적 충동의 표현을 완전히 억압하며 불안을 유발하는 갈등을 스스로 기억하지 못하게 할 뿐만 아니라 정서적 충격을 준 사건 자체도 잊어버리게 한다. 예를 들어, 부모의 학대에 대한 분노를 억압하여 부모에 대한 이야기를 무의식적으로 꺼리는 경우를 들 수 있다.

⑦ 반동형성

반동형성(reaction formation)은 자신이 가지고 있는 무의식적 소망이나 충동을 본래 의도와는 달리 반대되는 방향으로 바꾸는 것이다. 반동형성에 해당하는 속담으로 '미운 아이 떡 하나 더 준다.'라는 말이 있다. 동생을 미워하는 형이 오히려 동생에게 더 잘 대해 주거나, 아이를 원치 않았던 미혼모가 아기를 과잉보호하는 경우를 들 수 있다.

⑧ 전치

전치(displacement)는 자신이 어떤 대상에 대해 느낀 감정을 보다 덜 위협적인 다른 대상에게 표출하는 것으로 치환 또는 전위라고도 한다. 전치에 해당하는 속담으로 '종로에서 뺨 맞고 한강에서 눈 흘긴다.'라는 말이 있는데 어머니에게 꾸중을 들은 아동이 동생이나 개에게 화풀이를 하거나 직장상사에게 야단맞은 사람이 부하직원이나 가족들에게 트집을 잡아 화풀이를 하는 경우를 들 수 있다.

⑨ 합리화

합리화(rationalization)는 현실에 더 이상 실망을 느끼지 않기 위해 또는 정당하지 못한 자신의 행동에 대해 그럴듯한 이유를 붙여 자신의 말이나 행동을 정당화하는 것이다. 이솝 우화에서 배가 고픈 여우가 담장에 늘어져 있는 포도를 먹기 위해 뛰어올랐으나 닿지 않자 "저 포도는 아직 익지 않아서 신맛이 너무 강해. 난 안 먹을 거야."라고 말하는 경우를 생각해 볼 수 있다.

⑩ 해리

정서적 어려움을 피하기 위해 자신의 인격이나 정체성을 일시적으로 바꾸는 것을 말한다. 예를 들면, 스트레스에 극심하게 시달리던 어떤 사람이 갑자기 직장에서 집으로 돌아오지 않았는데, 알고 보니 성도 이름도 모두 바꾸고 이전의 자신이 누구였는지 의식하지 못한 채 생활하고 있었다는 사례를 들 수 있다.

⑪ 주지화

주지화(intellectualization)는 위협적이거나 고통스러운 정서적 문제를 피하기 위해, 또는 것을 둔화시키기 위해 사고, 추론, 분석 등의 지적 능력을 사용하는 것이다. 예를 들면, 죽음에 대한 불안감을 덜기 위해 죽음의 의미와 죽음 뒤의 세계에 대해 추상적으로 사고하거나 감정을 억누르고 장황한 논리를 주장하는 경우를 들 수 있다.

⑫ 승화

승화(sublimation)는 정서적 긴장이나 원시적 에너지의 투입을 사회적으로 인정될 수 있는 행동방식으로 표출하는 것이며 억압된 충동이나 욕구의 발산 방향을 사회적으로 인정되거나 가치 있는 쪽으로 옮겨 실현함으로써 그 충동이나 욕구를 충족시키는 것이다. 공격성을 권투로 해소하거나 성적 충동을 예술 활동으로 해소하는 경우가 이에 해당된다.

⑬ 보상

보상(compensation)은 어떤 분야에서 탁월하게 능력을 발휘하여 인정을 받음으로써 다른 분야의 실패나 약점을 보충하여 자존심을 고양시키는 것이다. '작은 고추가 맵다.'라는 속담처럼 주로 체격이나 성격의 다른 측면을 발전시켜 열등감이나 나약함을 감추는 경우를 들 수 있다.

(5) 성격발달 단계

① Freud의 심리성적 발달 단계

Freud는 개인의 성격발달 단계를 설명할 때 쾌감과 만족감의 근원인 인간의 신체 부위에 초점을 두고 설명하였다. 즉, 삶의 본능인 리비도가 일생을 통하여 정해진 일정한 순서에 따라 상이한 신체 부위에 집중된다고 주장하면서 리비도가 집중적으로 모이는 신체 부위를 성감대라고 하였고, 이러한 성감대에 리비도가 부착되는 연령적 변화에 따라 발달 단계를 나누어 기술하고 있는데 이를 심리성적 발달 이론(psychosexual development theory)이라고 한다. 심리성적 발달 단계에 따르면 인간의 성격은 구강기, 항문기, 남근기, 잠복기, 성기기의 다섯 단계를 거치면서 발달해 나가며 각 단계별 개념과 특징은 다음과 같다.

㉠ 구강기

구강기(oral stage)는 출생 시부터 약 1세까지의 시기이며 리비도가 입, 혀, 입술 등에 집중되어 입을 통한 쾌감으로 만족감을 느끼는 시기다. 이 기간 동안 만족의 주요 원천은 먹는 것으로, 주로 원초아에 의해 어머니의 젖을 빠는 것, 또는 먹고, 마시고, 입에 닿는 것은 무엇이든지 빠는 행위 등을 통해 성적 쾌락을 추구하게 된다. 유아는 구강(입, 혀, 입술 등)을 통하여 젖을 빨아 먹음으로써 성적 욕구를 충족하며 자신에게 만족과 쾌감을 주는 인물이나 대상에게 애착을 가지게 된다. 나중에 유아는 이가 나면서부터 초기에 구강에 와 닿는 것을 빨아먹는 것으로써 수동적으로 쾌감을 받아들이던 이전의 방식을 벗어나, 음식을 깨물어 씹음으로써 쾌감을 느끼며, 쾌감을 주는 대상을 적극적으로 추구한다.

Freud의 심리성적 발달 단계 이론에 따르면, 각 단계마다 유아가 추구하는 만족을 충분히 얻을 수 있어야 다음 단계로의 이행이 순조롭게 이루어진다. 만일 충분한 만족을 얻지 못해 욕구불만이 생기거나, 혹은 그 시기에 유아가 느낀 쾌감에 지나치게 몰두하게 되면, 다음 발달 단계로 넘어가지 못하고 그 시기에 고착된다.

구강기 동안 나타나는 두 가지 행동방식은 구강 수용적 행동(oral receptive behavior)과 구강 공격적 행동(oral aggressive behavior)이다. 유아로서 구강 욕구가 지나치게 만족되면 성인이 되어 세상에 대하여 지나치게 낙관적이 되거나 의존적인 성격을 갖는 경향성이 있고, 구강 공격적 행동에 고착된 사람은 지나치게 비관적ㆍ적의적이 되고 공격성을 보이는 경향이 있다.

ⓒ 항문기

항문기(anal stage)는 약 1~3세 사이로 이 시기는 리비도가 구강에서 항문으로 이동하여 배변이나 배뇨와 같은 배설과정과 관련되는 활동을 통해 성적 쾌락을 얻는다. 이때 배설물을 보유하거나 배출하는 경험을 통해 쾌감을 얻게 되는데 배설물을 방출하는 것은 쾌락이지만 배변훈련의 시작과 함께 쾌락을 지연시키는 방법을 배우게 된다.

배변훈련이 순조롭게 진행되지 않으면 유아는 두 가지 방식으로 반응할 수 있는데, 먼저 항문 공격적 성격(anal aggressive personality)은 부모가 하지 말라고 한 시간과 장소에서 배변을 함으로써 부모의 요구를 거절하는 행동을 함으로써 만족감을 느끼는 것이다. 둘째, 항문 보유적 성격(anal retentive personality)은 배설해야 할 변을 보유함으로써 만족감을 느끼는 것으로 고집이 세고 구두쇠로 특징되는 성격을 형성할 수 있다.

이 단계에 배변훈련이 적절하게 이루어지면 자율적이고 창의적인 성격이 형성되어 자긍감이 높고, 독립적이며, 수치심이 없고, 자기주장을 하는 원만한 성격이 되지만 고착이 일어나면 산만하고, 고집이 세며, 반항적인 성격 특성을 갖거나 반동형성의 방어기제를 사용하거나 지나치게 청결에 관심을 보이며 완벽을 추구하는 성격 특성을 갖게 된다.

ⓒ 남근기

남근기(phallic stage)는 약 3~5세 사이로 이 시기는 심리성적 발달 단계 중 성격 형성에 가장 중요한 시기이며 리비도가 생식기에 집중된다. 즉, 쾌락의 초점이 항문에서 성기로 옮겨지면서 성기를 자극하거나, 자신의 몸을 보여 주거나 혹은 다른 사람의 몸을 보면서 쾌감을 얻는다. 아동의 성격은 이 시기에 매우 복잡해지는데 자기중심적인 성향은 있지만 아동은 사랑하고 사랑받기를 원하며, 특히 칭찬 받기를 원한다.

남근기의 갈등은 아동이 반대 성인 부모에 대해 지니고 있는 무의식적 근친상간의 욕망과 관련된다. 이 시기의 남아는 거세불안(castration)과 오이디푸스 콤플렉스(Oedipus complex)를 경험하게 되는데 이것은 남아가 이성 부모인 어머니를 성적으로 사랑하게 되면서 경험하는 딜레마다. 이때 남아는 아버지를 라이벌로 생각하여 적대적인 감정을 갖는다. 그러나 아버지와의 관계 때문에 남아는 점차 거세불안을 경험하게 되고, 이러한 거세불안을 자신을 아버지와 동일시함으로써 극복한다. 더불어 사회적 규범, 도덕적 실체라고 할 수 있는 아버지에 대한 동일시를 통해 초자아를 형성하게 된다.

반대로 여아는 남근선망(penis envy)과 엘렉트라 콤플렉스(Electra complex)를 경험하게 되는데 이것은 여아가 이성 부모인 아버지가 애정의 대상이 되며 거세불안과 상반되는 남근선망을 갖게 되는 것을 말한다. 즉, 여아는 자신의 성기를 잃었다고 믿고 남아는 자신의 성기를 잃을까 두려워한다. 여아는 어머니와의 동일시를 통해 엘렉트라 콤플렉스를 해결하고 초자아를 형성하게 된다.

아동이 이 시기에 동성의 부모를 동일시하는 과정에서 부모의 도덕성이나 윤리 등 가치체계를 수용하여 원초아, 자아, 초자아 간의 관계가 형성됨으로써 아동의 기본 성격을 이루게 된다.

ⓓ 잠복기

잠복기(latency stage)는 약 6~12세 사이로 이 단계는 초등학교에 다니는 시기이고 지적 활동에 관심을 가지고 성적 욕구는 철저하게 억압되어 외형상으로 평온한 시기이지만 성적 충동과 공격적 충동이 대부분 무의식 속에 억압되어 잠복 상태에 있다. 이 시기의 아동은 주위 환경에 대한 탐색이 활발하고 매우 활동적인 시기로 실제로 운동이나 게임, 지적 활동과 같은 사회적으로 용납되는 행동에 에너지를 투여하게 된다.

ⓔ 성기기

성기기(genital stage)는 12세 이후 사춘기의 시기로 전 단계에서 철저하게 잠복되어 있던 성적 욕망이 재등장하는 시기다. 이 단계에서 나타나는 청소년의 발달 특징은 급격한 신체적 성장에 따른 호르몬의 변화다. 따라서 이전 단계에 잠재되어 있던 리비도가 다시 활성화되어 성적 욕구가 강해지고, 이성에 대한 관심과 인식이 증가하며, 성적 충동을 현실적으로 수행할 수 있는 능력을 갖추게 된다. 이 시기에 이르면 이성에 대한 진정한 관심을 가지고 성숙한 사랑을 할 수 있게 된다.

잠복기 이전에는 자기 자신의 신체에서 성적 쾌감을 추구하고 자기애착적인 경향을 보였던 반면 사춘기에 접어들면 비로소 타인인 이성으로부터 성적 만족을 얻으려고 한다. 이러한 의미에서 사춘기 이후를 이성애착 시기라고 한다. 그러므로 이 시기까지 순조로운 발달을 성취한 사람은 타인에 대한 관심과 협동의 자세를 갖게 된다. 따라서 성기기적 성격을 지닌 사람은 이타적이고 원숙하다고 할 수 있다.

그러나 모든 사람이 이성과 성숙한 사랑을 이룰 수 있는 것은 아니다. 이 시기를 성공적으로 거쳐 나오지 못한 경우에는 권위에 대한 적대감이 해소되지 않고 동일시에 혼란을 겪기 때문에 이 시기에 야기되는 성적 에너지를 원만하게 처리할 수 없다. 그로 인해 권위에 대한 반항, 비행, 이성에 대한 적응 곤란이 일어나기도 한다.

② Erikson의 심리사회적 관점

Erik H. Erikson(1902~1994)은 현대 정신분석에 사회적 요인을 강조한 사람이다. 고전적 정신분석은 원초아 심리학(id psychology)에 기초하여 본능과 정신 내적 갈등의 성격 발달을 형성하는 기본 요인이라는 입장을 취하고 있다. 현대 정신분석은 자아심리학을 기초로 하는데 이것은 정신 내적 갈등의 역할을 부정하는 것이 아니라 전 생애에 걸쳐 우월과 유능을 추구하는 자아의 역할을 강조한다(Corey, 2009). Erikson은 Freud 이론에 기초하였으나 초기 아동기 이후 발달에서 심리사회적 측면을 강조하여 Freud 이론을 확장시켰다. Erikson은 전 생애를 8단계로 나누어 설명하였고, 각 단계마다 극복해야 할 위기가 있다고 주장하였다. 여기에서 위기란 생의 전환점으로 앞으로 나아가거나 혹은 퇴행할 가능성이 있는 시기를 의미한다. Erikson이 제시한 전 생애에 걸친 심리사회적 발달 단계는 다음과 같다.

1단계는 유아기(0~1세)로 이 시기의 발달과업은 '신뢰 대 불신'이다. 이 시기에 중요한 타인으로부터 충분한 신체적·정서적 욕구가 채워지면 유아가 신뢰감을 발달시킬 것이라고 하였다. 또한 기본 욕구들이 채워지지 않으면, 외부 세상, 특히 사람들에 대해 불신을 가지게 된다고 하였다.

2단계는 아동 초기(1~3세)로 이 시기의 발달과업은 자율성 대 수치심 및 의심이다. 이 시기의 아동은 자율성을 발달시켜야 한다. 자기신뢰와 자기불신 사이의 기본 투쟁이 있다. 아이들은 실수하고, 한계를 시험하며, 모험과 실험을 할 필요가 있다. 부모들이 의존적이게 하면, 아이들의 자동성은 억압되고, 외부세계를 성공적으로 다룰 수 있는 능력이 방해받는다.

3단계는 학령 전기(3~6세)로 이 시기의 발달과업은 솔선 대 죄책감이다. 이 시기의 기본 과제는 솔선과 능력감을 획득하는 것이다. 아동들이 개인적으로 의미 있는 활동을 선택할 자유를 가지면, 자신에 대한 긍정적 관심을 발달시키고 자신의 계획에 따라 일을 추진할 수 있다. 만일 아동들에게 이러한 자기결정권이 허락되지 않으면 솔선에 대해 죄책감을 발달시켜서 능동적 태도를 억압하고 다른 사람들이 그들을 대신해 선택해 주기를 바라게 된다.

4단계는 학령기(6~12세)로 이 시기의 발달과업은 근면성 대 열등감이다. 이 시기는 외부세계에 대한 이해를 확장하고, 적절한 성역할을 계속적으로 발달시키며, 학교에 적응해 나갈 기본 기술들을 습득해야 하는 때다. 이때의 기본 과업은 개인적 목표를 세우고 달성하는 근면감을 성취하는 것이다. 성취하지 못하면 열등감이 생긴다.

5단계는 청소년기(12~18세)로 이 시기의 발달과업은 정체성 대 역할혼미다. 이 시기는 아동기에서 성인기로 이행하는 시기다. 그들은 한계를 시험하고, 의존적 속박을 깨며, 새로운 정체감을 획득한다. 주요 갈등은 개인 정체감과 인생의 목표, 삶의 의미를 규명하는 것으로 청소년기에 있어서 정체감 성취의 실패는 역할혼미를 초래한다.

6단계는 초기 성인기(18~35세)로 이 시기의 발달과업은 친밀감 대 고립감 이다. 초기 성인기에 있어서 친밀감 성취의 실패는 소외감과 고립을 야기할 수 있다.

7단계는 중년기(35~69세)로 이 시기의 발달과업은 생산성 대 침체감이다. 중년기에는 자신과 가족을 넘어서, 다음 세대를 도와주어야 한다. 이 시기에 는 꿈과 현실 사이의 불일치에 적응해야 하며, 생산성 성취의 실패는 심리적 침체를 불러일으킨다.

마지막 단계는 노년기(60세 이상)로 이 시기의 발달과업은 통합 대 절망감 이다. 노년기에서 개인이 과거의 삶을 돌아보며 후회가 없고, 개인적으로 보 람 있는 삶이라고 느낀다면, 자아통합을 이룰 수 있다. 자아통합이 이루어지 지 않으면, 낙심, 절망, 죄책, 분노, 자기혐오 등의 감정이 생겨난다.

표 6-1 Freud의 심리성적 단계들과 Erikson의 심리사회적 단계들의 비교

기간	Freud	Erikson
0~1세	구강기: 젖 빨기를 통해 음식과 즐거움의 욕구를 만족시킨다. 후기에는 탐욕감과 획득감이 요구된다. 구강기 고착은 유아기의 구강적 만족이 부족하거나 지나칠 경우의 결과다. 성장 후 성격적 문제는 다른 사람들의 사랑에 대한 불신과 거부 그리고 깊이 있는 관계를 맺지 못할 것이라는 두려움이나 무능 등으로 나타날 수 있다.	유아기: 신뢰와 불신. 중요 타인들로부터 충분한 신체적·정서적 욕구가 채워지면, 유아는 신뢰감을 발달시킬 것이다. 기본 욕구들이 채워지지 않으면 외부 세상, 특히 사람들에 대해 불신을 가지게 된다.

1~3세	항문기: 항문 부위가 성격 형성의 중요한 부분이 된다. 주요한 발달적 과제는 독립심과 수용하는 개인적인 힘, 분노나 공격 같은 부정적 감정을 표현하는 법을 배우는 것이다. 부모들의 훈련 형태와 태도는 아동들의 이후 성격발달에 큰 영향을 준다.	아동 초기: 자율성과 수치심 및 의심. 자율성을 발달시켜야 하는 시기다. 아동들은 실수하고, 한계를 시험하며, 모험과 실험을 할 필요가 있다. 부모들이 아동들을 지나치게 의존하게 만들면 아동들의 자율성은 억압되고, 외부세계를 성공적으로 다룰 수 있는 능력이 방해받는다.
3~6세	남근기: 아동들의 이성 부모에 대해 성적 관심을 발달시키게 된다. 오이디푸스 콤플렉스 및 엘렉트라 콤플렉스는 이성의 부모, 즉 남아는 어머니, 여아는 아버지를 사랑하는 대상으로 여긴다. 아동들의 성적 출현에 대해 구어적 혹은 비구어적으로 부모들의 반응에 따라 아이들의 성적 태도와 느낌에 영향을 준다.	학령 전기: 솔선과 죄책. 기본 과제는 솔선과 능력감을 획득하는 것이다. 아동들이 개인적으로 의미 있는 활동을 선택할 자유를 가지면, 자신에 대한 긍정적 관심을 발달시키고 자신의 계획에 따라 일을 추진하게 된다. 하지만 자기결정권이 허락되지 않으면, 죄책감을 발달시켜서 능동적 태도를 억압하고 다른 사람들이 그들을 대신해 선택해 주길 바라게 된다.
6~12세	잠복기: 성적 충동의 폭풍기가 지나고 나면 상대적으로 조용한 시기가 된다. 성적 흥미는 학교생활의 재미나 놀이 친구, 스포츠나 다양한 새로운 활동들로 대치된다. 다른 사람들과의 관계를 형성하고 외부로 관심을 옮기므로 사회화가 이루어지는 시기다.	학령기: 근면과 열등. 외부세계에 대한 이해를 확장하고 적절한 성역할을 계속적으로 발달시키며, 학교에 적응해 나갈 기본 기술들을 습득해야 한다. 이때의 기본 과제는 개인적 목표를 세우고 달성하는 근면감을 성취하는 것이다. 성취하지 못하면 부적절감이 생긴다.
12~18세	성기기: 남근기 주제가 부활한다. 이 단계는 사춘기에 시작해서 노령기까지 계속된다. 사회적 금기와 제지가 있을지라도 청소년들은 친근한 관계 만들기, 예술과 스포츠 활동, 장래 준비 등과 같은 사회적으로 수용될 수 있는 다양한 활동들로 그들의 성적 에너지를 다룰 수 있다.	청소년기: 정체와 역할혼미. 아동기에서 성인기로 이행하는 시기다. 그들은 한계를 시험하고, 의존적 속박을 깨며, 새로운 정체감을 획득한다. 주요한 갈등은 개인 정체감과 인생의 목표, 삶의 의미를 규명하는 것이다. 정체감 성취의 실패는 역할혼미를 가져온다.

18~35세	생식기의 연속: '사랑과 일'에 대한 자유는 성인의 핵심적 특징이다. 부모들의 영향력으로부터 자유와 다른 사람들을 도와줄 수 있는 능력을 포함하는 성인기로의 이동이다.	초기 성인기: 친밀성과 고립감. 친밀한 관계를 형성하는 것이 발달과제로 친밀성 취의 실패는 소외감과 고립을 일으킬 수 있다.
35~60세	생식기의 연속	중년기: 생산성과 침체감. 자신과 가족을 넘어서 다음 세대를 도와주고, 꿈과 현실 사이의 불일치에 적응해야 한다. 생산성 성취의 실패는 심리적 침체를 야기시킨다.
60세 이상	생식기의 연속	노년기: 통합과 절망. 자아통합은 과거의 삶을 돌아보며 후회가 없고, 개인적으로 보람 있는 삶이라고 느낄 경우 발달시킬 수 있다. 자아통합이 이루어지지 않을 경우, 낙심, 절망, 죄책, 분노, 자기혐오 등의 감정을 불러일으키게 된다.

출처: Corey, G. (2009). *Theory and practice of counseling and psychotherapy*. 조현춘, 조현재, 문지혜, 이근배, 홍영근 역. (2012). **심리상담과 치료의 이론과 실제(제8판)**. Cengage Learning Korea.

2) 주요 기법

정신분석 상담에서 주로 사용하는 기법들을 살펴보면 다음과 같이 자유연상, 꿈의 분석, 전이의 분석과 해석, 저항의 분석과 해석, 해석 등이 있다 (Corey, 2009; 김춘경, 2017).

(1) 자유연상

Freud는 기존의 최면술의 한계를 깨닫고, 이용자의 무의식적 욕구와 충동을 인식하기 위한 기법으로 자유연상(free association)을 도입하였다. 자유연상은 정신분석 상담의 핵심이며 분석적 틀을 유지하는 과정에서 매우 중요한 역할을 하는 방법이다(조현춘 외, 2012). 이용자로 하여금 마음속에 떠오르는 것은 무엇이든 의식의 검열을 거치지 않은 채 표현하도록 하는 것이다. 이때 상담사는 이용자에게 매우 힘들고 고통스럽거나 혹은 너무 사소하여 어리석게 느껴진다 하더라도 마음에 떠오른 것들에 대하여 숨기지 말고 이야기할 수 있도록 격려해야 한다. 이용자는 의식의 검열 없이 자신의 생각과 감정을 즉각적으로 상담사에게 이야기하도록 하며, 상담사는 이를 통해 분석해 나간다.

자유연상은 무의식적 소망이나 환상, 갈등, 동기를 파악할 수 있는 주요한 열쇠이자 출입구로 이 기법은 과거 경험을 회상시키거나 혹은 그동안 차단되어 왔던 감정들을 분출시킬 수 있다. 그러나 이러한 감정 자체에 대한 카타르시스가 중요한 것이 아니라 상담사가 이용자가 억압해 왔던 무의식적 자료를 규명하는 것이 중요하다.

그러나 많은 상담사들은 이용자의 감정적 카타르시스에 초점을 두는 경우가 많다. 상담사는 이용자가 자유연상을 해 나가는 과정들에서 연상이 차단되는 경우에 적절한 분석을 해 줌으로써 차단에 대한 연결고리를 제공해 주어야 한다. 이때 상담사의 시의적절한 분석이 매우 중요한데 이용자가 받아들일 준비가 되었을 때 분석해 주는 선택이 필요하다. 이용자가 준비되지 않았을 때 이루어지는 분석은 이용자가 상담에 대한 저항을 하게 할 수 있다. 그러므로 상담사가 이용자보다 반보 정도 앞을 보면서 상담을 진행해 나가는 것이 중요하다.

(2) 꿈의 분석

꿈은 무의식적인 소망, 욕구, 두려움 등이 표출되는 것으로 Freud는 꿈의 분석(analysis of dream)을 무의식에 이르는 왕도라고 하였다. 이용자는 상담 도중 꿈 이야기를 자주 하게 되는데 꿈의 분석은 무의식적 자료를 보다 잘 드러내주는 작업으로 이용자가 해결하지 못하고 억압해 온 문제를 통찰할 수 있도록 도와주는 중요한 작업이다(조현춘 외, 2012).

꿈의 내용에는 크게 두 가지가 있다. 첫째, 현시적 내용(manifest content)으로 현재 사건이 꿈으로 나타나는 것이다. 둘째, 잠재적 내용(latent content)으로 숨겨진 무의식적 동기, 소망 등이 꿈으로 나타나는 것이다. 잠재적 내용인 무의식적 동기, 소망 등은 자아가 약해진 상태인 꿈에서도 표출되는 것을 두려워하기 때문에 여러 가지로 변형되는 꿈 작업을 통해서 보다 덜 위협적인 내용으로 나타난다. 정신분석 상담은 꿈에서 나타난 현재 내용에 대한 자유연상을 통하여 분석 작업이 이루어질 수도 있는데 궁극적인 목적은 이러한 꿈의 분석 작업을 통해 이용자가 자신의 무의식 속에 억압되어 있는 욕구를 찾아내고, 이용자로 하여금 해결되지 않은 자신의 문제들에 대한 통찰력을 얻도록 도와주는 데 있다.

(3) 전이의 분석

전이의 분석(analysis of transference)은 이용자가 상담사에게 나타내는 전이현상을 분석하고 해석하는 것이다. 전이는 이용자가 상담과정에 대해 가지고 이는 일종의 왜곡으로, 과거에 중요한 인물에게 느꼈던 감정을 현재의 상담사에게 옮기는 것을 의미한다.

이용자는 상담을 통해 이전에 자신이 가지고 있다가 억압했던 감정, 신념, 소망 등을 표현하게 된다. 이때 상담사는 이러한 전이를 분석하고 해석함으로써 이용자의 무의식적 갈등과 문제의 의미를 통찰하도록 도울 수 있다. 실제로 상담사의 적절한 분석과 해석은 이용자로 하여금 감정의 실제와 환상 사이를 구별할 수 있도록 도와주고, 이용자의 과거가 현재 어떠한 영향을 미치는지 통찰할 수 있도록 도와줌으로써 이용자가 자신의 행동양식을 인식하고 바꿀 수 있도록 하는 계기가 된다.

(4) 저항의 분석

저항의 분석(analysis of resistance)은 이용자가 치료과정에서 보여 주는 비협조적이고 저항적인 행동의 의미를 분석하는 것이다. 저항은 이용자가 상담에 협조하지 않는 모든 행위를 포함한다.

저항의 예로 이용자가 상담 약속을 어긴다거나 특정한 생각이나 감정, 경험 등을 드러내지 않으며, 상담과정에서 아무 의미도 없는 말을 되풀이하는 경우가 있다. 또 중요한 내용을 빠뜨리고 사소한 이야기만 하거나, 자유연상이나 꿈 연상 작업을 하는 동안 "글쎄요…… 몰라요……" 등의 반응을 보이는 등 상담사에게 적대적 감정과 공격적 태도를 보이는 경우를 들 수 있다.

상담사는 이용자의 저항을 분석하고 해석함으로써 이용자가 무의식적으로 숨기고자 하는 것, 피하고자 하는 것, 불안해하거나 두려워하는 대상 등에 대한 정보를 얻을 수 있다. 그리고 그러한 저항과 무의식적인 갈등의 의미를 파악하여 이용자로 하여금 통찰을 얻게 할 수 있다. 그러므로 상담사는 저항이 치료의 진전을 방해하는 것이 아니라 오히려 이용자를 이해하는 유용한 자료가 될 수 있음을 인식해야 한다. 그리고 이용자가 보이는 분명한 저항, 즉 행동이나 태도만을 지적하고 분석 및 해석하는 것이 필요하다.

(5) 해석

해석(interpretation)은 이용자가 직접 진술하지 않은 내용이나 개념을 이용자의 과거 경험이나 진술을 토대로 추론하여 말하는 것으로 자유연상이나 꿈, 저항, 전이 등을 분석하여 그 의미를 설명해 주는 것이다. 이러한 해석 과정을 통하여 상담사는 이용자가 무의식적인 내용을 의식화하도록 촉진하며 이용자로 하여금 자신의 무의식에 대한 통찰을 얻게 할 수 있다(조현춘 외, 2012).

일반적으로 해석은 네 가지 단계를 통해 이루어진다. 첫째, 이용자를 특정 사실이나 체험에 직면하게 한다. 둘째, 직면한 사실이나 사건, 의미 등에 대해 보다 날카롭게 초점을 잡아 명료화한다. 셋째, 상담사는 여러 상황과 정보, 그리고 지금-여기에서 일어나는 경험들을 파악하고, 유추한 것을 전체적인 맥락 속에서 추론하여 이용자에게 설명해 준다. 넷째, 분석과정에서 해석된 것을 종합하고 해석과 더불어 유발되는 저항을 극복해 나간다.

이러한 해석은 이용자가 받아들일 준비가 되었을 때, 즉 이용자가 인식하고 있을 때 시행해야 한다. 적절한 시기에 이루어지지 않은 해석은 이용자의 저항을 불러일으켜 오히려 정신분석을 방해할 수 있기 때문이다.

3) 평가

Freud의 정신분석 상담은 성격의 발달과정을 설명하는 데 있어서 불후의 업적을 남겼다. 그의 무의식에 관한 견해는 지금도 심리학이나 심리치료 분야에서 많이 활용되고 있으며, 초기 경험의 중요성에 대한 강조는 유아교육에 많은 시사를 주고 있다.

그러나 그의 이론은 성적 욕망을 너무 지나치게 강조했고, 인간을 성욕과 거세불안에 지배되는 수동적이고 소극적인 존재로 보았다는 점에서는 비판을 받고 있다. 남아의 오이디푸스 콤플렉스나 여성에 대한 편견은 문화비교 연구 결과 보편성이 결여되어 있다고 지적되고 있다. 그리고 양심의 발달에 관해서는 주위 사람들의 격려 및 인정과 처벌이 큰 역할을 한다는 사실을 무시했다는 점에 대해 반론이 있다.

2. 행동주의 상담 이론

행동주의 상담 이론은 인간의 행동이 대부분 학습되는 것이며 학습을 통해 변화가 가능하다고 가정하고 있다. 행동주의 상담은 학습 이론에 바탕을 두고 체계적인 관찰, 철저한 통제, 자료의 계량화, 결과의 반복이라는 과학적 방법을 강조한다. 행동주의적 접근은 Pavlov의 고전적 조건 형성, Skinner의 조작적 조건 형성, Bandura의 사회학습 이론으로 발전하였는데 이를 토대로 한 상담 이론은 학자들에 따라 인간관이나 상담 기법 등에서 많은 견해 차이를 보이고 있다. 다음에서는 각각의 이론을 중심으로 기본 개념을 제시하고, 주요 상담 기법과 행동주의 상담에 대한 평가를 중심으로 제시한다.

1) 기본 개념

(1) 고전적 조건 형성

고전적 조건 형성(classical conditioning)은 20세기 초 러시아의 생화학자인 Ivan Pavlov(1849~1936)에 의해 처음 연구된 것으로, 개에게 종소리를 들려준 후 먹이를 주자, 이후 종소리만 들려주어도 개가 침을 흘리는 실험 결과에서 비롯되었다.

Pavlov의 개 실험에서 먹이는 무조건 자극(unconditioned stimulus: UCS), 먹이로 인해 나오는 침은 무조건 반응(unconditioned response: UCR), 조건화되기 이전의 종소리는 중성 자극(neutral stimulus: NS), 조건화된 이후의 종소리는 조건 자극(conditioned stimulus: CS), 종소리로 인해 나오는 침은 조건 반응(conditioned response: CR)에 해당한다.

행동주의 심리학의 기본 원리인 환경 내의 자극과 그 자극에 대한 유기체의 반응에 초점을 두고 자극(stimulus: S)과 반응(response: R)의 관계를 기술하고 있는 S-R(자극-반응) 이론으로 2차적 조건 형성, 자극 일반화, 자극 변별을 설명하고 있다.

　2차적 조건 형성(second-order conditioning)은 어떤 조건 자극이 조건 반응을 유도하는 힘을 가지게 된 후 다른 제2의 자극과 연결되어 새로운 조건 반응을 야기하는 것이고, 자극 일반화(stimulus generalization)는 특정 조건 자극

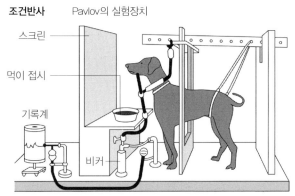

개의 타액은 튜브를 통하여 비커로 들어가는데 그때 벨브의 움직임은 스크린 뒤쪽에 있는 기록계에 전달되어 분비 반응이 기록된다.

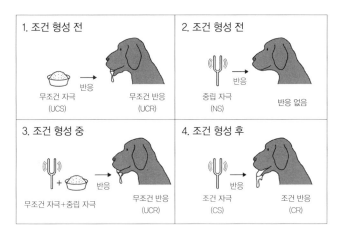

[그림 6-1] Pavlov의 고전적 조건 형성 실험

에 대해 조건 반응이 성립되었을 때 그와 유사한 조건 자극에 대해서도 똑같은 조건 반응을 보이는 것이며, 자극 변별(stimulus discrimination)은 특정 자극에 대한 조건화가 완전해지는 경우, 다른 유사한 자극에 대해 반응을 일으키지 않는데 이는 둘 이상의 자극을 서로 구별하고 있음을 의미하는 것이다.

(2) 조작적 조건 형성

조작적 조건 형성(operant conditioning)은 Burrhus Fredric Skinner(1904~1990)에 의해 고전적 조건 형성이 확장된 것으로 Skinner는 [그림 6-2]와 같이 자신이 고안한 '스키너 상자(Skinner box)'에서의 쥐 실험을 통하여 관련 이론을 구체화하였다. 스키너 상자를 살펴보면 상자 내부에 지렛대를 누르면 먹이가 나오는 장치에서 먹이는 무조건 자극, 먹이를 먹는 것은 무조건 반응, 지렛대는 조건 자극, 지렛대를 누르는 것은 조건 반응에 해당한다.

인간이 환경적 자극에 수동적으로 반응하여 형성되는 행동인 '반응적 행동'에 몰두한 Pavlov의 고전적 조건 형성과 달리 Skinner는 인간이 환경의

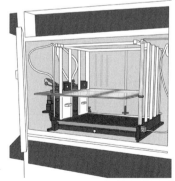

2개의 응답 레버, 2개의 큐 라이트, 1개의 전기화된 플로어, 1개의 하우스 라이트 및 1개의 스피커가 있는 스키너 박스가 케이지 위에 있다.

[그림 6-2] 스키너 상자

자극에 능동적으로 반응하여 나타내는 행동인 '조작적 행동'을 설명한다.
Skinner의 조작적 조건 형성은 보상에 의한 강화를 통해 반응 행동을 변화시
키려는 방법이므로 '강화 이론(reinforcement theory)'이라고도 불리며 자세한
내용은 다음과 같다.

① 강화와 처벌

강화(reinforcement)란 행동을 강하게 유지시키는 어떤 행동의 결과로 한
행동에 뒤따르는 자극 사건이 그 행동을 다시 일으킬 가능성 또는 확률을 증
가시킨다는 것을 의미한다. 강화는 기본적으로 정적 강화와 부적 강화로 나
눌 수 있고, 이 두 용어는 어떤 상황에 대하여 자극을 더하거나(정적 행동) 자
극을 빼는 것(부적 행동)을 말한다.

정적 강화는 유쾌 자극을 부여하여 바람직한 행동의 강도와 빈도를 높이는
것이다. 예를 들면, 심부름을 한 지적 장애 아동에게 칭찬과 더불어 맛있는
과자를 주는 경우, 칭찬과 더불어 제공한 과자는 정적 강화가 된다.

부적 강화는 불쾌 자극을 제거하여 바람직한 행동의 강도와 빈도를 높이는
것이다. 예를 들어, 선생님이 "30분 이내에 수학 문제를 모두 푼 학생은 숙제
를 면제해 주겠다."라고 하고, 학생들이 30분 이내에 풀었을 때, 숙제는 과업
의 성취도를 높이는 부적 강화가 된다.

정적 처벌은 불쾌 자극을 부여하여 바람직하지 못한 반응의 비율을 감소시
키는 것으로, 예를 들면 장시간 게임을 하느라 공부를 소홀히 한 아이에게 매
를 가하는 경우를 들 수 있다.

부적 처벌은 유쾌 자극을 제거하여 바람직하지 못한 반응의 비율을 감소시
키는 것으로, 어머니가 방 청소를 소홀히 한 아이에게 게임을 못하게 하는 경
우를 들 수 있다.

② 강화계획

강화계획 또는 강화스케줄(reinforcement schedule)은 행동의 학습 속도와 패턴, 그리고 지속성 등에 영향을 미친다. 강화계획은 크게 연속강화 계획과 간헐강화 계획으로 나누어 볼 수 있다.

연속강화 계획(continuous reinforcement schedule: CRF)은 계속강화 계획이라고도 하며 반응의 횟수나 시간에 관계없이 기대하는 반응이 나타날 때마다 강화를 부여하는 것으로 학습이 보다 용이하게 일어나지만 소거도 빨리 나타나는 특징이 있다. 예를 들면, 아이가 숙제를 모두 마치는 경우, TV를 볼 수 있도록 허락하는 것이다.

간헐강화 계획(intermittent reinforcement schedule: IRS)은 부분강화 계획이라고도 하며 반응의 횟수나 시간을 고려하여 간헐적 또는 주기적으로 강화를 부여하는 것이다. 간헐강화 계획은 반응의 횟수나 시간을 고려하여 다음과 같이 고정간격 계획, 변동간격 계획, 고정비율 계획, 변동비율 계획으로 구분하여 이루어질 수 있다.

- 고정간격 계획(fixed-interval schedule: FI)은 요구되는 행동의 발생빈도에 상관없이 일정한 시간 간격에 따라 강화를 부여하는 것이다. 예를 들면, 주급, 월급, 일당, 정기적 시험 등이 해당될 수 있다.
- 변동간격 계획(variable-interval schedule: VI)은 일정한 시간 간격을 두지 않은 채 평균적으로 확인할 수 있는 시간 간격이 지난 후에 강화를 부여하는 것이다. 강화 시간을 불규칙적이지만 강화가 주어진 시간을 분석하는 경우, 평균 시간마다 한 번씩 강화를 받게 되는 것이다. 예를 들어, 아이에게 사탕을 평균 1분에 한 번씩 준다고 했을 경우, 이는 1초~120초 사이의 어느 순간에 사탕을 주겠다는 것이다.
- 고정비율 계획(fixed-ratio schedule: FR)은 행동 중심적 강화방법으로 일정한 횟수의 바람직한 반응이 나타난 다음에 강화를 부여하는 것이다.

예를 들면, 옷 공장에서 옷 100벌을 만들 때마다 1인당 100만 원의 성과급을 지급하는 경우를 들 수 있다.

- 변동비율 계획(variable-ratio schedule: VR)은 반응 행동에 변동적인 비율을 적용하여 불규칙한 횟수의 바람직한 행동이 나타난 후 강화를 부여하는 것이다. 예를 들면, 복권 등이 해당될 수 있다. 이는 소거에 대한 저항이 가장 크다.

(3) 사회학습 이론

사회학습 이론은 행동의 결정요인으로 사회적 요소를 중시하여 붙여진 명칭이며 대표적인 학자는 Albert Bandura(1925~)가 있다. Bandura는 인간의 행동이 외부 자극에 의해 통제된다는 기존의 행동주의 이론에 반발하여 인간의 인지능력에 관심을 가졌다. '사회학습'이란 인간이 어떤 모델의 행동을 관찰하고 모방함으로써 학습하게 되고 여기에서 학습이 주위 사람과 사건들에 주의를 집중하여 정보를 획득하는 것을 말한다.

관찰자는 관찰 대상이 보상이나 벌을 받는 것을 관찰함으로써 간접적인 강화를 받는데, 이때의 간접적 강화를 '대리적 강화(vicarious reinforcement)'라고 한다. 강화는 인간의 행동을 절대적으로 통제하지는 못하며 강화의 효과 또한 행동과 그 결과에 대한 인간의 의식에 의해 좌우된다. 인간은 자신의 인지적 능력을 활용하여 창조적으로 사고함으로써 합리적으로 행동을 계획할 수 있다(Bandura, 1969). 사회학습 이론의 주요 개념들을 살펴보면 다음과 같다.

첫째, 모델링(modeling)은 관찰학습, 사회학습, 대리학습 등의 용어로 혼용되며 다른 사람의 행동을 보고 들으면서 그 행동을 따라 하는 것이다(Bandura, 1969).

둘째, 자기조절(self-regulation)은 자지조정으로 해석되기도 하며 자신의 행동을 스스로 평가하고 감독하는 것으로 자기평가적 반응과 관련된다

(Bandura, 1977).

셋째, 자기강화(self-reinforcement)sms 자신이 통제할 수 있는 보상을 스스로에게 주어 자신의 행동을 유지하거나 변화시키는 과정이다(Bandura, 1977).

넷째, 자기효능감(self-efficacy)으로 내적 표준과 자기강화에 의해 형성되는 것으로 어떤 행동을 성공적으로 수행할 수 있다는 신념이다(Bandura, 1982).

2) 상담 기법

행동주의적 접근을 활용한 상담 기법은 크게 내적 행동 변화를 촉진하기 위한 기법과 외적 행동 변화를 촉진하기 위한 기법으로 나눌 수 있다. 내적 행동 변화를 촉진하기 위한 기법으로 체계적 둔감법, 근육이완훈련, 인지적 모델링, 인지적 재구조화, 사고중지, 정서적 심상법, 스트레스 접종 등이 있고, 외적 행동 변화를 촉진하기 위한 기법으로 토큰경제, 모델링, 주장훈련, 혐오치료, 역할연기, 행동계약, 자기관리 프로그램, 바이오피드백, 과잉교정, 내현적 가감법 등이 있다. 각 기법의 개념은 다음과 같다.

(1) 체계적 둔감법

체계적 둔감법(systematic desensitization)은 Joseph Wolpe가 개발한 방법으로(손명자, 1983) 고전적 조건 형성의 원리에 기초를 둔 대표적인 불안감소 기법이며 체계적 탈감법, 단계적 둔감화 등 다양한 명칭으로 불리고 있다. 이 기법은 특정한 상황이나 상상에 의해 조건 형성된 불안이나 공포에 대해 불안(공포) 자극을 단계적으로 높여 가며 노출시킴으로써 이용자의 불안(공포) 반응을 경감 또는 제거시키는 것이다.

체계적 둔감법은 다음의 단계에 따라 진행된다.

1단계는 근육이완훈련 단계로 근육이완훈련을 통해 몸의 긴장을 풀도록 한다.

2단계는 불안위계 목록 작성 단계로 낮은 수준의 자극에서 높은 수준의 자극으로 불안위계 목록을 작성한다.

3단계는 불안위계 목록에 따른 둔감화 단계로 불안 유발 상황을 단계적으로 상상하도록 유도하여 불안반응을 점진적으로 경감 또는 제거시킨다.

(2) 내적 모델링 및 인지적 모델링

내적 모델링(internal modeling)은 상담사가 이용자에게 상상해야 할 것을 말해 주어 이용자로 하여금 그 지시에 따라 행동을 수행하는 모델을 상상하도록 하는 것이고, 인지적 모델링(cognitive modeling)은 상담사가 모델링 장면에서 먼저 시범을 보이면서 무엇을 하고, 어떻게 느낄지에 대해 이용자에게 설명하며 이용자는 그것을 듣고 목표행동을 반복적으로 수행하는 것이다.

(3) 인지적 재구조화

인지적 재구조화(cognitive restructuring)는 이용자 자신의 인지를 확인 및 평가하고, 어떤 사고에 의해 일어나는 행동의 부정적 영향을 이해하며, 이러한 인지를 보다 현실적이고 적극적인 사고로 대체하는 것을 학습하는 과정이다. 즉, 이용자가 부정적인 자기패배적 사고 대신 긍정적인 자기적응적 사고를 하도록 하는 기법이다.

(4) 사고중지

사고중지(thought stopping)는 사고정지라고도 하며 이용자가 부정적인 인지를 억압하거나 제거함으로써 비생산적이고 자기패배적인 사고와 심상을 통제하도록 도와주기 위해 사용된다. 특히, 돌이킬 수 없는 과거 사건에 대해 고심하는 이용자, 발생할 것 같지 않은 사건에 대한 생각에 빠져 있는 이용자, 자기패배적인 심상에 빠져 있는 이용자 등에게 적합하다.

(5) 정서적 심상법

정서적 심상법(emotive imagery)은 정서적 상상이라고도 하며 이용자에게 실제 장면이나 행동에 대한 정서적인 느낌이나 감정을 마음속으로 상상해 보도록 하는 기법이다. 이용자의 불안 및 공포를 제거하는 데 효과적인 방법으로 상담사는 이용자로 하여금 불안 유발 상황에 대처하도록 긍정적이고 유쾌한 상상에 주의를 집중시킨다.

(6) 스트레스 접종

스트레스 접종(stress inoculation)은 예상되는 신체적 · 정신적 긴장을 약화시켜 이용자가 충분히 자신의 문제를 다룰 수 있도록 준비시키는 기법이다. 이 기법은 이용자에게 비교적 약한 자극을 주어 잘 견디도록 한 다음 점차 자극의 강도를 높여 스트레스에 대처할 수 있는 능력을 향상시키는 일종의 예방접종이라 할 수 있다.

(7) 토큰경제

토큰경제(token economy)는 바람직한 행동들에 대한 체계적인 목록을 정해 놓은 후 그러한 행동이 이루어질 때 그에 상응하는 보상(토큰)을 하는 기법이다.

(8) 모델링 또는 대리학습

모델링(modeling) 또는 대리학습(vicarious learning)은 타인의 행동에 대한 관찰 및 모방에 의한 학습을 통해 이용자가 문제행동을 수정하거나 학습을 촉진하도록 하는 기법이다.

(9) 주장훈련

주장훈련(assertive training)은 이용자로 하여금 광범위한 대인관계 상황을 효과적으로 다루는 데 필요한 기술과 태도를 갖추도록 하는 것을 궁극적인 목표로 한다. 그러므로 이용자의 대인관계에 있어서의 불안과 공포를 해소하는 데 효과적인 치료기법이라 할 수 있다. 불안을 역제지(reciprocal inhibition)하는 방법으로 이용자에게 불안 이외의 감정을 표현하도록 하여 대인관계에서 오는 불안을 제거하도록 하는 것이다. 이때 역제지에 가장 효과적으로 사용되는 것이 근육이완훈련이다. 근육이완을 하면 불안 반응으로 인한 몸의 근육긴장이 제거되는데, 이는 근육이완과 불안이 양립할 수 없기 때문이다.

(10) 혐오치료

혐오치료(aversion therapy)는 바람직하지 못한 행동에 혐오 자극을 제시함으로써 부적응적인 행동을 제거하는 기법이다.

(11) 역할연기

역할연기(role playing)는 일상생활 속에서 수행하지 못하거나 수행하기 곤란한 역할행동 때문에 부적응적인 행동을 하는 이용자로 하여금 현실적인 장면이나 극적인 장면을 통해 역할행동을 반복적으로 시연시킴으로써 부적응적 행동을 적응적 행동으로 바꾸도록 하는 기법이다.

(12) 행동계약

행동계약(behavioral contract)은 두 사람이나 그 이상의 사람들이 정해진 기간 내에 각자가 해야 할 행동을 구체적이고 분명하게 정해 놓은 후 그 내용을 서로가 지키기로 계약을 맺는 것이다.

(13) 자기관리 프로그램

자기관리 프로그램(self-management program)은 이용자가 자기지시적인 삶을 영위하고, 상담사에게 의존하지 않도록 하기 위해 상담사가 이용자의 지식을 공유하면서 자기강화 기법을 적극적으로 활용하는 것이다.

(14) 바이오피드백

바이오피드백(biofeedback)은 '생체자기제어'라고도 불리며 근육긴장도, 심박수, 혈압, 체온 등의 자율신경계에 의한 각종 생리적인 변수를 병적 증상의 완화나 건강유지를 위해 부분적으로 조절할 수 있도록 하는 기법이다.

(15) 과잉교정

과잉교정(overcorrection)은 문제행동에 대한 대안행동이 거의 없거나 효과적인 강화인자가 없을 때 유용한 기법으로 파괴적이고 폭력적인 행동을 수정하는 데 효과적이다.

(16) 내현적 가감법

내현적 가감법(covert sensitization)은 혐오치료의 일종으로 내면적 가감법으로 불리기도 한다. 이 기법은 원하지 않는 행동과 그로 인해 나타날 수 있는 불쾌한 결과를 함께 상상하도록 함으로써 부적응 행동을 방지하기 위한 것이다.

3) 평가

행동주의 상담의 기여점은 첫째, 구체적인 상담목표의 설정과 아울러 다양하고 구체적인 기법에 있다고 할 수 있다. 둘째, 치료 성과에 대한 연구와 평가의 강조다. 셋째, 윤리적 책임에 대한 강조다. 상담사는 이용자를 변화시키고자 하는 행동을 변화시킬 수 있는 방법을 제시할 뿐이며, 이용자는 스스로 통제할 권리를 가지고 상담목표를 결정할 자유를 가진다. 또한 상담사는 이용자들에게 상담 초기부터 상담의 본질, 상담 절차, 장점과 단점에 관해서 설명해 주며, 이용자들은 치료 목표인 구체적인 행동문제와 구체적인 상담 절차에 대한 정보를 들음으로써 윤리적인 책임을 강조하고 있다(Tanaka-Matsumi, J., Higginbotham, H. N., & Chang, R. 2002).

상기의 장점에도 불구하고, 행동주의 상담에 대해서는 다음과 같은 비판들이 대두되고 있다.

첫째, 행동주의 상담은 행동은 변화시킬 수 있는지 모르지만 감정은 변화시키지 못한다. 행동주의 상담은 이용자가 정서를 경험하도록 격려하거나 지지받지는 못하며 정서 부분은 경시되기 쉽다. 따라서 상담사는 상담 실제에 있어서 이용자가 무엇을 어떻게 느끼는가에 대한 정서 부분을 다루어 주는 것이 필요하다.

둘째, 행동주의 상담은 통찰을 제공하지 않고, 원인보다는 증상을 다룬다. 행동주의적 접근을 하는 상담사들은 행동주의 상담에서 통찰이 행동 변화의 필수적인 요건이 아니라고 주장하며 행동문제의 원인은 과거에 있지만 과거는 현재의 행동유지에 그다지 중요하지 않다고 주장하고 있다. 그리고 새로운 학습 기회를 이용자에게 제공하는 것이 중요하다고 본다. 그러나 행동 변화는 이해나 통찰을 이끌어 내기도 하며 정서적 변화를 가져오기도 한다.

셋째, 행동주의 상담은 기계적이고 비인간적인 경향이 있다. 상담에 있어서 중요한 상담사와 이용자의 관계를 경시하며 기법을 지나치게 강조한다(이숙, 정미자, 최진아, 유우영, 김미란, 2005).

넷째, 일부 비판자들은 행동주의 상담이 학습 이론에서 발전한 인간 행동에 대한 가설, 법칙 등을 토대로 이루어지고 있는데, 이는 인간의 모든 행동을 설명하지 못함에도 불구하고 이에 대해 과신하는 경향이 있다고 주장한다.

3. 인간중심 상담 이론

인간중심 상담(person-centered counseling) 이론은 Carl Ransom Rogers(1902~1987)의 상담 경험에 기반한 것으로 비지시적 상담이라고도 한다. Rogers는 인간이 현실에 대한 자신의 지각에 따라 스스로를 구조화하고, 자신이 지각하는 현실 속에서 자기(자아)를 실현하고자 하는 동기를 가지고 있다고 보았다. 그리고 인간이 자신의 삶 속에서 스스로를 불행하게 만드는 요인이 무엇인가를 이해할 수 있을 뿐만 아니라 자신의 나아갈 방향을 찾고, 건설적인 변화를 이끌 수 있다고 보았다.

인간중심 상담에서 이용자는 현실적 자기(real self), 이상적 자기(ideal self), 타인이 본 자기(perceived self) 간의 불일치 때문에 불안을 경험하는 사람이다. 따라서 인간중심 상담의 기본 목표는 개인이 일관된 자기개념(자아개념)을 가지고, 자신의 기능을 최대로 발휘하는 사람이 되도록 돕는 환경을 제공하는 것이다. 이를 위해 이용자들이 경험에 보다 개방적이 되도록 돕고, 이용자의 내적 기준에 대한 신뢰를 증가시키도록 도우며, 지속적인 성장 경향성을 촉진시키도록 도와야 한다고 여긴다.

1) 기본 개념

인간중심 상담의 기본 가정은 인간은 성장, 건강, 적응을 이루려는 기본적인 충동과 자기실현을 이루려는 경향을 가지고 있고, 치료적 관계 그 자체가 성장의 경험이며, 인간의 개별성과 독자성을 존중하면서 적극적으로 대인관계의 심화와 문화 차이를 극복할 것을 강조하고 있다.

인간중심 상담을 이해하기 위해서 다음에 제시된 주요 개념들을 이해하는 것이 필요하다(김정희, 이장호 역, 1992, pp. 196-204, 양옥경 외, 2005, p. 339-340).

(1) 자기실현 경향성

자기실현 경향성은 유기체를 유지하거나 고양시키는 방식으로 발달하고자 하는 유기체의 생득적인 경향성이다. 즉, 인간은 출생 시부터 성취를 위해 나아가도록 운명 지어졌다는 것이다. 이는 자율성을 향한 발달이며 유기체가 본래 소유하고 있는 자아실현의 욕구성취를 지향하게 하는 동기다.

(2) 긍정적 관심

인간은 자아가 발달하면서부터 사랑과 인정을 갈구하게 된다. 이는 타고나는 것으로 긍정적 관심이 인간으로 하여금 성장과정에서 부모와 중요한 타인을 기쁘게 하고자 자신의 내적 경험을 무시하게 되는 것을 의미한다.

(3) 조건부 가치

조건부 가치는 중요한 타인들의 긍정적인 관심이 조건부로 주어짐에 따라 어떤 면에서는 자신이 존중받지만 다른 면에서는 그렇지 않다고 느낄 때 나타난다. 인간이 무조건적 긍정적 관심을 경험해 왔다면 새로운 경험은 유기체를 고양시키거나 유지시키는 데 얼마나 효율적인가에 따라 가치를 부여받거나 혹은 그렇지 않을 수 있다. 그러나 만일 가치가 타인에게서 투입된 것이라면 이 조건부 가치는 유기체를 유지하거나 고양시키는 것과 관계없이 경험에 적용된다. 그러므로 조건부 가치는 자아실현 과정을 왜곡하고 인간의 자율성과 효율성을 방해한다.

2) 주요 기법

인간중심 상담은 특정 기법을 사용하기보다는 이용자와 상담사 간의 안전하고 허용적인 '나'와 '너'의 관계를 중시한다. 기본적인 상담 기법들로 적극적 경청, 감정의 반영, 명료화, 공감적 이해 등이 사용되며, 이용자 정보 탐색, 조언, 설득, 가르치기 등은 사용되지 않는다. 따라서 인간중심 상담의 주요 기법은 일반적으로 상담사가 갖추어야 할 기본적인 태도인 일치성(진실성)과 무조건적 긍정적 관심과 수용, 정확한 공감적 이해를 바탕으로 이용자와의 관계를 발전시키는 것이라 할 수 있다(김충기, 김현옥 역, 1993, pp. 141-143).

(1) 일치성 혹은 진실성

상담사가 가져야 할 특성 가운데 가장 중요한 것은 일치성이다. 일치성은 상담사가 진실하다는 뜻으로 이는 상담을 해 나가는 가운데 이용자가 상담사를 믿어도 된다는, 즉 신뢰할 만하다는 것을 의미한다. 상담사가 거짓 없이 일치된 태도로 이용자와의 관계에서 일어나는 감정이나 태도를 솔직하게 표현하는 것이다. 상담사가 자신의 감정을 솔직하게 인정하고, 이용자의 진솔한 감정표현을 유도하는 것은 이용자의 개방적 자기탐색을 촉진하게 하는 요인이 된다.

(2) 무조건적 긍정적 관심과 수용

무조건적 긍정적 관심과 수용은 이용자를 하나의 인격체로 대하는 것이다. 이는 이용자의 감정이나 생각, 행동의 좋고 나쁨을 평가하거나 판단하지 않는다는 점에서 무조건적이다. 상담사는 이용자를 수용함에 있어서 아무런 조건 없이 수용적인 태도로 이용자를 존중하며 따뜻하게 수용해야 한다. 상담사가 이용자를 있는 그대로 존중하고 수용한다는 의사를 전달해 줌으로써 이용자는 자유롭게 자신의 감정과 경험을 이야기할 수 있게 된다. 수용은 감정을 가진 이용자의 권리를 인정하는 것이다. 상담사가 비소유적 온정으로 이용자를 돌보고 수용하며 가치를 인정해 줄수록 상담이 성공적으로 이루어질 가능성이 크다.

(3) 정확한 공감적 이해

정확한 공감적 이해란 상담사가 회기 중에 이용자와의 상호작용을 통해 나타나는 이용자의 경험과 감정에 민감하고 정확하게 이해하는 것이다. 상담사는 특히 이용자의 '지금-여기'의 경험을 이해하도록 노력해야 한다. 공감은 단순한 감정의 반영 그 이상이며 이용자를 깊이 있고 주관적으로 이해하는 이용자와의 일체감이다. 즉, 상담사가 이용자의 마음속으로 들어가 이용자로 하여금 자신의 감정을 강렬하게 경험하고, 내부의 불일치를 인식하도록 돕는 것이다.

3) 평가

Rogers의 인간중심 상담은 이용자가 자신의 삶에서 불행을 초래하는 요인을 이해할 능력이 있다는 가정과 아울러 이용자는 자기방향 설정이나 건설적인 개인의 변화를 일으킬 능력이 있다는 점에 이론의 근거를 두고 있다(조현춘 외 역, 2012).

인간중심 상담 이론은 상담기술에 대한 체계화와 보편화에 기여하였고, 이용자의 치료적 변화를 가져오는 상담사의 진실성, 무조건적 긍정적 존중, 공감적 태도는 상담훈련과 상담 본질에 실질적 영향을 미쳤다. 그리고 연구방법에 통계적 방법의 활용을 통한 상담 효과, 자아일치 등의 정도를 측정할 수 있게 함으로써 연구에 대한 과학적 기술방법을 도입하였다(김형태, 1998).

그러나 Rogers의 인간중심주의 상담 이론은 다음과 같은 점에서 비판을 받고 있다.

첫째, 이용자의 통찰지향적 접근 방법으로서 지적 능력이 부족하거나 아동과 같은 이용자에게 적용하는 데 어려움이 있다.

둘째, 이용자의 내면세계에 대한 강조를 통해 이용자의 정서적 요인을 강조하지만 인지적 요인은 무시하는 경향이 있다.

4. 게슈탈트 상담 이론

게슈탈트 상담(Gestalt counseling) 이론은 Fritz Perls(1893~1970)에 의해 발전된 것으로 인간의 본성에 대한 실존주의적 철학과 인본주의적 관점의 토대 위에 '여기-지금(here and now)'에 대한 자각과 개인의 책임을 강조한다. 게슈탈트 상담에서 인간은 과거와 환경에 의해 결정되는 존재가 아니라 현재의 사고, 감정, 느낌, 행동의 통합과 전체성을 추구하는 존재다. 게슈탈트 상담의 주요 문제는 개인의 발달과정에서 발생한 분노, 불안, 죄의식 등 부정적인 감정들이 밖으로 표출되지 못하고, 충분히 자각되지 못한 채 미해결 과제로 남게 될 때 부적응이 발생한다고 보는 것이다. 이러한 미해결된 감정들은 배경(ground)으로 남아 있다가 그 감정들과 연관된 상황에 접하게 될 때 개인으로 하여금 문제해결을 위한 변화보다는 회피를 택하도록 함으로써 타인과의 효과적인 접촉이나 자기 자신의 개인적 성장을 방해한다.

게슈탈트 상담은 개인의 발달 초기에서의 문제들을 중시한다는 점에서 정신분석 상담과 유사한 부분이 있으나 정신분석 상담이 유아기부터의 무의식적 갈등을 밝히는 데 중점을 두는 반면 게슈탈트 상담은 현재 상황에 대한 지각에 중점을 두고, 지금–여기에서 무엇을 어떻게 경험하는가와 각성을 중시한다는 점에서 차이가 있다.

다음에서는 인간중심 상담과 게슈탈트 상담의 기본 개념과 주요 기법, 상담 이론에 대한 평가를 중심으로 보다 상세히 살펴본다.

1) 기본 개념

(1) 지금-여기

게슈탈트 상담은 '지금–여기(here and now)'에서의 상황과 감정을 강조한다. Perls는 현재를 온전히 음미하고 경험하는 학습을 강조하였다. 즉, 지금–여기에서 무엇을 어떻게 경험하느냐가 중요한 것이다.

이용자가 자기 과거에 대해 이야기할 때 상담사는 과거를 지금 다시 재현함으로써 과거의 현재화를 요구한다. 상담사는 이용자에게 재현 속에서 "거기 머무르세요."라고 제시하여 과거에 경험했던 감정을 재생시키고 재경험하게 함으로써 성숙한 인간으로 성장하도록 돕는다.

(2) 게슈탈트

게슈탈트(Gestalt)는 독일어 '게슈탈텐(Gestalten: 구성하다, 형성하다, 창조하다, 개발하다, 조직하다 등의 뜻을 지닌 동사)'의 명사로 '전체' 또는 '형태'로 번역된다.

Perls는 게슈탈트를 "부분이 전체로 통합되는 독특한 지각 형태"라는 의미로 사용하였는데 이것은 개체에 의해 지각된 유기체의 욕구나 감정, 즉 개체가 자신의 욕구나 감정을 하나의 의미 있는 전체로 조직화하여 지각한 것을 의미한다. 다시 말하면 개체가 대상을 지각할 때 산만한 부분들의 집합이 아니라 하나의 의미 있는 전체, 즉 게슈탈트로 만들어 지각한다는 것으로 사물을 볼 때 부분과 부분을 따로 떼어 보지 않고, 하나의 의미 있는 전체상으로 파악하는 데 이러한 전체상을 게슈탈트라고 하였다(김춘경 외, 2017).

(3) 전경과 배경

게슈탈트 상담에서 게슈탈트의 형성은 전경과 배경(Figure-Ground)의 개념으로 설명되고 있다. 개체는 어떠한 대상이나 사건을 인식할 때 자신이 관심을 가지고 있는 부분은 부각시키는 반면 그 외의 부분은 밀쳐 내는 경향이 있는데 이때 관심의 초점으로 부각되는 부분을 전경(Figure)이라고 하고, 관심 밖으로 밀려나는 부분을 배경(Ground)이라고 한다.

개인은 전경으로 떠올랐던 게슈탈트를 해소하고 나면 전경은 배경으로 물러나고, 새로운 게슈탈트가 형성되어 다시 전경으로 떠오르는데 이러한 유기체의 순환과정을 '게슈탈트의 형성과 해소' 또는 '전경과 배경의 교체'라고 한다. 건강한 개인은 매 순간 자신에게 중요한 게슈탈트를 분명하게 전경으로 떠올릴 수 있는 반면 그렇지 못한 개인은 전경과 배경을 명확하게 구별하지 못한다.

(4) 미해결 과제

미해결 과제(unfinished business)는 완결되지 못했거나 해소되지 않은 게슈탈트(Gestalt)를 의미하는 것으로 인간의 분노, 격분, 증오, 고통, 불안, 슬픔, 죄의식 포기 등과 같이 표현되지 못한 감정을 포함한다. 표현되지 못한 감정은 개인의 의식 배후에 자리하여 다른 사람과 효율적으로 접촉하는 것을 방해하는데 미해결 과제가 확장되는 경우, 욕구 해소에 실패하게 되며, 이는 신체적·정신적 장애로 이어지게 된다. 이러한 미해결 과제를 해결할 수 있는 방법은 '지금-여기'를 알아차리는 것이다.

(5) 신경증의 층

Perls는 인간의 인격을 양파 껍질에 비유하면서 개인이 심리적 성숙을 얻기 위해 신경증의 층(neurotic layers)들을 벗겨 나가야 한다고 하였다. 신경증의 층들은 성격의 변화 단계를 의미하는 것으로 피상층(허위층), 공포층(연기층), 곤경층(교착층), 내파층(내적 파열층), 외파층(외적 파열층)으로 구분되고, 각각의 층은 다음과 같은 단계로 설명될 수 있다.

첫째, 피상층 또는 허위층(cliche or phony layer)은 진실성이 없이 상투적으로 대하는 거짓된 상태로 개인이 형식적, 의례적인 규범에 따라 피상적인 만남을 하는 단계다.

둘째, 공포층 또는 연기층(phobic or role playing layer)은 개인이 자신의 고유한 모습으로 살아가지 못한 채 부모나 주위 환경의 기대에 따라 역할을 수행하는 단계다.

셋째, 곤경층 또는 교착층(impasse layer)은 개인이 자신이 했던 역할연기를 자각하게 되면서 더 이상 같은 역할을 지속적으로 수행하는 데 대해 곤경과 허탈감, 무력감을 경험하게 되는 단계다.

넷째, 내파층 또는 내적 파열층(implosive layer)은 개인이 그동안 억압해 온 자신의 욕구와 감정을 알아차리게 되지만 이를 겉으로 드러내지 못한 채 안으로 억제하는 단계다.

다섯째, 외파층 또는 외적 파열층(explosive layer)은 개인이 자신의 진정한 욕구와 감정을 더 이상 억압하거나 억제하지 않은 채 외부로 표출하게 되는 단계다.

이러한 성격의 변화 단계 중 피상층과 공포층은 아직 게슈탈트 형성이 잘 이루어지지 않는 단계이고, 곤경층은 게슈탈트 형성은 되었으나 에너지 동원이 제대로 되지 않는 단계이며, 내파층은 에너지 동원은 되었으나 행동으로 옮기는 단계에서 게슈탈트가 완결되지 않은 상태이고, 외파층은 마침내 개체가 게슈탈트를 해소하고 완결 짓는 단계라 할 수 있다(김춘경 외, 2017).

(6) 개인과 환경 간의 접촉을 방해하는 요소

게슈탈트 상담은 유기체의 순환과정에서 개인과 환경 간의 접촉을 방해하는 요소로 내사, 투사, 반전, 융합, 편향 등을 제시하고 있고(김춘경 외, 2017), 이러한 요소들을 극복할 때 개인은 유기체의 현실을 보다 잘 받아들이고, 환경과의 접촉을 통해 성장하고 발전한다고 보고 있다.

① 내사

내사(introjection)는 개인이 환경과의 접촉과정에서 자신에게 필요한 행동방식이나 가치관을 외부로부터 무비판적으로 받아들일 때 발생하는 것으로 내사에 문제가 생기면 내면에 갈등이 일어나게 된다.

② 투사

투사(projection)는 자신이 받아들일 수 없는 부정적인 생각이나 느낌, 태도 등을 타인에게 전가하는 것이다.

③ 반전

반전(retroflection)은 개인이 다른 사람이나 환경에 하고 싶은 행동을 자기 자신에게 하는 것 또는 타인이 자기에게 해 주기를 바라는 행동을 스스로 자기 자신에게 하는 것으로 타인과의 접촉을 하지 못하게 한다.

④ 융합

융합(confluence)은 밀접한 관계에 있는 두 사람이 서로 차이가 없다고 느끼고, 상대방의 의견이나 감정에 동의하면서 발생하는 것이다. 시간이 지나면서 상대에게서 다른 점을 보게 될 때, 의견이나 감정에 차이가 있음을 인정하지 못할 때 갈등이 야기된다.

⑤ 편향

편향(deflection)은 감당하기 힘든 내적 갈등이나 환경 자극에 노출될 때 이러한 위험으로부터 자신을 보호하기 위해 자신이나 타인에 대한 직접적인 접촉을 피하려고 하는 것이다.

2) 상담 기법

(1) 욕구와 감정의 자각

상담사는 "지금 느낌이 어떠신가요?", "지금 무엇을 자각하고 계신가요?", "현재 느낌에 집중해 보세요." 등의 말로 이용자의 생각이나 주장의 배후에 내재된 '지금-여기'에 체험되는 욕구와 감정을 자각하도록 도와야 한다.

(2) 신체 자각

상담사는 "한숨을 자주 쉬시는데 알고 계신가요?", "얼굴이 빨갛게 상기되셨네요." 등의 말로 이용자에게 현재 상황에서 자신의 신체 감각을 자각하도록 함으로써 자기의 욕구와 감정을 깨닫도록 도와야 한다.

(3) 환경 자각

상담사는 "지금 무엇이 보이나요?", "지금 무엇이 들리나요?" 등의 말로 이용자에게 스스로의 욕구와 감정을 명확히 하도록 환경과의 접촉을 증진하며 주위 환경에서 체험하는 것을 자각하도록 도와야 한다.

(4) 언어 자각

상담사는 "그 사람 때문에 사람들이 화가 났어요." 대신 "그 사람 때문에 나는 화가 났어요."와 같이 이용자가 행동의 책임소재를 불명확하게 말하는 경우, 자신의 감정과 동기에 책임을 지는 문장으로 말하도록 도와야 한다.

(5) 과장하기

상담사는 이용자가 감정을 체험하지만 그 정도와 깊이가 약한 경우, 과장하기를 통해 이용자가 말과 행동을 과장하여 표현하게 함으로써 이용자가 자신의 욕구와 감정을 알아차리도록 도와야 한다.

(6) 역전 기법(반대로 하기, 반전 기법)

상담사는 이용자에게 평소 행동과 반대되는 행동을 해 보도록 요구함으로써 이용자가 억압하고 통제해 온 부분을 표출하도록 도울 수 있다.

(7) 감정에 머무르기(머물러 있기)

상담사는 이용자가 미해결 감정들을 회피하지 않고 견뎌내도록 함으로써 이를 해소하도록 한다.

(8) 역할연기

상담사가 이용자에게 과거 혹은 미래의 어떤 장면을 현재에 벌어지는 장면으로 상상하여 실제 행동으로 연출해 보도록 하는 것이다.

(9) 직면

상담사가 이용자의 부적절한 행동을 지적하고 진정한 동기를 직면하게 해 줌으로써 미해결 과제를 해소하도록 돕는 것이다.

(10) 빈 의자 기법

빈 의자 기법은 이용자의 갈등이나 관계상의 문제를 다룰 때 사용하는 기법이다. 상담사가 이용자로 하여금 갈등 상대가 맞은편 빈 의자에 앉아 있다고 상상하도록 하고 대화를 유도함으로써 갈등 상대의 감정을 이해하도록 하는 동시에 외부로 투사된 자기 자신의 감정을 자각하도록 돕는 것이다.

(11) 자기 부분들 간의 대화

상담사가 이용자의 인격에서 분열된 부분 또는 갈등을 느끼는 부분들 간에 대화가 이루어지도록 유도하는 것이다.

(12) 꿈 작업

Freud에게 꿈의 분석이 중요한 상담 기법이었던 것처럼 Perls에게도 꿈 작업은 매우 중요한 기법이었다. 게슈탈트 상담에서 꿈 작업은 상담사가 이용자의 꿈을 통해 나타나는 소외된 부분이나 갈등된 부분을 현실로 재현하도록 하며 이를 성격으로 통합하도록 돕는 방법이다.

(13) 대화 실험

상담사가 이용자에게 특정 장면을 연출하거나 공상 대화를 하도록 제안함으로써 이용자가 자기의 내적인 분할을 인식하도록 돕는 것이다.

3) 평가

게슈탈트 상담은 비교적 단시간에 자기각성을 시킬 수 있는 방법으로 과거의 감정을 현재 중심의 관점에서 재경험하도록 돕는다는 점에서 기여점을 찾을 수 있다.

그러나 상담의 인지적 측면을 고려하지 않고 감정과 신체를 강조하면 최적의 균형을 이룰 수 없고, 상담사 자신이 현재 지금의 느낌을 솔직하게 개방함으로써 이용자에게 영향을 미치게 되기 때문에 상담사 자신의 성숙도 함께 이루어져야 한다는 점에 한계가 있다.

5. 합리적 · 정서적 행동 상담 이론

합리적 · 정서적 행동 상담은 인지이론과 행동주의적 요소가 결합된 것으로 인지과정의 연구에서 도출된 개념과 행동주의와 사회학습 이론에서 나온 개념들을 통합하여 적용한 것으로 인간이 합리적인 사고를 하는 동시에 비합리적인 사고를 할 수 있다고 가정하고 있다.

합리적 · 정서적 행동 상담의 대표 이론가인 Albert Ellis(1913~2007)는 개인이 가진 비합리적 사고나 신념에 문제의 초점을 두고, 1955년 인본주의적 치료와 철학적 치료, 행동주의적 치료를 혼합하여 '합리적 치료(rational therapy: RT)'를 고안하였다. 이후 1962년 정서의 측면을 강조하기 위해 '합리적 · 정서적 치료(rational-emotive therapy: RET)'로 명칭을 변경하였고, 1993년 자신의 치료법에 행동적 측면이 상당 부분 포함되어 있음을 받아들여 이를 '합리적 · 정서적 행동치료(Rational Emotive Behavior Therapy: REBT)'로 명명하였다. Ellis는 자신이 개발한 치료법의 명칭에 인지적(cognitive)이라는 표현 대신 합리적(rational)이라는 표현을 사용한 것에 대해 자신의 실수였음을 고백한 바 있다. 그 이유는 '합리적'이라는 표현이 이성에 의한 합리성의 한계를 지적한 포스트모던의 새로운 조류에 부합하지 않았기 때문이다.

Ellis가 제시한 '합리적(rational)'이라는 표현은 경험적 · 논리적으로 타당한 인지, 효율적인 동시에 자기개선적인 인지의 의미를 포함하고 있어 '인지적 (cognitive)'이라는 표현과 동일한 의미를 지닌다고 볼 수 있다. 그럼에도 불구하고, Ellis가 합리적이라는 표현을 '인지적'이라는 명칭으로 변경하지 못한 이유는 1970년대 중반 이후부터 Aron T. Beck과 Donald Meichenbaum이 각각 인지치료(cognitive therapy: CT), 인지 · 행동치료(cognitive-behavioral therapy: CBT)의 개념을 보편화시켰고, 이러한 상황에서 뒤늦게 명칭을 변경하는 것은 적절하지 못하다고 판단하였기 때문이다.

1) 기본 개념

합리적 · 정서적 행동 상담 이론에서는 이용자의 비논리적이고 비합리적인 신념체계를 합리적인 것으로 대치함으로써 행동적 · 정서적 문제들을 해결하고자 한다. 이를 위해 이용자가 가지고 있는 자기파괴적이고 자기패배적인 신념을 최소화하며 현실적이고 관대한 철학을 가지도록 돕고, 이용자로 하여금 자신의 삶에 대한 책임을 받아들임으로써 문제에 직면하도록 돕고자 한다.

다음에서는 합리적 · 정서적 행동 상담에서 논의되는 비합리적 신념의 유형과 비합리적인 신념체계를 합리적인 신념체계로 대치하기 위한 ABCDEF 모형을 중심으로 제시한다.

(1) 비합리적 신념의 유형

합리적·정서적·행동 상담에서는 비합리적 신념이 다음과 같은 세 가지 당위성에 근거한다고 보고 있다. 첫째, 자신에 대한 당위성으로 '나는 반드시 훌륭하게 일을 수행해 내야 한다.' 둘째, 타인에 대한 당위성으로 '타인은 반드시 나를 공정하게 대우해야 한다.' 셋째, 세상(조건)에 대한 당위성으로 '세상의 조건들은 내가 원하는 방향으로 돌아가야만 한다.'

자신과 타인, 세상에 대한 당위성에 뿌리를 두고 있는 비합리적 신념의 유형들을 제시해 보면 다음과 같다.

- 인간은 주위의 모든 중요한 사람들에게서 항상 사랑과 인정을 받아야만 한다.
- 인간은 자신이 가치 있다고 인정받으려면 모든 영역에서 반드시 유능하고 성취적이어야 한다.
- 어떤 사람은 악하고 나쁘며 야비하다. 따라서 그와 같은 행위에 대해서는 반드시 준엄한 저주와 처벌이 내려져야 한다.
- 내가 바라는 대로 일이 되지 않는 것은 끔찍스러운 파멸이다.
- 인간의 불행은 외부 환경 때문이고 인간의 힘으로는 그것을 통제할 수 없다.
- 위험하거나 두려운 일이 일어날 가능성은 상존하므로 그것이 실제로 일어날 가능성에 대해 항상 유념해야 한다.
- 인생에 있어서 어떤 난관이나 책임을 직면하는 것보다 회피하는 것이 더 쉬운 일이다.
- 인간은 다른 사람에게 의지해야 하며 자신이 의지할 만한 더욱 강력한 누군가가 있어야 한다.
- 인간의 현재 행동은 과거의 경험이나 사건에 의해 결정되며 인간은 과

거의 영향에서 결코 벗어날 수 없다.

- 인간은 다른 사람의 문제나 곤란에 대해 항상 신경을 써야 한다.
- 인간의 문제에는 항상 완전한 해결책이 있으므로 이를 찾지 못하는 것은 매우 유감스러운 일이다.
- 세상은 반드시 공평해야 하며 정의는 반드시 승리한다.
- 항상 고통이 없이 편안해야 한다.
- 나는 아마도 미쳐 가고 있는지 모른다. 그러나 미쳐서는 안 된다. 왜냐하면 그것을 견딜 수 없기 때문이다.

(2) ABCDEF 모형

Ellis의 ABCDEF 모형은 ABC 모델, ABCD 모델, ABCDE 모델, 또는 ABCDEF 모델로 불리며 각 단계별 개념은 다음과 같다.

① A(Activating event): 선행사건

이용자의 감정을 동요시키거나 이용자의 행동에 영향을 미치는 사건을 의미한다.

② B(Belief system): 비합리적 신념체계

선행사건에 대한 이용자의 비합리적 신념체계나 사고체계를 의미한다.

③ C(Consequence): 결과

선행사건을 경험한 후 이용자의 비합리적 신념체계를 통해 그 사건을 해석함으로써 느끼게 되는 정서적 · 행동적 결과를 의미한다.

④ D(Dispute): 논박

이용자가 가지고 있는 비합리적 신념이나 사고에 대해 그것이 사리에 부합하는 것인지 논리성, 실용성, 현실성에 비추어 반박하는 것으로 이용자의 비합리적 신념체계를 수정하기 위한 것이다.

⑤ E(Effect): 효과

논박으로 인해 나타나는 효과로 이용자가 가진 비합리적인 신념을 철저하게 논박하여 합리적인 신념으로 대체하는 것이다.

⑥ F(Feeling): 감정

이용자가 합리적인 신념으로 인해 자신에 대한 수용적인 태도와 긍정적인 감정을 가지게 되는 것이다.

2) 주요 기법

(1) 인지적 재구성

인지적 재구성(cognitive restructuring)은 비합리적인 사고와 신념을 인지적 방법과 행동적 방법을 사용하여 합리적인 사고와 신념으로 수정 및 개선하는 기법이다.

(2) 대처기술 훈련

대처기술 훈련(coping skill training)은 문제 장면에서의 구체적인 대처기술을 집중적으로 훈련시킴으로써 이용자로 하여금 상황에 적절하게 대응할 수 있도록 하기 위한 기법이다.

(3) 문제해결 접근

문제해결 접근(problem solving)은 이용자들이 겪는 부적응의 문제를 해결하기 위해 인지적 재구성과 대처기술 훈련을 복합적으로 적용하는 기법이다.

(4) 논박

논박(dispute)은 이용자의 비합리적 사고에 대한 보다 직접적인 치료적 접근이다. 상담사는 이용자의 말, 사고에서 의문스럽거나 미심쩍은 영역에 대해서 질문하고 이를 통해 비합리적 신념을 확인하고 분명하게 해 준다. 또한 논박은 상담사가 이용자의 언어적인 표면 뒤에 있는 내용과 감정을 탐사할 수 있게 해 주며, 이용자에게는 자신의 비합리적 신념에 대해 인식할 수 있도록 도와준다. 이러한 논박은 교육과 소크라테스식 문답법으로 진행될 수 있다(박경애, 2013).

논박의 방법은 크게 네 가지로 나누어 볼 수 있다.

첫째, 기능적 논박으로 이는 이용자가 가지고 있는 신념, 행동, 정서가 이용자 자신이 추구하는 목표를 성취하는 데 얼마나 도움이 되는지 평가하는 것이다.

둘째, 경험적 논박으로 이는 신념의 사실적인 근거를 평가하게 하는 것이다.

셋째, 논리적 논박으로 이용자의 비합리적 신념에 기반한 비논리적 추론에 대해 의문을 제기하는 것이다,

넷째, 철학적인 논박으로 이용자의 기본적인 삶, 즉 삶에 대한 태도나 만족도를 살펴보게 하는 것이다.

3) 평가

합리적 · 정서적 행동 상담은 상담사의 훈련과 지식, 기술 등의 수준이 매

우 중요하다. 그 가운데서도 REBT는 지시적이고 적극적인 방법을 사용하여 이용자가 가지고 있는 비합리적인 사고를 합리적인 사고로 바꾸는 것을 강조한다. REBT는 다음과 같은 점에서 상담 이론의 발달에 상당히 공헌하였다 (박경애, 2002).

첫째, 인간의 부적응에는 신념체계 내지는 사고방식이 있다는 것을 체계화하여 제시하였다. 둘째, 상담과정을 통하여 통찰된 것을 실천할 것을 강조하여 행동을 치료과정의 결정적인 부분으로 간주하였다. 셋째, 상담사의 직접적인 중재 없이도 이용자가 스스로 자신의 문제를 해결할 수 있는 방법을 배울 수 있다.

그러나 REBT는 여러 가지 장점에도 불구하고 다음과 같은 점에서 몇 가지 비판을 받고 있다. 첫째, REBT는 언어적·추상적 개념화 기술에 많이 의존하기 때문에 이용자의 교육적인 수준이나 지적 능력에 좌우된다. 둘째, REBT는 각 개인의 의식적/전의식적 수준만을 다루고 무의식적 존재는 무시하고 있다(이숙 외, 2005). 셋째, REBT의 임상적 효과를 지지해 주는 연구가 부족하다. 이를테면, REBT가 이용자의 어떤 부분에서 임상적으로 중요한 향상을 보여 주고 있는지 등에서 확실한 증거를 제시하지 못했다.

넷째, REBT 접근 방식은 지시적이고 교수적인 면이 강하여 이용자의 감정을 상하게 하거나 상담사의 가치나 철학이 이용자에게 강요될 수 있다. 이러한 이유에 의해 REBT에서는 상담사에 대한 훈련, 상담사가 갖고 있는 지식, 기술 등이 매우 중요하게 작용할 수밖에 없다.

6. 인지치료 상담 이론

인지치료(cognitive therapy) 상담은 1960년대에 Aaron T. Beck(1921~)에

의해 체계화된 상담 및 기법으로 개인이 가지고 있는 정보처리 과정상의 인지적 왜곡에 초점을 두고 있다. 인지치료 상담은 Beck이 주로 우울증 환자들을 치료하면서 발견한 "정서장애는 개인이 자신의 경험을 구조화하는 방식에 의해 이루어진다"는 전제에 따라 개발된 것으로(노안영, 2018) 인간의 사고와 행동이 서로 밀접하게 연관되어 있다는 가정에 기반한다. 인지치료 상담은 개인이 정보를 수용하여 처리하고 반응하기 위한 지적인 능력을 개발하는 방법에 몰두한다. 특히, 이용자의 역기능적이고 자동적인 사고 및 스키마, 신념, 가정의 대인관계 행동에서의 영향력을 강조하며 이를 수정하여 이용자의 정서나 행동을 변화시키는 데 역점을 둔다. 치료과정은 보통 단기적 · 한시적이고 구조화되어 있으며, 상담사는 이용자에게 보다 적극적이고 교육적인 치료를 수행한다.

1) 기본 개념

인지치료(Cognitive Therapy: CT)는 인간의 사고와 행동이 밀접하게 연관되어 있고, 정보처리 과정상의 인지적 왜곡이 문제를 야기한다고 보았으며 이러한 역기능적인 자동적 사고, 스키마, 신념 등을 수정하여 정서나 행동을 변화시키고자 하는 이론이다. 인지치료 상담의 대표 이론가인 Beck은 우울증 환자들이 생활사건의 의미를 부정적인 것으로 받아들이면서 다양한 유형의 논리적 오류를 범하는 것을 확인하였다. 또한 그는 개인이 생활사건의 의미를 해석하는 정보처리 과정에서 범하는 체계적인 오류를 '인지적 오류(cognitive error)'로 설명하고자 하였다. 인지적 오류의 주요 유형은 다음과 같다.

(1) 임의적 추론 또는 자의적 추론

임의적 추론(arbitrary inference)은 자의적 추론이라고도 하며 어떤 결론을 지지하는 증거가 없거나 오히려 그에 반대되는 증거가 있음에도 불구하고 자신이 원하는 결론을 내리는 것이다. 예를 들면, 남자친구가 사흘 동안 전화를 하지 않은 것은 자신을 사랑하지 않고, 이미 마음이 떠났기 때문이라고 자기 멋대로 추측하는 경우를 들 수 있다.

(2) 선택적 추론

선택적 추론(selective abstraction)은 다른 중요한 요소들은 무시한 채 사소한 부분에 초점을 맞추고, 그 부분적인 것에 근거하여 전체 경험을 이해하는 것이다. 특히, 상황의 긍정적인 양상을 여과하는 데 초점이 맞추어져 있고 극단적으로 부정적인 세부사항에 머물러 있다. 예를 들면, 부부가 서로에 대해서 이야기를 나눌 때 아내가 남편의 장단점을 이야기해 주면 남편이 자기의 약점에 집착한 나머지 아내의 진심을 왜곡하여 아내가 자신을 비웃고 헐뜯는 것으로 받아들이는 경우다.

(3) 과잉일반화

과잉일반화(overgeneralization)는 한두 가지의 고립된 사건에 근거하여 일반적인 결론을 내리고 그것을 서로 관계없는 상황에 적용하는 것이다. 예를 들면, 영어시험을 망쳤으니 자신의 노력이나 상황 변화와 관계없이 이번 시험은 완전히 망쳤다고 결론 내리는 경우다.

(4) 개인화

개인화(personalization)는 '사적인 것으로 받아들이기'로 불리기도 하는데 자신과 관련시킬 근거가 없는 외부 사건을 자신과 관련시키는 성향으로 실제로 다른 사람 혹은 다른 일 때문에 생긴 일을 자신이 원인이고 자신이 책임져야 할 것으로 받아들이는 것이다. 예를 들면, 어떤 상담사가 이용자를 면담하는데 두 번째 면담일에 그 이용자가 오지 않자 상담자는 자신이 첫 면담 때 무엇인가 잘못하여 그 이용자가 오지 않았다고 생각하는 경우를 들 수 있다.

(5) 이분법적 사고

이분법적 사고(dichotomous thinking)는 흑백논리라고도 하며 모든 경험을 한두 개의 범주로만 이해하고, 중간 지대가 없이 흑백논리로 현실을 파악하는 것이다. 예를 들면, 어떤 학생이 시험을 보았는데 그 결과가 100점이 아니면 0점과 다를 바 없다고 보는 경우다.

(6) 과장/축소

과장/축소(magnification/minimization)는 의미확대/의미축소로 어떤 사건 또는 한 개인이나 경험이 가진 특성의 한 측면을 그것이 실제로 가진 중요성과 무관하게 과대평가하거나 과소평가하는 것이다. 예를 들면, 시험을 잘 보았을 때 운이 좋아서 그런 결과가 나온 것이라거나 시험이 쉽게 출제되어서 좋은 결과를 얻었다고 보는 경우다.

(7) 긍정 격하

긍정 격하(disqualifying the positive)는 자신의 긍정적인 경험이나 능력을 객관적으로 평가하지 않고 그것을 부정적인 경험으로 전환하거나 자신의 능력을 낮추어 보는 것이다. 예를 들면, 누군가 자신이 한 일에 대해 칭찬을 할 때 그 사람들이 착해서 아무것도 아닌 일을 칭찬하는 것이라고 생각하는 경우가 있다.

(8) 잘못된 명명

잘못된 명명(mislabeling)은 과잉일반화의 극단적인 형태로 이용자가 어느 하나의 단일 사건이나 극히 드문 일에 기초하여 완전히 부정적으로 상상하는 것이다. 예를 들면, 한 차례 지각을 한 학생에 대해 지각대장이라는 꼬리표를 붙이는 경우를 들 수 있다.

2) 상담 기법

인지치료의 상담목표는 왜곡된 신념을 이해하고 불합리한 사고를 변화시키는 것으로 이용자가 보다 효과적으로 기능하도록 사고의 편견이나 인지적 왜곡을 바로잡는 것이다. 이를 위해 다음과 같은 상담 기법을 활용할 수 있다.

(1) 정서적 기법

정서적 기법은 정서 경험을 통해 이용자의 자동적 사고가 분명해지므로 정서 도식의 활성화를 통해 자동적 사고를 끌어내는 것이다. 이용자의 자동적 사고를 파악하는 기법에는 최근의 정서 경험을 구체적으로 이야기하기, 심상 기법, 역할연기, 상담 중 정서 변화에 주목하기 등이 있다.

(2) 언어적 기법

언어적 기법은 소크라테스식 질문, 즉 이용자의 사고를 직접적으로 논박하기보다는 일련의 신중한 질문들과 이용자가 스스로 자신의 해결책을 찾도록 돕는 질문을 통해 이용자로 하여금 자신의 사고가 현실적으로 타당한지를 평가하도록 하는 것이다. 질문의 내용은 생각의 근거, 대안적 사고 찾기, 실제 그 일이 일어난다면 어떨 것인가 등이다.

(3) 행동적 기법

행동적 기법은 이용자가 가진 부정적 사고의 현실적 타당성을 검증하기 위해 행동실험을 적용하는 것이다. 행동실험은 인지의 변화를 목적으로 이루어지며 이는 상담 중에 이루어질 수도 있고, 과제로 부과될 수도 있다.

3) 인지치료 적용 시 고려사항

인지치료를 이용자에게 적용할 때 다음과 같은 몇 가지 사항을 고려하는 것이 필요하다.

첫째, 인지치료는 상담사와 이용자가 상호 협력을 통해 이용자가 적극적으로 참여하는 것이 중요하다. 인지치료에서 상담사는 이용자의 모든 문제에 대해 혼자 답변을 해 주는 것이 아니라 이용자와 함께 협력하여 문제에 대한 해결책을 발견하고 변화를 위한 전략을 세워 실천해 나가는 것이 중요하다.

둘째, 인지치료는 '지금-여기' 상황에 초점을 두기 때문에 단기적이며 한시적인 치료 접근법이다. 물론 인지치료에서 '지금-여기' 상황에 초점을 둔다고 해서 이용자의 과거가 불필요하다거나 중요하지 않은 것이 아니다. 인간의 역기능적인 태도나 신념은 과거 그 자신의 부정적인 과거 경험에서 나오며(Andrews & Gotlib, 1993), 역기능적인 사고의 과거 발달적 과정을 파악하는 것이 인지 도식을 변화시키는 방법이 됨을 실제 상담 사례에서 흔히 발견할 수 있다. 그러나 인지치료에서는 이용자의 현재 생활이 관심사가 되며 이용자와 상담을 해 나가는 과정에 일어나는 사건 그 자체가 중요한 초점이 된다(Safran & Segal, 1990).

셋째, 인지치료는 구조화된 체계이며 이용자가 스스로 상담사가 될 수 있도록 하여 변화 및 유지할 수 있도록 돕는다.

4) 인지치료 상담 단계

인지치료는 이용자의 역기능적인 자동적 사고와 중간 신념(가정, 규칙, 태도), 그리고 핵심 신념을 탐색하고 반박 및 수정하며 이용자가 이러한 과정을 통해서 얻은 것을 계속 활용하며 유지할 수 있게 한다. 인지치료 단계는 다음과 같다.

첫째, 문제 사고 및 감정 이해 단계다. 상담자는 이용자의 문제 사고 및 감정을 파악하기 위해 이용자의 현재 문제, 기능, 증상, 병력 등에 주의를 기울임으로써 이용자에 대한 이해가 이루어지게 된다. 상담사는 첫 번째 면담에서 이용자와의 관계를 형성하고 이용자에게 인지치료에 대한 소개를 하게 된다.

둘째, 이용자의 자동적 사고를 탐색하고 이를 논박하는 단계다. 자동적 사고란 보다 외현적인 사고의 흐름과 공존하는 또 다른 사고의 흐름이다(Beck, 1995). 이는 종종 간단하고, 빠르게 스쳐 지나가며, 속기형으로 표현되고 언어적 혹은 영상의 형태로 나타난다. 인지치료는 이러한 자동적 사고로 표현되는 사건이나 상황에 대한 해석이 그 사람의 감정이나 행동 및 생리적 반응에 영향을 준다고 간주한다(Beck, 1995). 따라서 상담사는 이용자의 이러한 자동적 사고를 탐색하고 반박함으로써 이용자가 합리적인 사고를 할 수 있게 해 준다.

자동적 사고를 식별하기 위해 상담사는 회기 중에 이용자의 감정적 변화에 대해 질문하는 것이 좋다. 이를테면, 자동차 사고와 관련된 이야기에서 "바로 그때 당신의 마음속에 스쳐 갔던 것은 무엇이었습니까?" 혹은 "그때 당신은 무슨 생각을 했습니까?" 등등의 질문을 하는 것이 이용자의 자동적 사고를 식별하는 데 도움이 된다. 또한 자동적 사고의 논박의 경우, "그것을 다르게 해석해 볼 수는 없을까요?" 등의 질문을 통해 이용자가 한 사건에 대해서 융통성을 가지고 다양하게 사고할 수 있도록 격려할 수 있다.

셋째, 중간 신념 식별 및 수정하기 단계다. 중간 신념은 '가정, 규칙, 태도' 와 관련된 부분이다. 이는 자동적 사고보다 식별 및 수정이 어렵지만, 핵심 신념보다는 쉽다(Beck, 1995). 상담사는 이용자의 자동적 사고로 표현된 신념 을 파악하거나 혹은 이용자의 자동적 사고를 검토하여 공통된 주제를 찾아보 는 것도 중간 신념을 식별하는 한 방법이 될 수 있다. 그리고 상담사는 중간 신념을 찾았다면 이에 대해 믿음의 장점과 단점을 평가하고 새로운 합리적 대안의 중간 믿음으로 수정할 수 있도록 이용자를 도와야 한다.

넷째, 핵심 신념을 찾고 이를 수정하기 단계다. 핵심 신념은 이용자의 저변 에 깔려 있는 무의식적인 신념으로 이용자가 이를 인지하지 못할 수 있다. 또 한 핵심 신념의 일반적인 증거가 나타나도 쉽게 수정되지 않는 특징을 지니 고 있다. 이러한 핵심 신념은 중간 신념인 규칙, 태도, 가정을 통해서 찾거나 혹은 화살표 아래로 내려가기를 통해서도 찾을 수 있다. 부정적인 핵심 신념 은 두 가지, 즉 무능함이나 사랑받을 수 없다는 생각과 관계된 것으로 분류할 수 있다(Beck et al., 1988).

이러한 핵심 신념을 변화시켜 나가기란 매우 어렵다. 왜냐하면 이용자가 자신의 핵심 신념에 직면하면 방어기제를 사용하여 저항할 뿐만 아니라 이 핵심 신념은 수년에서 수십 년 동안 이용자가 세상을 조망하면서 형성한 나 름대로의 신념이기 때문이다(오원택, 2004). 핵심 신념을 수정하기 위해서는 "그것은 사실인가?", 혹은 "그것은 나의 목표를 달성하는 데 도움이 되는가?" 등의 질문을 하는 것이 도움이 된다. 또한 이용자가 핵심 신념을 믿는 정도 를 0~100점으로 평정한 뒤 이전의 핵심 신념을 지지하는 증거와 재구성된 핵심 신념에 대한 지지 증거들을 이용자가 직접 찾도록 하는 것도 필요하다.

다섯째, 변화 유지하기 단계다. 변화 유지를 위해 상담사는 이용자가 대안 적인 핵심 신념을 찾도록 돕고, 강화해 주어야 한다. 핵심 신념을 강화하기 위해서 핵심 신념의 강도를 체크해 보거나 혹은 신념과 관계되는 사소한 일 하나라도 계속 기록해 나가는 것은 새로운 핵심 신념을 강화하는 데 도움이 된다. 핵심 신념은 서서히 변화하지만 시간이 지날수록 더 강해지고 안정되어 가고 이용자가 생각하고 행동하고 느끼는 방식에 강한 영향력을 발휘하게 된다(Greenberger, 1995).

Beck의 인지치료 상담 단계를 요약하면 [그림 6-3]과 같다.

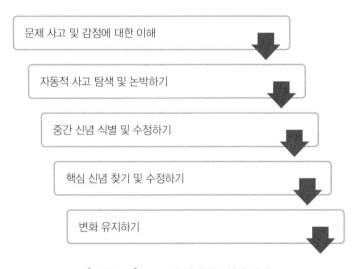

[그림 6-3] Beck의 인지치료 상담 단계

5) 평가

Beck의 인지치료 상담은 긍정적 사고의 힘을 지나치게 강조하면서 피상적이고 단순하며 과정의 중요성을 부정하고 있다. 그리고 지나치게 기법에 의존하며 정서, 즉 감정을 소홀히 한다는 점에서 행동치료나 REBT와 유사한 비판을 받고 있다(조현춘 외 역, 2012). 그러나 인지치료에서는 REBT와 달리 상담사와 이용자와의 관계를 중요하게 생각하며 감정에 주요 초점을 두지는 않지만 감정도 치료과정에서 다룬다(Beck, 1995).

　또 인지치료가 단순하다는 비판에 대해 인지치료적 접근의 상담사들은 인지치료 실제가 그리 단순하지 않다고 주장한다. 그들은 무의식이나 근본 갈등을 탐색하지 않고 스키마의 변화와 지금-여기의 관점에서 이용자를 상담하지만 과거나 현재 이용자에게 주는 영향을 살펴보기 위해 과거도 살펴본다고 주장하고 있다(Corey, 2009; 조현춘 외, 2012).

제7장 직업상담 이론

　직업상담 이론은 상담 이론의 접근방식에 따라 직업선택 이론과 진로발달 이론, 진로타협 이론, 그 외 최신의 진로 이론 등으로 구분할 수 있다. 직업선택 이론은 개인의 직업선택 과정에 다양한 일회적 접근방법을 활용하는 이론으로, Frank Parsons(1854~1908)의 특성-요인 이론에 뿌리를 두고 있다(Herr, 2013). 직업선택 이론에는 Parsons와 Williamson의 특성-요인 이론과 Roe의 욕구 이론, 특성-요인 이론의 틀이 적용된 Holland의 직업성격유형 이론을 들 수 있고, 특성-요인 이론의 확장으로 볼 수 있는 직업적응 이론(최근 개인-환경 적합 이론으로 불림)이 포함될 수 있다. 그리고 진로발달 이론은 한 시점의 진로선택을 다루는 것이 아니라 오랜 기간 동안 개인의 생애 전체 진로발달 과정을 다루는 것으로, 개인의 진로선택 과정에 발달적 접근방법을 도입하여 설명하는 이론이다. 진로발달 이론에는 Ginzberg와 동료들의 진로발달 이론, Super의 진로발달 이론, Levinson의 발달 이론이 해당될 수 있다. 다음에서는 각각의 직업상담 이론에 따른 개념과 기법을 중심으로 제시한다.

1. Parsons와 Williamson의 특성-요인 이론

특성-요인 이론은 Parsons(1909)의 직업지도 모델에 기초하여 형성된 것으로 개인(자기정보)과 직업환경(직업정보), 그리고 이 두 정보 간의 관계를 이해하는 것을 통해 직업선택이 이루어진다고 보는 이론이다(이재창 외, 2014). 이후 특성-요인 이론은 Williamson과 Hull 등을 비롯한 미네소타 대학교의 고용안정연구소(Minnesota Employment Stabilization Research Institute) 연구자들에 의해 지속적인 연구가 이루어졌고, 대공황과 제2차 세계 대전을 겪으며 많은 적성검사와 직업정보 자료를 만드는 성과를 낳았다(Chartrand, 2001).

Parsons(1909)는 직업을 선택하기 위해 개인의 특성(trait)과 직업을 구성하는 요인(factor)을 파악하고, 이 두 정보 간의 연관성을 매칭하는 작업이 이루어져야 한다고 보고 이상적으로 다음과 같은 정보가 필요하다고 주장하였다(Sharf, 2006). 첫째, 자기 자신에 대한 이해로 자신의 적성, 능력, 흥미, 가치관, 성격, 포부, 자원의 한계와 근원 등에 대해 아는 것이다. 둘째, 직업에 대한 이해와 지식으로 각 직업에 따른 요구 및 성공요건, 장단점, 보수, 고용기회, 전망 등에 대한 지식을 얻는 것이다. 셋째, 두 정보 간의 정확한 추론으로 이 두 정보 간의 연관성에 대해 합리적으로 연결하는 것이다.

이러한 특성-요인 이론은 이용자가 자신의 문제를 독립적으로 해결할 수 있는 능력이 결여되어 있는 반면, 상담사는 훈련과 경험, 다양한 정보를 가지고 있으므로 이용자의 문제해결을 위한 암시와 조언을 줄 수 있다고 가정한다. 따라서 특성-요인 상담은 상담사 중심의 상담방법으로 과학적이고 합리적인 문제해결 방법을 제시한다. 직업과 사람을 연결하는 데 중점을 두고, 이용자에 대해 정서적으로 이해하기보다는 객관적으로 이해하고자 한다. 흥미, 지능, 적성, 성격 등 표준화 검사의 실시와 결과의 해석을 강조하고, 이 과정에서 상담사는 주로 교육자의 역할을 수행한다. 다음에서는 특성-요인 상담의 기본 개념과 상담 기법, 평가를 중심으로 살펴본다.

1) 기본 개념

(1) 특성-요인 이론의 세 가지 요소

① 자신에 대한 이해

자신에 대한 이해는 이용자 개인의 특성을 객관적으로 분석하는 것이다. 개인의 특성은 적성, 능력, 흥미, 가치관, 성격, 포부, 자원의 한계와 근원 등으로 이러한 특성은 면담과 관찰에 의해 확인되며 객관적인 자료로 각종 심리검사를 이용할 수 있다(이재창 외, 2014).

이 중 주요 특성인 적성, 능력, 흥미, 가치관, 성격 등의 개념을 살펴보면 다음과 같다. 적성은 앞으로의 과업에 대한 성공적인 수행 가능성을 의미하고, 능력은 현재 여러 가지 과업을 수행하면서 보이고 있는 개인의 능력 특성으로 성취도와 관련된다. 적성과 능력이 잘하는 것과 관련되는 것이라면 흥미는 호기심과 즐거움, 재미와 관련되는 것으로 Tracy와 Hopkins(2001)는 직업선택을 예측하는 데 있어 흥미가 능력에 대한 자기평가보다 더 예측이 높다고 하였다. 가치관은 개인이 바라는 궁극적인 목표로 Sagie 등(1996)은 직업가치를 "작업 맥락에서 얻고자 하는 특정 결과에 대해 개인이 부여하는 중요성"으로 정의하였고, 이지연(2006)은 사람들이 자신의 일에 부여하고 있는 의미와 이를 통해 실현하고자 하는 목표 상태를 의미하며 시대적인 특성과 요구를 반영한다고 하였다. 결국 직업가치는 직업과 관련된 전반적인 태도로 직업을 어떻게 보느냐 하는 직업에 대한 관점, 희망 종사직업에 대한 가치 부여, 직업선택에 있어서 바람직한지 여부를 판단하는 행동기준 및 개념 규정, 직업선택과 직장생활에서의 동기 요인, 직장에서의 만족을 결정하는 보상 수단의 종류에 대한 중요도의 판단기준 등으로 정리해 볼 수 있다(박정란, 2006). 끝으로 성격은 개인의 독특한 적응을 결정하는 정신신체적 체계들의 역동적 조직(Allport, 1961)으로 정의되며, 개인이 가지고 있는 독특한 행동방식이라 할 수 있다.

② 직업세계에 대한 이해

직업세계에 대한 이해는 직업세계를 체계적으로 분석하는 것으로 직업정보의 수집을 통해 이루어질 수 있다. Sharf(2006)는 직업정보를 직업정보의 유형(예: 직무내용, 근로조건 또는 급여 등), 직업분류 체계(예: 유사한 직업군별 조직화), 개인이 고려하고 있는 각 직업에 진입하는 데 필요한 특성 및 요인 요건에서 이해되어야 한다고 하였다. 직업세계에 대한 분석이 필요한 이유는 현대 사회의 다양화, 복잡화로 인해 직업세계도 급속도로 분업화, 전문화되고 있기 때문이다.

③ 개인과 직업의 합리적 연결

개인과 직업의 합리적 연결은 과학적 조언을 통하여 이루어질 수 있다. 이용자는 부모의 요구나 친구의 권유에 의해 또는 자신의 왜곡된 편견이나 다른 외적인 요구에 의해 불합리한 의사결정을 할 수 있으므로 상담사는 최종적으로 진로선택을 결정하는 단계에 이르면 이용자로 하여금 과학적ㆍ합리적 의사결정을 통해 최선의 선택에 이르도록 도와야 한다.

(2) 특성-요인 이론의 상담과정

Williamson(1939)은 특성-요인 이론의 상담과정을 다음과 같이 여섯 가지 단계로 제시하고 있다(황매향 외, 2013).

- 1단계: 분석 단계로 여러 자료를 통해 이용자의 태도, 흥미, 가정환경, 지식, 교육적인 능력, 적성에 대한 자료를 주관적·객관적 방법으로 수집한다.
- 2단계: 종합 단계로 이용자의 독특성이나 개별성을 강조하기 위해 사례연구 기술과 검사 목록 자료를 수집하고 요약한다.
- 3단계: 진단 단계로 이용자의 문제 및 뚜렷한 특징을 묘사하고, 개인의 목록과 학문적·직업적 능력을 목록으로 비교하여 문제의 원인을 탐색하고, 문제를 해결할 수 있는 다양한 방법을 검토한다.
- 4단계: 예측 단계로 문제들의 가능한 여러 결과와 조정 가능성을 판단한 후, 문제해결을 위해 이용자가 고려해야 할 대안적 조치와 중점 사항을 예측한다.
- 5단계: 상담 단계로 미래 또는 현재 바람직한 적응을 위해 무엇을 해야 하는가에 대해 이용자와 함께 협동적·능동적으로 상의한다.
- 6단계: 사후지도 단계로 새로운 문제가 발생할 때 상기의 단계를 반복하고, 이용자가 바람직한 행동계획을 실행하도록 계속적으로 돕는다.

2) 상담 기법

Williamson(1939)은 특성-요인 이론에 기반한 검사 해석 단계에서 이용할 수 있는 상담 기법으로 다음과 같이 세 가지를 제시하고 있다.

(1) 직접 충고

직접 충고(direct advising)는 검사 결과를 토대로 상담사가 이용자에게 자신의 견해를 솔직하게 표명하는 것이다. Williamson은 이용자가 상담사에게 솔직한 견해를 요구할 때, 혹은 이용자가 실패와 좌절에 이를 수 있는 행동이나 선택을 하려고 할 경우 이 방법을 적용하는 것이 도움이 된다고 하였다.

(2) 설득

설득(persuasion)은 상담사가 이용자에게 합리적이고 논리적인 방법으로 검사 자료를 제시하는 것이다. 상담사는 이용자에게 검사 결과가 나타내는 바를 이해시킴으로써 이용자로 하여금 자신의 문제를 해결할 수 있도록 설득할 수 있다.

(3) 설명

설명(explanation)은 상담사가 검사 자료 및 비검사 자료들을 해석하여 이용자의 진로선택을 돕는 것이다. 상담사는 이를 통해 이용자에게 선택 가능한 대안들과 그 대안들의 예상되는 결과들에 대해 이해할 수 있도록 돕는다.

3) 평가

특성-요인 이론은 직업선택 시 개인의 특성을 고려하도록 하였다. 특히, 특성-요인 이론에서 강조하고 있는 표준화 검사도구와 직업세계의 분석과정은 직업상담 과정에 매우 유용하다. 그러나 특성-요인 이론은 몇 가지 제한점을 가진다. 첫째, 특성-요인 상담은 객관적인 절차, 특히 심리검사를 통해 개인의 특성을 타당하고, 신뢰성 있게 측정할 수 있다고 가정하지만 이러한 검사도구에서 밝혀진 결과가 어떤 직업에서의 성공 여부를 정확하게 예언해 주지 못한다는 예언타당도의 문제가 있다(Ghiselli, 1977). 둘째, 직업선택을 일회적인 행위로 간주하여 장기간에 걸친 인간의 직업발달을 도외시하고 있으며, 개인이 소지하고 있는 제 특성 간의 역동성 및 개인이 많은 요인 중에서 어느 것을 우선적으로 고려하느냐에 따라 직업선택이 달라질 수 있다는 점을 고려하지 못하고 있다. 셋째, 개인의 특성과 직업 간의 관계를 기술하지 만 개인의 특성이 어떻게 발달하였는지, 개인이 왜 그러한 특성을 가지게 되었는지에 대한 설명이 부족하다. 넷째, 개념적인 단순함으로 인해 많은 상담사나 상담 프로그램에서 활용하고 있지만 이론 자체로 효율적인 지침을 제공하지 못한다(김봉환 외, 2018).

2. Roe의 욕구 이론

욕구 이론의 대표적인 연구자인 Anne Roe(1904~1991)는 예술가들의 창의성과 관련된 성격 요인에 대한 연구와 이후에 수행한 다양한 분야의 과학자들에 대한 연구를 통해 직업심리학에 관심을 가지게 되었다. 욕구 이론은 개인의 욕구가 직업선택에 큰 영향을 미친다고 전제하고, 아동기 가족 내 상호작용에서 경험한 것이 직업선택에 많은 영향을 미친다고 본다(김봉환 외, 2018). Roe는 개인의 직업과 기본 욕구 만족이 Maslow의 욕구위계이론을 바탕으로 할 때 가장 효율적이라고 하였고, Maslow의 욕구위계에서 하위 욕구일수록 충족시키고자 하는 강도가 보다 높다고 보았다. 이처럼 Roe는 Maslow가 제시한 욕구의 단계를 기초로 하여 초기 인생 경험과 직업선택과의 관계에 대한 가정을 발전시켰다(Roe & Lunneborg, 1990). 다음에서는 Roe의 욕구 이론을 이해하기 위하여 기본 개념으로 부모-자녀의 관계 유형과 여덟 가지 직업분류체계를 중심으로 살펴본다.

1) 부모-자녀의 관계 유형

Roe는 아동기의 경험 중 부모-자녀 관계가 직업선택에 중요한 영향을 미치는 요인이라고 보고, 가정의 정서적 분위기, 즉 부모와 자녀 간의 상호작용 유형에 따라 자녀의 직업선택에 대한 욕구 유형이 달라진다고 주장하였다. 부모-자녀의 관계 유형은 정서집중형, 회피형, 수용형으로 나누어 볼 수 있다(김봉환 외, 2018).

첫째, 정서집중형은 과보호형과 과요구형(과잉요구형)으로 구분할 수 있다. 과보호형은 자녀를 지나치게 보호함으로써 자녀에게 의존심을 키우는 유형이고, 과요구형은 자녀가 남보다 뛰어나거나 공부를 잘하기를 바라므로 자녀에게 엄격하게 훈련시키며 무리한 요구를 하는 유형이다.

둘째, 회피형은 무시형과 거부형으로 구분할 수 있다. 무시형은 부모가 자녀와 거의 접촉하려 하지 않고, 부모로서의 책임을 회피하는 유형이다. 거부형은 자녀에 대해 냉담하여 자녀가 선호하는 것이나 의견을 무시하고, 자녀의 부족한 면이나 부적합한 면만을 지적하며, 자녀의 욕구를 충족시켜 주려고 하지 않는 유형이다.

셋째, 수용형은 무관심형과 애정형으로 구분할 수 있다. 무관심형은 부모는 자녀에게 수용적으로 대하지만 자녀의 욕구나 필요에 대해 민감하지 못할 뿐만 아니라 어떤 것을 잘하도록 강요하지도 않는 유형이고, 애정형은 자녀에 대해 부모가 온정적이고 관심을 기울이며 자녀의 요구에 응하고 독립심을 길러 주며 벌을 주기보다는 이성과 애정으로 대하는 유형이다.

Roe는 이러한 부모의 양육방식에 따라 자녀가 사람지향적이거나 혹은 사람회피적인 직업을 가질 수 있다고 보았다. 부모-자녀 관계에 따른 직업선택 경향을 구체적으로 살펴보면 다음과 같다. 따뜻한 부모-자녀 관계에서 성장한 사람은 어렸을 때부터 어떤 필요나 욕구가 있을 경우, 사람들과의 접촉을 통해 이를 충족시키는 방식을 습득하게 됨으로써 인간지향적인 직업, 예를 들면 서비스직, 비즈니스직, 단체직, 예능직, 일반문화직 등을 선택하는 경향이 있다고 하였다. 한편, 소원한 부모-자녀 관계에서 성장한 사람은 어렸을 때부터 자신의 문제에 대해 부모나 주위 사람의 도움을 청하지 않을 뿐만 아니라 사람과의 접촉이 개입되지 않는 다른 수단을 통해 이를 해결하는 방법을 습득하게 됨으로써 이후 비인간지향적인 직업, 예를 들면, 기술직, 옥외활동직, 과학직 등을 선택하는 경향을 보인다고 하였다.

2) 여덟 가지 직업분류체계

Roe는 미네소타 직업평정척도(Minnesota Occupational Rating Scales: MORS)에서 힌트를 얻어 일의 세계를 여덟 가지 직업군(field)과 여섯 가지 수준(level)으로 구성된 2차원의 체계로 조직화하였다. 여덟 가지 직업군 분야는 서비스직, 비즈니스직, 단체직, 기술직, 옥외활동직, 과학직, 일반문화직, 예능직 등을 의미한다. Roe가 제안한 여덟 가지 직업군은 다음과 같다(Roe & Lunneborg, 1990).

(1) 서비스직(service)

기본적으로 다른 사람의 욕구와 복지에 관심을 가지고 봉사하는 직업인 사회복지, 가이던스 등이 해당된다. 이 군집의 본질적인 요소는 다른 사람을 위해 무엇인가를 하고 있는 환경이다.

(2) 비즈니스직((business contact)

주로 일대일 만남을 통해 공산품, 투자상품, 부동산 등을 판매하는 직업이 해당된다. 대인관계가 중요하나 타인을 도와주기보다는 어떤 행동을 취하도록 상대방을 설득하는 데 초점을 둔다.

(3) 단체직(organization)

사업, 제조업, 행정에 종사하는 관리직, 화이트칼라가 이 군집에 해당되며, 기업의 조직과 효율적인 기능에 관련된 직업이 해당된다.

(4) 기술직(technology)

상품과 재화의 생산, 유지, 운송과 관련된 직업을 포함하며 공학, 기계, 정보통신, 무역 등의 직업을 포함하는 군집이다. 운송과 정보통신에 관련된 직업뿐만 아니라 공학, 기능, 기계, 무역에 관련된 직업들도 포함된다. 대인관계는 상대적으로 덜 중요하며 사물을 다루는 데 관심을 둔다.

(5) 옥외활동직(outdoor)

농산물, 수산자원, 지하자원, 임산물, 기타 천연자원을 개발, 보존, 수확하는 것과 축산업과 관련된 직업들을 말한다.

(6) 과학직(science)

기술직과는 달리 과학 이론 및 그 이론을 특정한 환경에 적용하는 직업이 해당된다.

(7) 일반문화직(general culture)

개인보다 인류의 활동에 흥미를 가지며 문화유산의 보존 및 전수에 관련된 직업이 해당된다. 교육, 언론, 법률, 성직, 언어학과 인문학이라 불리는 과목들과 관련된 직업들이 이 군집에 포함된다. 대부분의 초·중등학교 교사들이 이 군집에 속하나 고등교육기관의 경우, 가르치는 교과에 따라 서로 다른 직업군에 포함된다.

(8) 예능직(art and entertainment)

창조적인 예술과 연예에 관련된 특별한 기술을 사용하는 것과 관련된다. 대부분의 경우, 개인과 대중 또는 조직화된 한 집단과 대중 사이의 관계에 초점을 둔다.

각 군집은 다시 책임, 능력, 기술의 정도를 기준으로 각각 여섯 가지 단계로 나누어진다. 이러한 기준들 간에 상관관계는 없으며 책무성의 정도가 단계를 구분하는 데 가장 결정적인 영향을 미친다. 책무성에는 결정을 내리는 횟수와 곤란도 뿐만 아니라 다양한 문제를 어떻게 처리해야 하는지도 포함된다. 각각의 단계들은 책무성의 연속선상에 존재한다(Roe & Lunneborg, 1990). 책무성에 따른 여섯 가지 단계별 특징을 살펴보면 다음과 같다.

- 고급 전문관리(professional and managerial 1): 중요한 사안에 대해 독립적인 책임을 지는 전문가들뿐만 아니라 개혁자, 창조자, 최고 경영관리자들을 포함한다. 중요하고 독립적이며 다양한 책임을 진다. 정책을 만들며 박사나 그에 준하는 정도의 교육수준이 요구된다.
- 중급 전문관리(professional and managerial 2): 고급 단계와는 정도의 차이가 있다. 중요성과 다양성의 측면에서 자신과 타인에 대한 중간 정도의 책임을 진다. 정책을 해석하며 석사학위 이상 또는 박사보다 낮은 교육수준이 요구된다.
- 준 전문관리(semiprofessional and small business): 타인에 대한 낮은 수준의 책임을 지고, 정책을 적용하거나 자신만을 위한 의사결정을 하며, 고등학교나 기술학교, 또는 그에 준하는 정도의 교육수준이 요구된다.
- 숙련직(skilled): 견습이나 다른 특별한 훈련 및 경험이 필요하다.
- 반숙련직(semiskilled): 약간의 훈련 및 경험이 요구되나 숙련직보다는

낮은 수준이다.

- 비숙련직(unskilled): 특별한 훈련 및 교육을 필요로 하지 않으며, 간단한 지시를 따르거나 단순반복적인 활동을 수행한다.

3) 평가

Roe의 욕구 이론은 성격과 직업 분류를 통합하였으며, 독특한 방식으로 직업을 분류하는 모델을 제시하였고, 부모-자녀 관계를 측정하기 위한 도구로 부모-자녀 관계 질문지(Parent-Child Relations Questionnaire: PCR I)를 개발하였다는 점에서 기여하였다. 그러나 Roe의 욕구 이론은 Roe 자신도 본인의 이론이 추론적인 것이며 이론의 가정에 대한 직접적인 증거가 거의 없음을 인정하는 등 실증적인 근거가 결여되어 있고, 자녀의 발달과정이 일관되지 않고, 자녀에 대한 부모의 태도도 각각 다를 수 있는 등 부모-자녀 관계가 이론처럼 획일적이거나 단순하지 않으므로 검증하기가 매우 어렵기 때문에, 실제 적용 과정에서 구체적인 절차를 제시하지 못하였다는 문제점이 제기되고 있다.

3. Holland의 직업성격유형 이론

John L. Holland(1919~2008)는 다양한 교육현장, 군대, 임상 치료과정에서 상담하였고, 그 과정에서 대부분의 사람들이 가진 흥미, 특성, 행동을 유형으로 분류하였다(황매향 외, 2013). Holland의 직업성격유형 이론(이하 Holland 이론)은 '개인과 환경의 어떤 특성이 진로결정의 만족과 같은 긍정적인 결과를 이끌어 내는가?' 또는 '개인과 환경의 어떤 특성이 미결정이나 결정에 대한 불만족과 같은 부저적인 결과를 이끌어 내는가?', '개인과 환경의 어떤 특

성이 생애진로 안정성을 변화시키는가?', '진로 관련 문제를 가진 사람들에게
도움을 줄 수 있는 가장 효과적인 방법은 무엇인가?'에 대한 답을 제공한다
(Holland, 1997).

Holland 이론은 Holland의 RIASEC 모형을 토대로 개인의 진로선택과 직
업결정 방법을 제시하는 것이다. Holland는 직업선택과 직업발달에 있어 "직
업적 흥미는 일반적으로 성격이라고 불리는 것의 일부분이므로 개인의 직업
적 흥미에 대한 설명은 곧 개인의 성격에 대한 설명이다."라고 가정하고 있
다. Holland는 개인의 성격과 환경을 현실형, 탐구형, 예술형, 사회형, 진취
형, 관습형의 육각형 모형으로 구분하고, 개인의 행동은 성격과 환경의 상호
작용에 의해 결정된다고 보았다(Holland, 1997). 다음에서는 Holland 이론의
기본 개념과 상담 기법, 평가를 중심으로 제시한다.

1) 기본 개념

(1) Holland 이론의 기본 전제

Holland(1997)는 개인과 개인 간의 관계, 환경과 환경 간의 관계, 개인과
환경 간의 관계를 설명하기 위하여 다섯 가지 주요 개념인 계측성, 일치성,
변별성, 일관성, 정체성을 제시하고 있다. 그리고 Holland 이론의 대표적인
개념인 직업적 성격 유형 모형인 육각형 모형은 이러한 개념들을 기본 전제
로 해석된다고 하였다.

① 일관성(consistency)

개인의 흥미 하위 유형 간의 내적 일관성을 가지며, 어떤 쌍들은 다른 유형
의 쌍들보다 공통점을 더 많이 가지고 있다는 것으로 인접한 직업 유형은 유
사성이 있는 반면, 떨어져 있는 직업 유형은 유사성이 거의 없다.

② 정체성(identity)

성격적 측면의 정체성은 개인의 목표, 흥미, 재능에 대한 명확하고 건고한 청사진을 의미하고, 환경적 측면의 정체성은 조직의 투명성, 안정성, 목표, 일, 보상의 통합을 의미한다.

③ 변별성(differentiation)

흥미 검사에서 특정 영역의 점수가 다른 흥미 영역의 점수보다 높은 경우, 변별성은 높고, 점수가 비슷한 경우, 변별성은 낮아진다.

④ 일치성(congruence)

흥미를 갖고 있는 영역과 소속되고자 하는 환경이 서로 부합하는 정도로서 개인은 자신의 흥미 유형이나 정체성과 비슷한 환경에서 일하거나 생활할 때 일치성이 높아진다.

⑤ 계측성(calculus)

타산성이라고도 하며 육각형 모델에서 유형들 간의 거리는 이론적인 관계에 반비례한다는 것이다.

(2) 여섯 가지 직업성격 유형

Holland의 직업성격 유형은 [그림 7-1]과 같이 RIASEC이라고 불리는 현실형, 탐구형, 예술형, 사회형, 진취형, 관습형으로 이루어진다. Holland의 직업성격 유형의 기본 가정은 개인은 여섯 가지의 직업성격 유형에 해당하는 특성을 가지고 있고, 여섯 가지의 작업 및 직무특성을 필요로 하는 직업환경이 있다는 것이다. 각 유형의 성격 특성과 적합 직업은 다음과 같다(안창규, 1996; 한국고용정보원, 2008).

① 현실형(R)

현실형(Realistic)은 솔직하고, 성실하며, 검소하고, 지구력이 있으며, 말이 적고 고집이 세며 직선적이고 단순한 편이다. 선호 활동은 분명하고, 질서정연하고, 체계적인 것을 좋아하며, 연장이나 기계의 조작을 주로 하는 활동이나 현장에서 몸으로 부대끼는 활동에 흥미를 보인다. 반면, 사회적 기술이 부족하고 사교적이지 못하여 대인관계가 요구되는 상황에서 어려움을 느낀다. 대표적인 적합 직업으로 기술자, 정비사, 엔지니어, 전기기계 기사, 비행기 조종사, 트럭 운전사, 조사연구원, 목수, 운동선수 등을 들 수 있다.

② 탐구형(I)

탐구형(Investigative)은 논리적, 분석적, 합리적이며, 추상적, 과학적, 호기심이 많고, 조직적이며 정확한 반면 내성적이고 수줍음을 잘 탄다. 선호하는 활동은 관찰적, 상징적, 체계적이고, 과제지향적이며, 물리적, 생물학적, 문화적 현상에 대한 창조적인 탐구를 수반하는 활동들에 흥미를 보인다. 그러나 사회적이고 반복적인 활동들에 관심이 부족한 편이며 리더십이 부족하다. 대표적인 적합 직업으로 과학자, 생물학자, 화학자, 물리학자, 인류학자, 지질학자, 의료기술자, 의사, 심리학자, 분자공학자 등을 들 수 있다.

③ 예술형(A)

예술형(Artistic)은 표현력이 풍부하고 창의적, 독창적이며 개성이 강하고 상상력이 풍부하며, 감수성이 강하고, 비순응적이며 자유분방하고 개방적이다. 변화와 다양성을 좋아하고, 틀에 박힌 것을 싫어하며, 모호하고 자유롭고, 상징적인 활동들에 흥미를 보인다. 대표적인 적합 직업으로 작곡가, 음악가, 무대감독, 작가, 배우, 소설가, 미술가, 무용가, 디자이너 등을 들 수 있다.

④ 사회형(S)

사회형(Social)은 사람들과 어울리기 좋아하고, 대인관계에 뛰어나며 친절하고 이해심이 많다. 또한 남을 잘 돕고, 봉사적이며, 감정적이고 이상주의적이다. 타인의 문제를 듣고, 이해하며, 도와주고, 치료해 주고, 봉사하는 활동들에 흥미를 보인다. 다른 사람과 함께 일하거나 다른 사람을 돕는 것을 즐기지만 도구와 기계를 포함하는 질서정연하고 조직적인 활동에는 흥미가 없다. 대표적인 적합 직업으로 사회복지사, 교육자, 종교지도자, 상담사, 바텐더, 임상치료사, 간호사, 언어재활사 등을 들 수 있다.

⑤ 진취형(E)

진취형(Enterprising)은 지배적이고 통솔력, 지도력이 있으며, 말을 잘하고 설득적, 경쟁적이고, 야심적이며, 외향적이고 열성적이다. 선호하는 활동은 조직의 목적과 경제적인 이익을 얻기 위해 타인을 선도, 계획, 통제, 관리하는 일이고 그 결과로 얻어지는 인정, 권위에 흥미를 보이는 반면 관찰적·상징적·체계적 활동에는 흥미가 없다. 대표적인 직업으로 정치가, 사업가, 전문경영인, 판사, 영업사원, 상품구매인, 보험회사원, 판매원, 관리자, 연출가 등을 들 수 있다.

⑥ 관습형(C)

관습형(Conventional)은 정확하고 조심성이 많으며 세밀하고 계획성이 있고, 다소 보수적이어서, 변화를 좋아하지 않으며 완고하고 책임감이 강하다. 구조화된 환경을 선호하고, 정해진 원칙과 계획에 따라 자료들을 기록, 정리, 조직하는 일을 좋아하며, 체계적인 작업환경에서 사무적·계산적 능력을 발휘하는 활동들에 흥미를 보인다. 대표적인 적합 직업으로 사서, 은행원, 행정관료, 공인회계사, 경리사원, 경제분석가, 세무사, 법무사, 감사원, 안전관리

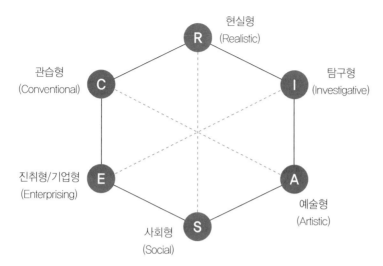

[그림 7-1] Holland의 육각형 모형

사 등을 들 수 있다.

2) 상담 기법

Holland 직업성격유형 이론은 상담과정에서 Holland 이론의 중심인 육각
형 모형을 토대로 활용하고 있다.

(1) 직업선호도검사

직업선호도검사(Vocation Preference Inventory: VPI)는 이용자가 160개의 직
업 목록에 대한 흥미 정도를 표시하는 것이다.

(2) 자가흥미탐색검사

자가흥미탐색검사(Self Directed Search: SDS)는 1971년에 처음 발표되었고,
1977년과 1985년에 개정되었으며 1시간 정도 검사 시간이 소요되는 워크북

과 지침서로 구성되어 있다.

(3) 직업탐색검사

직업탐색검사(Vocational Exploration and Insight Kit: VEIK)는 1980년 Holland가 미래 진로문제에 대하여 스트레스를 받고 있는 이용자에게 사용하기 위하여 개발한 검사도구다. 직업탐색검사는 이용자가 미래 진로로 생각하고 있는 직업의 수를 증가시키고, 과거 경험과 현재 직업의 목표가 어떻게 관련되는지 알 수 있도록 돕는다.

(4) 자기직업상황검사

자기직업상황검사(My Vocational Situation: MVS)는 스스로 간단하게 실시할수 있는 20개의 문항으로 구성되어 있고, 이용자의 직업정체성, 직업정보에 대한 필요, 선택된 직업목표에 대한 장애 등을 측정하는 것을 목적으로 한다.

(5) 진로의사결정검사

진로의사결정검사(Career Decision Making: CDM)는 Holland의 육각형 모델에 따라 여섯 가지 이용자의 흥미점수가 도출되며, 그중 원점수가 가장 높은두세 가지 흥미척도가 탐색 대상 직업군이 되는 원리다. 능력, 근로가치, 미래계획, 선호하는 교과목 등에 대한 자가평정한 결과를 직업 관련 의사결정시스템 전반에 통합시키는 것이다.

3) 평가

Holland 이론의 중심인 육각형 모형은 흥미 측정에 있어 조직, 구조, 단순화, 발전된 해석이 이루어지도록 함으로써 복잡한 직업세계를 단순화하고 해석하는 데 유용한 방식이라 할 수 있다(Cambell & Borgen, 1999). 그리고 Holland 이론은 상담과정에서 진로선택을 돕기 위해 직업선호도검사(VPI), 자가흥미탐색검사(SDS), 직업탐색검사(VEIK), 자기직업상황검사(MVS), 진로의사결정검사(CDM) 등 매우 유용한 검사도구들을 개발하였고, 미국 직업사전(Dictionary of Occupational Titles: DOT)을 Holland 직업코드사전(Dictionary of Holland Occupational Codes: DOHC)으로 번안하였다는 것에서 기여점을 찾을 수 있다.

그러나 Holland 이론은 성격유형론이 지나치게 강조되어 다른 여러 가지 중요한 개인적 · 환경적 요인이 무시되었고, 진로상담에 적용할 수 있는 구체적인 절차, 즉 상담사와 이용자 간의 대면관계에서 사용할 수 있는 과정과 기법에 대한 안내를 제공해 주지 못했다. 또한 검사도구에서 성적 편파(gender bias)의 문제가 있고, 성격요인을 중시하지만 정작 그 발달과정에 대한 설명이 결여되어 있으며, 개인이 자신과 환경을 변화시킬 수 있는 가능성이 있음에도 불구하고, 이를 고려하지 않았다는 제한점을 지니고 있다.

4. Dawis와 Lofquist의 직업적응 이론

직업적응 이론(theory of work adjustment: TWA)은 1950년대 후반부터 미네소타 대학교에서 지속적으로 수행해 온 직업적응 프로젝트의 연구 성과에 토대를 두어 정립된 이론으로 1964년 장애인을 대상으로 한 미네소타 직업재활 연구의 일부로 처음 발표되었다. 이후 Dawis와 Lofquist(1984)가 이론적으로 정교화하고, 경험적인 연구를 종합하여 책으로 발간하였다. 직업적응 이론은 미네소타 직업분류체계 III(MOCS III)와 관련하여 발전된 이론으로 개인의 욕구와 능력을 환경에서의 요구사항과 관련지어 직무만족이나 직무유지 등의 진로행동에 대해 설명한다.

최근에는 이 이론의 개인과 환경 간의 상호작용을 통한 욕구충족을 강조하는 이론으로 개인-환경 조화 상담(person-environment correspondence counseling)으로 수정되어 불리고 있다(Dawis, 2002; Lofquist & Dawis, 1991). 직업적응 이론이 개인의 직업행동을 설명하는 데 한정되어 있다면 개인-환경 조화 이론은 가족 문제 등 다른 영역까지 확장하여 기본 개념들이 적용되고 있다. 직업적응이론의 개념적 틀은 크게 개인의 성격 구조와 양식을 설명하는 성격 이론, 직업환경의 구조와 양식을 설명하는 직업환경 이론, 개인과 환경과의 조화에 대하여 설명하는 직업적응 이론으로 나누어진다(Dawis, 2002; Lofquist & Dawis, 1991). 다음에서는 직업적응의 개념과 직업적응 유형, 직업적응 양식 차원 간의 관계를 설명하고, 주요 기법으로 직업적응 이론에 기반한 검사도구들을 살펴보며, 관련 이론에 대한 평가를 제시한다.

1) 기본 개념

(1) 직업적응의 개념

Lofquist와 Dawis(1969)는 직업적응을 "개인이 직업환경과 조화를 이루어 만족하고 유지하도록 노력하는 계속적이고 역동적인 과정"이라고 하였고, 직업적응과 관련되는 두 가지 중요한 개념으로 만족(satisfaction)과 충족(satisfactoriness)을 들었다. 만족은 조화의 내적 지표로 작업환경이 개인의 욕구를 얼마나 채워 주고 있는지에 대한 개인의 평가이고 개인의 욕구에 대한 직업의 강화가 적절히 이루어질 때 만족이 높아진다고 가정한다. 반면 충족은 조화의 외적 지표로 직업에서 요구하는 과제와 이를 수행할 수 있는 개인의 능력과 관련된 개념이고 개인이 직업환경이 요구하는 과업을 수행할 수 있는 기술(능력)을 가지고 있을 때 직업의 요구가 충족된다고 보는 것이다.

이러한 개인의 욕구 만족과 직업 요구의 충족은 개인이 직업환경과의 조화를 얼마나 성공적으로 이루고 있는가를 나타내는 지표다.

(2) 직업적응양식 차원

직업적응 이론의 주요 이론인 미네소타 직업분류체계 III(Minnesota Occupational Classification System III: MOCS III)는 직업을 두 가지 차원으로 분류한다. 한 차원은 직업 내에 존재하는 강화물 체계로 제시하고, 또 다른 차원은 직업에서 요구하는 능력으로 표현한다. 능력 범주와 강화물 범주의 2차원 매트릭스에서 각 직업명은 한 축에 직업의 능력 요건(지각적·인지적·운동적 요건)을, 다른 축에 강화물 요건(내부적·사회적·환경적 요건)을 묘사하게 된다. 미네소타 직업분류체계 III는 능력수준 및 능력 유형, 다양한 직업이 제공하는 강화자 등에 대한 지표를 제공하며 이러한 지표는 작업기술을 작업 요건과 일치시키거나 해당 직업이 제공하는 강화물을 결정하기 위한 수단 등으로 사용된다. 개인의 직업적응 양식 차원들과의 관계에서 개인의 욕구와 환경의 요구가 동시에 충족되는 경우, 조화(correspondence) 상태에 이르는 반면, 동시에 충족되지 못하는 경우, 부조화(discorrespondence) 상태에 이르게 된다.

(3) 직업적응 유형

직업적응을 개인과 환경이 조화를 이루려고 노력하는 역동적인 과정으로 보았을 때 개인과 환경의 적응과정에는 각각의 성격뿐만 아니라 적응방식(adjustment style)도 영향을 주게 된다. 직업적응 이론은 개인이 환경과 상호작용하는 특성으로 네 가지 성격 유형을 가정하고 있고, 적응방식도 네 가지 측면에서 이루어진다고 보았다.

① 성격 유형 측면

직업적 성격 유형은 다음과 같이 민첩성, 역량, 리듬, 지구력으로 구분할 수 있다.

첫째, 민첩성(celerity)은 반응속도 및 과제완성도와 연관되며 정확성보다는 속도를 중시한다.

둘째, 역량(pace)은 에너지 소비량과 관련되며 작업자(근로자)의 평균 활동 수준을 의미한다.

셋째, 리듬(rhythm)은 활동에 대한 다양성을 의미한다.

넷째, 지구력(endurance)은 환경과의 상호작용 시간과 연관되며 다양한 활동수준의 기간을 의미한다.

② 적응방식 측면

적응방식은 다음과 같이 유연성, 적극성, 반응성, 인내로 구분할 수 있다.

첫째, 유연성(flexibility)은 개인이 작업환경과 개인적 환경 간의 부조화를 참아내는 정도를 의미한다.

둘째, 적극성(activeness)은 개인이 작업환경을 개인적 방식과 좀 더 조화롭게 만들어 가려고 노력하는 정도를 의미한다.

셋째, 반응성(reactiveness)은 개인이 작업성격의 변화로 인해 작업환경에 반응하는 정도를 의미한다.

넷째, 인내(perseverance)는 환경이 자신에게 맞지 않아도 개인이 얼마나 오랫동안 견뎌낼 수 있는지의 정도를 의미한다.

2) 상담 기법

직업적응 이론은 상담과정에서 직업적응 이론에 기초하여 개발된 직업적응과 관련된 검사도구들을 활용한다.

(1) 미네소타 중요도 질문지

미네소타 중요도 질문지(Minnesota Importance Questionnaire: MIQ)는 개인의 가치와 직업환경의 강화인 간의 조화를 측정하는 도구로 개인이 일의 환경에 대하여 지니는 20가지의 욕구와 여섯 가지의 가치관을 측정하며 190개 문항으로 구성되어 있다. 참고로 미네소타 중요도 질문지(MIQ)는 이후 연구를 통해 직업적응이론(TWA)에서 중요하게 다루는 직업가치를 다음과 같이 여섯 가지로 제시하기도 하였다.

① 성취(achievement): 자신의 능력을 사용하는 것, 성취에 대한 느낌을 가지는 것
② 이타심 또는 이타주의(altruism): 타인과의 조화, 타인에 대한 봉사
③ 자율성 또는 자발성(autonomy): 독립적으로 존재하는 것, 자기통제력을 가지는 것
④ 안락함 또는 편안함(comfort): 편안한 느낌을 가지는 것, 스트레스를 받지 않는 것
⑤ 안정성 또는 안전성(safety): 안정과 질서, 환경에 대한 예측능력
⑥ 지위(status): 타인으로부터의 인정, 중요한 지위에 있는 것

(2) 미네소타 직무기술 질문지

미네소타 직무기술 질문지(Minnesota Job Description Questionnaire: JDQ 또는 MJDQ)는 일에 대한 환경이 MIQ에서 정의한 20개의 욕구 충족의 정도를 측정하는 도구로 하위 척도는 MIQ와 동일하다.

(3) 미네소타 만족도 질문지

미네소타 만족도 질문지(Minnesota Satisfaction Questionnaire: MSQ)는 직무만족의 원인이 되는 일의 강화요인을 측정하는 도구로 능력의 사용, 성취, 승진, 활동, 다양성, 작업조건, 회사의 명성, 인적 자원의 관리체계 등의 척도로 구성되어 있다.

3) 평가

직업적응 이론은 직무능력과 가치의 측정을 통해 개인이 직업을 갖는 데 필요한 능력이 무엇이고, 직업을 통해 충족할 수 있는 개인의 가치가 무엇인지 알 수 있도록 도와준다. Dawis와 Lofquist는 개인의 가치−직업강화인의 조화와 만족의 관계를 위해 모든 가치의 조화보다 핵심 가치의 조화가 이루어지면 나머지는 보상된다고 가정하였다. 이러한 직업적응 이론에 대한 경험적인 연구들은 1960년대와 1970년대에 걸쳐 많이 이루어졌으나 1980년대 중반 이후 축소되었다. 1990년대 이후 인지 이론의 강세로 행동주의에 근거를 둔 적응 이론은 전반적으로 위축되어 왔다. 김봉환 등(2018)은 직업적응 이론이 보다 효과적으로 활용되기 위해서는 개인의 특성에 대한 이해뿐만 아니라 직업환경에 대한 구체적인 자료의 제공이 필요하고, 직업환경의 강화인과 직업적성은 그 범위가 넓고, 사회경제적 환경의 변화에 따라 계속 변화하므로 지속적인 개정이 필요하다고 보았다.

5. Ginzberg와 동료들의 진로발달 이론

Ginzberg, Ginsburg, Axelrad와 Herma(1951)는 진로선택 과정에 대한 연

구를 발달적 관점으로 접근한 최초의 연구자들로 직업선택이 한 번에 끝나는 의사결정이 아니라 여러 차례에 걸쳐 일어나는 발달과정이라고 하였다. 그리고 직업선택에 영향을 미치는 요인으로 개인의 가치관, 정서적 요인, 교육의 정도와 종류, 환경적 압력을 통한 현실의 영향을 제시하였고, 개인의 소망과 현실 사이의 타협에 의해 직업선택이 이루어진다고 보았다. 이들은 인간의 신체와 정신이 발달하는 것처럼 직업에 대한 지식과 태도, 기능도 어려서부터 일련의 단계를 거치면서 발달해 나가며, 직업선택의 과정은 일생 동안 계속 이루어지는 과정이기 때문에 단계마다 필요한 도움이 다르다고 주장하였다. 다음에서는 Eli Ginzberg(1911~2002)와 동료들의 진로발달 이론(Career Development Theory)의 기본 개념인 진로발달 단계를 중심으로 살펴본다.

1) 기본 개념

(1) 진로발달 단계

Ginzberg와 동료들은 아동과 청소년들과의 면담 및 기존 문헌에 대한 연구를 통해 진로발달 단계를 환상기, 잠정기, 현실기의 세 단계로 구분하였다. 각 단계별 구체적인 내용은 다음과 같다(이재창 외, 2014; 김봉환 외, 2018).

① 환상기

환상기(fantasy period, 6~11세)는 아동기로 자신이 원하는 직업이면 무엇이든 할 수 있고, 하면 된다는 식의 환상 속에서 비현실적인 선택을 하는 경향이 있다. 환상기는 직업선택과 관련하여 자신의 능력이나 가능성, 현실여건 등을 고려하지 않은 채 자신의 욕구와 충동을 중시한다. 이 시기는 놀이와 상상을 통해 미래의 직업에 대해 생각하며 초기에는 놀이 중심의 단계였다가 이 단계의 마지막에는 놀이가 일 중심으로 변화하기 시작한다.

② 잠정기

잠정기(tentative period, 11~17세)는 청소년기로 환상에서 벗어나 자신의 흥미나 능력, 가치를 고려하여 직업을 선택하는 경향이 있다. 이 시기는 현실적인 요인들이 고려되지 않기 때문에 진로선택은 여전히 비현실적인 잠정적 성격을 띠며 후반기로 갈수록 능력과 가치관 등의 요인을 어느 정도 고려하게 된다. 특히, 일에 대한 지식, 자신의 흥미, 능력, 가치에 대해 인식해 가면서 다음과 같이 네 가지 하위 단계로 나누어진다.

- 흥미 단계(interest stage, 11~12세): 자신이 좋아하는 것과 싫어하는 것, 흥미에 따라 직업을 선택하려고 한다.
- 능력 단계(capacity stage, 13~14세): 자신의 미래에 대해 보다 현실적인 관점을 갖게 되는 시기로 자신이 흥미를 느끼는 분야에서 성공을 거둘 수 있는 능력을 지니고 있는지 시험해 보기 시작하고, 다양한 직업이 있으며, 직업에 따라 보수나 훈련조건, 작업조건 등이 다르다는 사실을 처음으로 의식하게 된다.
- 가치 단계(value stage, 15~16세) : 직업선택 시 자신의 목표와 가치를 고려하게 되는 시기로 자신이 좋아하는 직업에 관련된 모든 정보를 알아보려고 하며 그 직업이 자신의 가치관과 생애 목표에 부합하는지 고려하게 된다.
- 전환 단계(transition stage, 17세 전후): 직업선택 시 현실적인 여건들이 중요한 역할을 하기 시작하지만 여전히 잠정적인 시기다.

③ 현실기

현실기(realistic period, 17세 이후~20대 초, 중반)는 흥미, 가치, 능력 등과 관련된 개인적 요인과 자격요건, 교육기회와 같은 현실적인 요인 사이에서의 타협을 통해 실제 직업선택이 이루어지는 시기다. 이 시기는 능력과 흥미의 통합 단계로 가치의 발달, 직업선택의 구체화, 직업패턴의 명료화가 이루어지며, 다음과 같이 세 가지 하위 단계로 나누어진다.

- 탐색 단계(exploration stage): 이 시기는 직업선택에 필요한 기회를 탐색하고, 필요한 교육이나 경험을 가지기 위해 노력한다.
- 구체화 단계(crystallization stage): 직업목표를 정하고, 특정 직업 분야에 몰두하면서 자신의 결정에 관한 내적·외적 요인을 두루 고려하는 시기다.
- 정교화 단계(specification stage): 자신의 결정을 더욱 구체화하고, 세분화된 계획을 세워 전문화된 의사결정을 하는 시기다.

2) 평가

경제학자였던 Ginzberg와 동료들이 제안한 진로발달 이론은 직업선택 이론의 발달적 관점에 최초로 접근한 연구였다는 데에서 그 기여점을 찾을 수 있다. 그러나 그들은 1950년대부터 전개된 진로발달 이론을 통해 직업선택이 6년에서 10년에 걸쳐 발생하는 발달과정으로 약 11세에서 17세, 또는 성인 초기에 끝난다고 보았다. 이러한 견해는 이후 Super 등에 의해 비판을 받았고, 이론적 한계들에 직면하면서 이 이론을 제안한 지 약 20년 후에 "진로선택 과정은 개인의 전 생애에 걸쳐 일어날 수 있다(Ginzberg, 1972)"라고 이론의 일부를 수정하였고, 이에 따라 직업선택은 생애발달 관점으로 확대하게 되었다.

6. Super의 생애진로발달 이론

　Donald E. Super(1910~1994)의 생애진로발달 이론(Life Career Development Theory)은 Ginzberg의 진로발달 이론을 비판하고 보완하면서 발전된 이론으로 지금까지 발표된 진로 이론 중 가장 포괄적인 이론이다. Super는 1955년 직업성숙(vocational maturity)을 소개한 이후, 이를 보다 포괄적인 개념으로 수정한 진로성숙(career maturity)에 대한 연구를 수행하면서 진로성숙을 "한 개인이 속해 있는 연령 단계에서 이루어져야 할 직업발달 과업에 대한 준비도"로 간주하였다. 진로발달은 '성장기-탐색기-확립기-유지기-쇠퇴기'의 순환과 재순환 단계를 거친다고 하였으며, 진로성숙은 생애 단계 내에서 성공적으로 수행된 발달과업을 통해 얻어진다고 보았다.

　Super의 진로발달 이론에 대한 기본 개념은 자아개념(self concept)과 초기 진로발달 이론에 해당하는 진로발달 단계와 발달과업, 후기 진로발달 이론에 해당하는 전생애 발달 이론과 생애공간 이론, 생애진로 무지개, 진로 아치문 모델로 구분해 볼 수 있다. 다음에서는 이러한 Super의 진로발달 이론에 대한 기본 개념과 평가를 중심으로 제시한다.

1) 기본 개념

(1) 자아개념

　자아개념(self concept)은 Super 이론의 기저를 이루고 있는 핵심 개념으로 Super는 진로발달을 자아개념의 발달과 이행과정으로 설명하였다. 이는 인간이 자신의 자아 이미지와 일치하는 직업을 선택한다는 것으로 "나는 이런 사람이다."라고 느끼고 생각하던 바를 살릴 수 있는 직업을 선택한다는 것이다(Super, 1990). Super는 진로발달 과정에서 본질적인 역할을 하는 자아개념은 유아기에서부터 형성(formation), 전환(translation), 실천(implementation)의 과정을 거쳐 사망에 이르기까지 계속적으로 발달하고 보완되지만 실질적으로 청년기 이후에는 큰 변화를 나타내지 않는 것으로 보았다.

(2) 진로발달 단계와 진로발달 과업

Super(1990)는 "진로란 한 개인의 생애과정으로 개인은 일생 동안 일련의 발달과업에 직면하고, 그 과정에서 자신이 되고자 하는 모습으로 발달과업을 수행한다."고 하였다. 즉, 개인의 직업선호나 능력, 자아개념 등은 시간의 경과와 경험에 따라 변화하기 때문에 직업선택과 직업적응은 일생을 통해 변화하는 일련의 연속적인 과정이라고 보았다. Super는 생애 단계를 성장 단계, 탐색 단계, 확립 단계, 유지 단계, 은퇴 단계로 구분하고, 각 단계별로 다음과 같이 하위 단계를 구분하였다.

① 진로발달 단계

- 성장 단계(growth stage, 출생~14세): 성장 단계는 자기(self)에 대한 지각이 생겨나고 직업세계에 대한 기본적인 이해가 이루어지는 시기다. 가정과 학교에서 중요한 인물과 동일시함으로써 자아개념(자기개념)을 발달시킨다. 성장기는 욕구와 환상이 지배적이나 사회참여와 현실검증력의 발달로 점차 흥미와 능력을 중시하게 되는 시기로 〈표 7-1〉과 같이 환상기(fantasy substage), 흥미기(interest substage), 능력기(capacity substage)의 하위 단계로 구분된다.

표 7-1 성장기의 하위 단계

하위 단계	단계별 특징
환상기(4~10세)	욕구가 지배적이며 환상적인 역할수행이 중시된다.
흥미기(11~12세)	진로 목표와 내용을 결정하는 데 있어서 흥미(개인의 취향)가 중요 요인이 된다.
능력기(13~14세)	능력을 더욱 중시하며 직업의 욕구조건 또한 고려한다.

- 탐색 단계(exploration stage, 15~24세): 탐색 단계는 미래에 대한 계획을 세우는 시기다. 학교생활, 여가활동, 시간제 일을 통해 자아를 검증하고, 역할을 수행하며, 직업탐색을 시도한다. 탐색기는 〈표 7-2〉와 같이 잠정기(tentative substage), 전환기(transition substage), 시행기(trial substage)의 하위 단계로 구분된다.

표 7-2 탐색기의 하위 단계

하위 단계	단계별 특징
잠정기(15~17세)	자신의 욕구, 흥미, 능력, 가치와 취업기회 등을 고려하면서 환상이나 토론, 일의 경험 등을 통해 잠정적으로 진로를 선택해 본다.
전환기(18~21세)	장래 직업세계로 들어갈 때 필요한 교육이나 훈련을 받으며 직업선택에 있어서 보다 현실적인 요인을 중시하게 된다.
시행기(22~24세)	자기에게 적합하다고 판단되는 직업을 선택하여 종사하기 시작하며 그 직업이 자신에게 적합한지 여부를 시험해 보게 된다.

- 확립 단계(establishment stage, 25~44세): 확립 단계는 자신에게 적합한 분야를 발견해서 종사하며, 생활 터전을 잡으려고 노력하는 단계로 〈표 7-3〉과 같이 시행기(trial substage), 안정기(stablization substage)의 하위 단계로 구분된다.

| 표 7-3 | 확립기의 하위 단계 |

하위 단계	단계별 특징
시행기(25~30세)	자신이 선택한 일의 분야가 적합하지 않을 경우, 적합한 일을 발견할 때까지 한두 차례 변화를 시도한다.
안정기(31~44세)	진로 유형이 안정되는 시기로 개인이 자신의 직업세계에서 안정과 만족감, 소속감, 지위 등을 갖게 된다.

- 유지 단계(maintenance stage, 45~64세): 유지 단계는 직업세계에서 자신의 위치가 확고해지고, 자신이 자리를 유지하기 위해 노력하며 안정된 삶을 살아가는 시기다.
- 은퇴 단계(decline stage, 65세 이후): 은퇴 단계는 신체적 · 정신적 기능이 쇠퇴함에 따라 직업 전선에서 은퇴하게 되며 다른 새로운 역할과 활동을 찾게 되는 시기다.

② 진로발달 과업

상기의 발달 단계에서 이루어져야 할 발달과업을 살펴보면 다음과 같다.

- 구체화(crystalization, 14~17세): 구체화는 자신의 흥미, 가치는 물론 가용자원과 장차 일어날지도 모를 일, 선호하는 직업을 위한 계획 등을 인식하여 일반적인 직업 목적을 형성하는 지적 과정 단계의 과업이다. 선호하는 진로에 대하여 계획하고, 그 계획을 어떻게 실행할 것인지를 고려한다.
- 정교화(specification, 18~21세): 정교화는 잠정적인 직업에 대한 선호로부터 특정 직업에 대한 선호로 옮기는 단계의 과업이다. 직업선택을 객관적으로 명백히 하고, 선택된 직업에 대해 더욱 구체적으로 이해하여 진로계획을 정교화한다.

- 실행화(implementation, 22~24세): 실행화는 선호하는 직업을 위한 교육훈련을 마치고 취업하는 단계의 과업이다.
- 안정화(stabilization, 25~35세): 안정화는 직업에서 실제 일을 수행하고 재능을 활용함으로써 진로선택이 적절한 것임을 보여 주고 자신의 위치를 확립하는 단계의 과업이다.
- 공고화(consolidation, 35세 이후): 공고화는 승진, 지위 획득, 경력개발 등을 통해 자신의 진로를 안정되게 하는 단계의 과업이다.

(3) 전생애 발달 이론과 생애공간 이론

Super의 초기 진로발달 이론은 '성장 단계-탐색 단계-확립 단계-유지 단계-은퇴 단계'의 5단계 대순환 모형을 중심으로 이루어졌지만 이후 성인기 진로발달을 대폭 수정하였다. Super는 성인기의 진로발달이 생물학적인 발달, 즉 연령의 발달과 거의 관련이 없다는 입장을 취하게 되었고, 주어진 단계를 성공적으로 마쳐서 얻어진 심리적 변화가 반드시 영속적인 것이 아님을 강조하면서 생애진로발달(life career development)의 개념을 제시하였다.

생애진로발달은 "개인의 생애에 있어서 역할, 환경, 상황, 사건 등을 통합함으로써 전 생애에 걸쳐 진행되는 자아 발달"로 정의된다. 즉, 생애진로발달은 개인의 역할, 환경, 상황, 사건 간의 상호작용에 대한 개념이라 할 수 있다. 이러한 생애진로발달은 총체적이고 독특한 각자의 생활방식을 가진 개인을 대상으로 기술되므로 개인의 생활양식에 따라 다양하게 표현되고, 진로 및 직업선택에 대한 발달적 관점도 이것이 단일 시점에서만 이루어지는 것이 아니라 시간의 흐름에 따라 진화한다고 보았다.

생애진로발달 이론은 개인의 진로선택과 진로의사결정이 개인의 자아개념의 발달과 함께 발달적 단계들을 거치는 발달과정, 즉 단일한 결정과정이 아닌 다양한 대안에서 최선의 직업을 선택하고, 그와 같은 여러 가지 결정 대안들을 통해 진로태도의 최고점에 도달하는 역동적인 발달과정으로 보았다.

이러한 Super의 후기 진로발달 이론은 전생애 발달 이론과 생애공간 이론으로 구분하여 설명할 수 있는데 전생애 발달 이론(life-span theory)은 시각적 측면(span)으로서의 기간을 부각한 것이고, 생애공간 이론(life-space theory)은 공간적 측면(space)으로서의 역할을 부각한 것이라 할 수 있다. 전생애 발달 이론과 생애공간 이론을 보다 자세히 살펴보면 다음과 같다.

① 전생애 발달 이론

Super(1990)의 전생애 발달 이론은 성인의 진로발달이 일회적인 진로선택 과정이 아니라 전 생애에 걸쳐 순환과 재순환의 단계를 거치며 이루어진다고 보는 것이다. 여기에서 재순환의 개념은 정상적인 발달 단계 중 본래 생애순환 과정에서 초기에 놓인다고 보았던 단계로 복귀하는 것을 의미한다. 즉, 많은 사람들이 이직이나 진로 변경 등으로 인해 탐색 단계로 돌아가 자신의 흥미와 가치를 재평가하게 되며 여러 단계를 다시 거쳐 순환하게 되는데 이처럼 이전에 거쳐 왔던 단계로 다시 돌아가는 것을 재순환(recycling)이라고 하였다(이재창 외, 2014). 순환과 재순환에 따라 인생에서 진로발달 과정은 전 생애에 걸쳐 계속되면서 성장, 탐색, 정착, 유지, 쇠퇴 등의 대순환 과정(maxicycle)을 거치는 동시에 각 단계마다 같은 성장, 탐색, 정착, 유지, 쇠퇴로 구성되는 소순환 과정(minicycle)을 거친다고 하였다. Super의 후기 이론에서 재순환은 병리적 퇴행을 의미하는 것이 아니라 이전 단계로의 회귀로 성숙과 적응능력, 창의적 문제해결을 위한 수단이 되는 것이다.

② 생애역할 이론

Super는 직업과 직접적으로 관련은 없으나 간접적으로 연관을 맺고 있는 다양한 삶의 역할(role)에 대해 관심을 가지게 되었다. 그리고 한 개인이 감당하는 삶의 다양한 역할은 자신의 생활양식을 구성하고, 그와 같은 전체적인 역할의 구조가 진로양식을 구성한다고 보았다.

생애역할 이론은 개인은 동시에 여러 가지 역할을 함께 수행하고, 발달 단계마다 다른 역할에 비해 중요한 역할이 있으며, 이러한 여러 가지 역할들의 결합과 그에 부여하는 중요성이 개인의 생애구조를 형성한다는 것이다. Super는 개인의 전 생애에 걸쳐 아홉 가지 주요한 생애 역할로 '자녀, 학생, 여가인, 시민, 직업인, 배우자, 주부, 부모, 은퇴자의 역할'이 있다고 보았고, 이러한 생애역할이 수행되는 공간을 개인극장이라고 하였는데 개인극장에는 '가정, 학교, 직장, 지역사회 장면'이 포함된다.

Super는 진로발달에 대한 전 생애적·생애공간적 접근을 통해 삶의 단계와 역할을 묶고, 결정요인 및 상호작용과 더불어 다양한 역할들의 진로를 포괄적으로 나타낸 '생애진로 무지개(life-career rainbow)'를 제시하였다. 생애진로 무지개는 두 가지 차원, 즉 진로성숙과 역할 현저성으로 구분할 수 있다. 진로성숙(career maturity)은 생애와 삶의 과정의 대순환을 나타내는 것이다. 특히, 외부의 띠는 주요 삶의 단계의 대략적인 나이를 보여 주고, 진로성

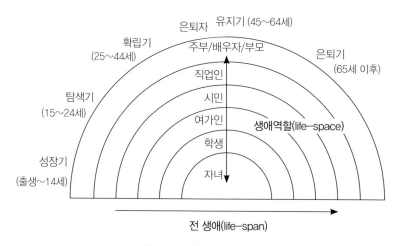

[그림 6-2] 생애진로 무지개

숙도는 각 발달 단계에 이른 사람들에 대한 사회의 기대와 함께 생물학적·사회적 발달에 따른 발달과업에 대처하는 개인의 준비도로 정의된다. 역할 현저성은 삶의 공간으로서 사람들에 의해 수행되는 역할과 직위의 배열을 나타낸다. 역할을 광범위하고 보상적이며 중립적이 될 수도 있는데, 특히 다른 역할에 필요한 시간과 에너지를 침해할 경우는 갈등을 유발하기도 한다.

(5) 진로 아치문 모델

진로 아치문 모델(archway model)은 [그림 7-3]과 같이 인간 발달의 생물학적·심리학적·사회경제적 결정인자로 진로발달 이론을 설명한다. 진로

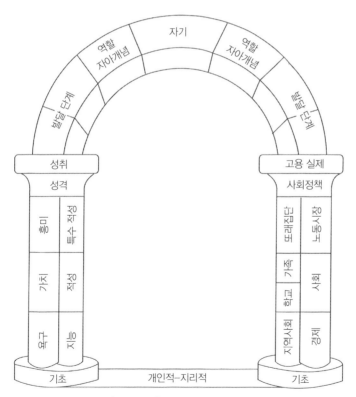

[그림 7-3] 진로 아치문 모델

아치문 모델에서 이른바 '개인 기둥'으로 불리는 왼쪽 기둥은 욕구나 지능, 가치, 흥미 등으로 이루어진 개인의 성격적 측면을 나타내고, '사회 기둥'으로 불리는 오른쪽 기둥은 경제자원, 사회정책, 노동시장 등으로 이루어진 사회 정책적 측면을 의미한다.

활 모양의 아치는 왼쪽 기둥과 오른쪽 기둥을 연결함으로써 개인과 사회의 상호작용을 나타내는데 그에 따라 또래집단, 가족이나 학교, 지역사회는 개인의 흥미, 적성, 가치 등에 영향을 미치며, 동시에 개인은 자신의 흥미와 능력을 발휘하여 사회에 영향을 미치게 된다.

아치의 양쪽 끝에는 각각 발달 단계가 있는데 왼쪽 기둥은 아동기와 청소년기를 의미하고, 오른쪽 기둥은 청년기와 장년기를 의미한다. 개인은 각 발달 단계에서 사회적 기대에 따른 발달과제에 직면하게 되고, 이러한 단계들을 거쳐 일정한 지위를 얻고, 역할에 대한 자아개념을 발달시키게 된다.

아치문의 바닥은 생물학적 · 지리학적 기초 측면을 의미하고, 아치문의 지붕은 발달 단계와 역할에 대한 자아개념으로 이루어진 상호작용적 측면을 나타낸다.

2) 평가

Super의 이론은 직업상담 이론 중 가장 영향력 있고, 포괄적인 이론으로 직업적 성숙 과정을 가장 체계적으로 기술하였다고 평가받고 있다. 이용자가 생애역할 정체감과 자신이 생애역할에서 표현하고자 하는 가치를 보다 명확히 하도록 돕는 데 유용한 이론적 틀을 제공하고, 연구자로 하여금 생애역할 정체감 발달과정을 연구하는 데 유용한 이론적 틀을 제공하는 등의 기여를 하였다고 평가되고 있다(이재창 외, 2014).

그러나 Super의 이론은 이론이 너무 광범위하고 포괄적이기 때문에 경험적 연구를 통해 검증하기가 어렵고(Osipow & Fitzgerald, 1996), 상담의 영역이 너무 넓어 어디까지 상담해야 하는지 한계가 불분명하다(Swanson & Fouad, 1999)는 비판을 받고 있다. 그 외에도 Super의 전생애적 관점은 한 개인의 전체성이 기능하는 방식과 각 변인들 간의 관계가 모든 사람들에게서 동일하다는 가정에 근거하고 있다. 그리고 발달에 대한 유기체적 관점, 즉 개인의 발달이 다양하고 상호 연결된 맥락들 간의 역동적인 상호작용임을 간과하고 있다는 비판을 받고 있다(Vondracek & Porfeli, 2002).

7. Levinson의 성인 생애발달 이론

Daniel J. Levinson(1920~1994)은 성인의 인생구조 형성과정이 연령의 증가에 따라 일정한 계열(sequence)을 형성한다고 보았다. 인생주기는 인간의 기본적·보편적 양상에 따라 진행되는 탄생에서 죽음까지의 과정을 의미하고, 인생구조는 특정 시기에 있어서 개인의 생활의 기초가 되는 유형이나 설계를 의미한다. Levinson(1978)의 성인 생애발달 이론에서 성인은 연령에 따라 안정과 변화의 계속적인 과정을 거쳐 발달하게 되며 이러한 과정 단계는 남녀나 문화에 관계없이 적용할 수 있다. 다음은 Levinson 이론의 기본 개념으로 성인의 발달 단계가 제시된 Levinson의 인생주기 모형과 관련 이론에 대한 평가를 제시한다.

1) 기본 개념

Levinson(1978)은 사람의 생애 단계를 크게 성인 이전 시기 또는 전 성인기(0~22세), 성인 초기(17~45세), 성인 중기(40~65세), 성인 후기(60세 이후)의

네 단계로 구분한다. 각 단계는 약 5년 정도 지속되는 몇 가지 시기들의 계열로 이루어지고, 각 시기들의 계열은 안정과 변화의 순환원리에 의해 진행되며 그 과정에서 혼돈과 갈등의 변화 요인에 의한 '전환기'와 새로운 삶의 구조를 형성하는 '안정기'가 서로 교차되어 나타난다. 특히, 변화 단계는 현재의 인생목표를 재평가하고 새로운 변화 가능성을 탐색하는 시기로 각 변화 단계의 마지막에는 앞으로의 미래에 대한 중요한 결정을 내리게 된다. 그리고 구조 형성의 시기는 인생의 목표를 설정하고, 그 속에서 더 나은 삶을 만들기 위해 노력하는 시기다. 이처럼 성인의 발달 단계는 변화와 안정이 계속적으로 반복되어 나타난다(Greenhaus, Callana, & Godshalk, 2010). 다음에서는 Levinson의 생애 단계 모형에 따른 성인의 발달 단계를 보다 구체적으로 살펴본다.

(1) 성인 초기 변화 단계(17~22세)

성인 초기 변화 단계는 청소년기에서 벗어나 성인 사회로 접어들기 위해 노력하는 단계로 성인의 역할을 상상하거나 자아정체성을 형성하며 다양한 가능성을 탐색하고, 시험적으로 수행해 보는 시기다.

(2) 성인 초기 진입 단계(22~28세)

성인 초기 진입 단계는 성인기로 접어들게 되지만 자신의 역할을 유지하면서 다른 역할(예: 다른 직무나 다른 사람과의 관계)을 시도하여 성인기를 탐색하는 것과 정착하여 안정적인 생애구조를 만드는 것에 있어 잠재적인 갈등을 경험하는 시기다. 따라서 새로운 도전의 시기로 자신의 창조력과 잠재력을 표출하지만나 상당수가 심각한 위기를 경험하기도 한다.

(3) 30세 변화 단계(28~33세)

30세 변화 단계는 초기의 생활양식을 재평가하고 수정하는 기회를 가지며 다음의 인생구조를 계획하는 단계다. 이 시기는 현실적 삶으로 가는 과도기로 인생구조에서의 문제점을 인식한다.

(4) 정착 단계(33~40세)

정착 단계는 성인 초기 단계가 완성되고 안정되는 시기로 자신의 직업적 경력에서 정점에 도달하고자 역주하나 한창의 시기에 마치 사다리에서 떨어지는 듯한 느낌을 경험하기도 한다.

(5) 성인 중기 변화 단계(40~45세)

성인 중기 변화 단계는 바로 전 시기에 강력하게 추구했던 생애구조를 혼란과 고뇌 속에 재평가하는 시기다. 이 시기는 '내가 지금까지 한 것이 무엇인가?', '아내나 남편, 아이들, 친구, 일, 사회, 자신으로부터 무엇을 얻었고, 무엇을 주었는가?', '자신과 다른 사람들에게 진정으로 원한 것은 무엇인가?'라는 고민들을 통해 환멸과 무력감을 경험하기도 하고, 때로는 이러한 우울의 상태가 새로운 목적과 활력의 전조가 되기도 하는 시기다.

(6) 성인 중기 안정 단계(45~50세)

성인 중기 안정 단계는 새로운 시대에 적합한 생활양식을 형성하는 시기로 인생을 전환할 수 있는 여러 가능성과 변화된 전망, 새로운 가치에의 인식을 통해 창조적이고 활력적인 시도를 펼치기도 한다.

(7) 50세 변화 단계(50~55세)

성인 중기 변화 단계에서 제기된 사항들과 새로 개발한 목표를 위해 더 노력하는 시기로 처음의 계획을 수정 및 향상시키며 불안과 방향 상실감을 경험하나 지나치게 일에 몰두하여 미처 깨닫지 못한 채 넘어가기도 한다.

(8) 성인 중기 마감 단계(55~60세)

성인 중기 마감 단계는 성인 중기의 남은 시간 동안 적합한 인생을 설계하는 시기로 성공적인 인생구조를 형성한 경우 만족에 이르지만 '생산성 대 침체감'의 위기를 경험하기도 한다.

(9) 성인 말기 변화 단계(60~65세)

성인 말기 변화 단계는 성인 중기를 끝내고 성인 말기를 시작하는 시기로 발달 주기에서 중요한 전환점에 해당하며 쇠퇴감과 장래에 대한 두려움을 느끼게 된다. Levinson(1978)은 Erikson의 성인 말기에 대한 견해와 동일하게 이 시기에 반드시 수반되어야 하는 발달과제는 "단순한 성취가 아니라 생애 전반에 걸쳐 통합감을 얻는 것"이라고 하였다.

(10) 성인 말기 단계(65세 이상)

성인 말기 단계는 인생의 마지막 단계로 다시 한번 새로운 시대에 적합한 생활양식을 형성하는 시기다. 노화에 따른 압박과 갈등에도 불구하고, 자아 통합과 조화를 통해 내면적인 평화를 추구한다.

2) 평가

Levinson의 성인의 생애발달 이론은 크게 네 가지 단계로 인간의 생애 모형을 제시하였고, 각 단계별 안정과 변화의 시기를 통해 각 시기에서의 중요한 발달과제를 다루었다. 특히, 경력개발과 관련하여 프로그램 설계 시 각 시기에 적합한 경력개발 프로그램을 만들어야 하고, 그중에서도 변화 단계에 중점을 두어야 한다고 제시하였다는 데 의미가 있다(Greenhaus et al., 2010). 그러나 Levinson의 모형을 모든 사회의 모든 사람에게 일반화시킬 수 있는지는 의문이다. Levinson은 이 문제에 대한 해답이 확실치 않다고 하였지만 잠정적으로는 보편적으로 적용될 수 있다고 보았다(Levinson, 1978).

제3부

재활상담 사례

제8장 청각장애인의 재활상담 사례

이 장에서는 재활상담 과정을 토대로 청각장애인의 재활상담 진행과정을 살펴보고자 한다. 청각장애인 A씨는 청각장애 3급의 여성으로 평택 소재 전문대학에 다니고 있고, 대학을 졸업하는 1년 후 자신의 진로에 대한 고민이 크다.

1. 의뢰 및 접수 단계

장애인이 직업재활서비스를 이용하기 위하여 접수 및 신청하는 단계인 이 과정에서는 장애인의 기본적인 인적사항, 장애 관련 사항, 직업재활서비스 욕구 등의 정보를 수집해야 한다.

청각장애인 여성 A씨는 직업상담을 받기 위해 영상전화를 통해 〈표 8-1〉과 같이 상담접수를 신청하였다. 개인의 정보 및 직업욕구를 파악하고, 기관

표8-1 의뢰 및 접수 신청서

의뢰 · 접수 신청서							
번호	2018-001	날짜	2018년 1월 2일 월요일		상담자		○○○
성명	A	성별	남 여	연령	20세	결혼 여부	기혼 미혼
주소	경기도 평택시 장안동 5-3			연락처	010-123-4567		
장애 상태	청각장애 3급			학력	전문대 재학 중		
희망 직종/ 급여	사회복지사, 사무직 회사원/ 평균 이상의 급여			직업 · 훈련력	없음		
조치	A씨의 영상전화 접수 완료 및 초기 면접을 위해 1월 7일 오전 10시 기관 방문 요청함						

*참고: 이하 서식은 나운환, 이용표, 강윤주, 최영광(2008). 「장애인복지관 업무전산 복식부기 및 직업재활 프로그램 개발을 위한 업무표준화 연구보고서 서식」 중 일부를 재구성하여 사용함.

의 서비스 제공 내용 등에 대한 정보를 공유하기 위하여 1월 7일 오전 10시까지 재활센터에 방문하고, 방문 시 장애인 복지카드와 가능하다면 이력서 1부를 함께 지참해 줄 것을 요청하였다.

2. 초기 면접 단계

초기 면접은 이용자의 기본 욕구를 확인하고, 공공 및 민간으로부터 제공받을 수 있는 서비스 유형을 결정하며, 상담사와 이용자의 관계를 형성하는 데 결정적인 과정이다. 이용자에게 그 기관과 서비스에 대한 오리엔테이션, 진단과정의 시작, 적절한 라포 형성을 목표로 한다(Roessler & Rubin, 2006).

2018년 1월 7일 오전 10시, 이용자 A씨가 정시에 기관으로 내방하여 초기 면접을 진행하였다. 초기 면접 과정에서는 〈표 8-2〉와 같이 이용자와의 면담을 통해 이용자의 기본 정보 및 욕구를 파악하고, 기관의 안내 자료(예: 리플릿 등)를 통해 기관의 목적 및 기관이 제공할 수 있는 서비스의 내용을 제시

하였다. 서비스에 적합하다고 여겨지는 경우, 이용자의 권리와 책임, 재활상
담사의 역할, 비밀유지 정도에 대해 설명하고, 필요하다면 평가를 시행할 수
있고, 그 이유가 무엇이며, 언제, 어디서, 어떻게 이루어질 것인지, 그리고 상
담과정에서 이루어지는 각종 서식에 서명이 필요할 수 있음을 설명하였다.
마지막으로 이용자와 상담자가 동의하고 진행하기로 한 과정들을 요약하며
종료하였다.

   이용자 A씨는 청각장애 3급으로 초등학교 5학년 때 청력이 상실되었고,
그 원인은 정확히 알지 못한다고 하였다. 다만 가족관계에서 아버지가 청각
장애가 있으시고, 여동생도 청각장애가 있는 것을 볼 때 유전적 요인도 고려
해 볼 수 있다고 여겨진다. A씨는 현재 평택에 있는 전문대학의 사회복지학
과 1학년에 재학 중이며 직업훈련을 받은 경험은 없지만 학교 졸업 후의 진
로에 대해 고민하고 있는 상황이다. 신변처리나 이동능력 등에는 무리가 없
으나 의사소통이 원활하지 않다고 여기고 있다. 즉, 개인적으로 수화와 구
화, 필담을 모두 사용할 수 있으나 비장애인과의 대화 과정에서 원활하지 못
하다고 여기는 의사소통의 문제를 지각하고 있다. 이용자는 재활복지를 전
공하고 있으므로 졸업 후에 가능하다면 사회복지 관련 분야에서 일하고 싶어
하며 이용자의 욕구와 직무 분야 간의 적합성 여부를 판단하기 위해 직업평
가를 받아 보는 게 어떨지 이용자의 견해를 물었고, 이용자 동의하에 2018년
1월 9일에 재방문을 요청하였다.

표 8-2 초기 면접

		초기 면접: 구직상담 신청서							

번호	colspan="2" 2018-001	등록일자	colspan="2" 2018년 1월 7일	colspan="2" 상담자	colspan="2" ○○○

기본정보

	성명	A	나이	만 20세	성별	남□ 여☑	결혼 여부	결혼□ 미혼 ☑
	신장	159cm	체중	48kg	교정시력	좌 0.9 우 0.9	청력	청각장애 3급 (dB 수치는 모름)
	주소 구분	colspan="3" 자택 ☑친지□ 친구□ 기타□		전화	031-123-4567
	주소지	colspan="3" 경기도 ○○시 ○○동 경기도 ○○시 ○○동		휴대전화	010-123-4567
							E-MAIL	

가족관계

관계	성명	연령	학력	직업	동거	장애	국민기초생활 수급 대상 여부 국민기초생활 수급 대상 여부	수급 대상 □ 비수급 대상 ☑
아버지	A○○	54	고졸	농부	○	청각 장애		
어머니	B○○	47	고졸	농부	○	무	재정원	월 평균소득 없음
언니	A△△	23	고졸	사무직	×	무	경제적 문제	없음
여동생	A□□	18	고재	학생	○	청각 장애	가족의 태도 (지원)	평범함 (가끔 용돈 주심)

주요 이력 사항

최종학교	colspan="2" 전문대학 재학 중	전공	재활복지
병역	필□ 미필□ 면제 ☑ 병역특례 희망□
직업훈련	없음
자격면허	colspan="2" 1. 운전면허 ( )종 (보통□ 대형□)	colspan="2" 2. 기타:
외국어 능력	colspan="2" 외국어 명: 영어	외국어 수준	중하 수준
전산 능력	중상 수준 (특기: 문서 작성, 인터넷, 엑셀, 파워포인트 등)

주요 경력

사업체 명	업종	직종	근무기간 (년. 월)	고용 형태	임금	퇴직 사유
B 농아인 협회	비영리	사무직	9개월	시간제	시급 8,000원	

취업 욕구

희망 직종	근무 지역	근무시간	고용 형태	입사 형태	희망 임금	기타 희망사항
사회복지사 회사원	1. 무관	09:00~18:00	상용직	신입 ☑ 경력 □ 무관 □	월평균 100만 원 이상	기숙사 □ 통근버스 □

	신체적 요인				
장애 관련 사항	장애 유형/ 등급	등록/ 미등록	청각장애 3급		
	장애 시기	출생 전□ 출생 시□ 출생 후 ☑ (초등학교 5학년)		장애부위	청각
	장애 원인	선천□ 사고□ 질병□ (원인 모름)		복용약	유 □( ) 무 ☑
	보조기구	작업보조기구□ 휠체어□ 보조기□ 의수□ 의족□ 목발□ 보청기 ☑(우측) 인공와우□ 기타□			
	사회적응 요인				
	신변처리	식사 ☑ 착·탈의 ☑ 화장실 이용 ☑ 개인위생 ☑			*스스로 가능∨
	이동능력	지하철 ☑ 버스 ☑ 자가운전□ 자원봉사자□ 활동보조□ 도보 ☑			
	의사소통	주요 수단	대화(음성)□ 수화 ☑ 구화 ☑ 필담 ☑ 기타□(AAC 도구)		
		활용능력	매우 원활□ 원활□ 보통□ 원활 않음 ☑ 매우 원활하지 않음□		
	수 개념	기본적인 수에 관한 개념은 모두 알고 있음			
	취미/ 여가생활	인터넷 쇼핑, 인터넷 소설 감상, 영화감상 등			
	대인/ 또래관계	친한 친구 몇 명을 제외하고 대인관계가 폭넓지 않음			
	성 인식/ 행동	보수적인 성 가치관을 가지고 있음			
	행동 특성/ 습관	얼굴을 긁는 습관 있음			
직업평가 동의 여부		개인의 직업능력 및 취업욕구와 직무 분야 연결을 위해 직업평가 안내 및 이에 동의함			
이용자 서비스 진행 상태		평가 ☑ 훈련□ 취업알선□ 취업 후 적응지도□ 타 기관 의뢰□ 보류□ 종결□			
기타 사항					

* 장애와 훈련 직종은 「장애인복지법」의 장애 및 등급, 노동부의 직종 분류에 따라 검색하여 입력토록 함.

3. 평가 단계

직업평가는 장애인의 직업적 흥미, 적성, 강점, 제한점 및 잠재능력을 파악·분석하기 위해 신체능력평가, 심리평가, 작업표본평가, 상황평가, 현장평가 등을 실시하는 직업재활서비스로 장애인에게 적합한 직업재활 방향을 설정하고 효과적으로 직업을 선택할 수 있도록 하는 것이다.

2018년 1월 9일, 이용자의 욕구와 직무 분야 간 적합성을 알아보기 위하여 특성–요인 이론에 기초하여 교육적·심리적·사회적·생태학적 기능수준에 대한 정보를 파악하고, 개인의 행동 및 기술습득에 대한 잠재력을 파악하였다. 이용자의 직업적인 잠재력을 높이기 위한 교육 및 훈련 프로그램을 알아내고, 필요한 직업재활 서비스 유형이 무엇인지 판단하기 위하여 〈표 8-3〉과 같이 직업평가를 시행하였다.

표 8-3 **직업평가 보고서**

직업평가 보고서	
1) 배경정보	
파일 번호: 2018-001	이용자: A
성별: 여	주민등록번호: 980510-*******
장애 유형/등급: 청각장애 3급	연락처: 010-123-4567
주소: 경기도 ○○시 ○○동	
평가기간: 2018년 1월 9일	
평가사: ○○○	

① 장애 상태 및 병력

㉠ 장애 원인 및 발생 시기
청각장애인 아버지 밑에서 비장애인으로 태어나 평범하게 살다가 초등학교 4학년
때부터 서서히 청력이 떨어지는 것을 느꼈고, 초등학교 5학년 때 병원을 방문한 결
과, 의사 선생님이 곧 청각장애가 될 것이라고 하였고, 유전적 후천성 청각장애로
진단하였다고 한다.

㉡ 장애로 인한 기능적·심리적·사회적 장애
• 기능적: 들을 수 없고, 독해 및 이해 능력이 낮다고 판단하고 있다.
• 심리적: 불안감과 두려움, 답답함, 소외감, 외로움 등을 느끼고 있다.
• 사회적: 대인관계의 어려움과 취업 제한 등을 고민하고 있다.

㉢ 그 외 일상생활에 어려움을 초래할 수 있는 병력
태어날 때부터 목에 염증이 있었으나 일상생활에 어려움을 초래할 정도는 아니라고
하였다.

㉣ 보장구
특수학교 재학 당시 보청기를 지원받았는데 2011년 말에 고장이 났고, 수리비가 비
싸 현재는 오른쪽 귀에 한 개만 사용하고 있다고 한다.

② 욕구

㉠ 방문 목적 및 서비스 욕구
직업평가 및 제언을 통해 앞으로의 진로 및 취업에 대한 정보를 알고 싶어 하고, 자
신에게 필요한 모든 과정의 서비스를 받고 싶은 욕구를 가지고 있다.

㉡ 진로계획
아직 진로계획을 구체적으로 세우지는 않았지만 졸업 후에 직업을 가져야 한다고
생각하고 있다. 현재 재학 중인 재활복지과를 졸업한 후 사회복지사가 되고 싶으나
장애의 제한으로 학업을 수행하기가 너무 어려워 포기할까 고민하고 있다. 현재 학
업을 유지할 수 있다면 사회복지사가 되어 청각장애인 관련 기관에 들어가거나 주
변의 청각장애인 친구들처럼 일반 회사나 공장에 취업할 수도 있을 것 같다고 생각
하고 있다.

© 취업 희망 지역 및 직종, 임금

취업 희망 지역은 집에서 가까운 곳이면 좋겠지만 어느 지역이라도 상관없다고 한다. 희망 직종은 청각장애인과 관련된 사회복지이고, 희망 임금은 평균적인 생활을 유지하는 데 지장이 없는 정도를 원하지만 많으면 좋을 것 같다고 한다.

③ 교육 · 훈련 경력

초등학교는 ○○초등학교, 중 · 고등학교는 ○○ 특수학교(청각장애인 특수학교)를 졸업하였으며, 현재 경기도 소재 전문대학 재활복지과 2학년에 재학 중이다. 비장애인보다는 조금 느리지만 동일한 교육과정하에서 공부를 해 왔고, 다른 직업훈련을 받은 적은 없다. 중 · 고등학교를 다니면서 글짓기 쪽에서 많은 상을 받아 왔고, 경기도지사가 주는 효행상 등의 포상 경력도 가지고 있다.

④ 직업력

대학 진학 후, 지난 연말에 겨울방학 동안 국가 근로로 지역에 있는 B농아인협회에서 시간제 근로를 하였고, 주로 문서작성, 청소, 정리 등의 업무를 보았으며 한 달에 130만 원정도를 받았다고 한다(1일 시급 8,000원 × 8시간). 일에 대한 만족도는 비교적 높았는데, 그 이유로 일반 회사원으로 출근하면서 느끼는 기분이 좋았고 돈을 벌 수 있다는 것도 뿌듯하게 느껴졌다고 한다. 그 외 아르바이트 경험은 없는 상황이다.

⑤ 기초 학습력

초등학교 5학년 때 청각장애를 가지게 되었으므로 읽기와 말하기에 대한 개념은 명확하지만 발음이 부정확하여 실제 의사소통에서는 제한이 따르고, 그 외 쓰기와 셈하기에는 평균 이상의 수준을 보이는 것으로 여겨진다.

⑥ 독립생활

신변자립과 이동능력은 거의 문제가 없지만 청각장애로 인하여 의사소통이 어렵다. 그로 인해 많은 사람들과 함께 생활하는 것보다 혼자 생활하는 것을 편하게 여기고, 취미는 인터넷을 통한 쇼핑이나 소설 감상, 영화 감상 등이 있다. 사회적응력은 다른 사람에 비해 적응이 힘든 편이고, 성격이 소심하고 낯을 가리는 성격이라 사람들에게 먼저 다가가기가 어렵다고 한다. 대인 및 또래 관계는 보통 이하로 친한 사람들과는 관계가 좋으나 친하지 않을 경우 관계가 불분명하며, 피부에 신경이 쓰여 얼굴을 긁는 습관을 가지고 있다.

⑦ 주거 및 가족력

㉠ 주거 상태
평택 소재 주택에 아버지와 어머니, 동생과 함께 거주하고 있고, 언니는 다른 지방
에서 일을 하고 있어 함께 살고 있지는 않다.

㉡ 가족력
아버지(54세)는 청각장애인으로 술과 담배를 좋아하시며 이용자와 서먹한 관계다.
어머니(47세)는 비장애인으로 이용자와 매우 친밀한 관계를 가지고 있다. 언니(23세)
는 노는 것을 좋아하지만 부모님을 위해 지방에서 일을 하고, 여동생(18세)은 청각
장애인으로 높이뛰기, 육상, 빙상 등 운동선수로 활동하고 있다.

㉢ 가족의 태도 및 지원체계
처음에 혼자 청각장애인이 되었을 때는 가족들의 관심과 사랑이 컸지만 여동생이
청각장애인이 되면서 관심과 사랑이 동생에게 옮겨 간 것 같지만 어머니는 전과 같
이 대해 주시며 이것저것 신경 써 주신다고 하였다.
경제적인 지원은 삼성장학재단의 지원으로 학교 등록금을 낼 수 있었고, 지난 겨울
방학 동안 국가 근로로 모은 급여로 용돈을 충당하고 있으며, 특수학교에서 고등학
교 졸업 후에도 적은 금액이지만 지원을 해 주고 있고, 집에서도 가끔 용돈을 받고
있는 상황이다.

⑧ 사회보장 관련
현재 차상위계층으로 급여액을 모르고 있으며 절차가 복잡하여 장애연금은 지원받지
않고 있는 상황이다. 아버지가 청각장애가 있으셔서 대부분의 어려운 일들은 이웃 주
민들이 해결해 주고 있다고 한다.

2) 평가 사유
이용자는 직업평가 및 제언을 통해 앞으로의 진로 및 취업에 대한 정보를 알고 싶어
하고, 평가 결과를 통해 자신의 취업 희망 분야의 적합성에 대해 판단해 보고자 한다.
이를 위하여 평가 질문들을 다음과 같이 구성하였다.

① 이용자의 적성수준은 어떠한가?
② 이용자의 직업적인 선호도는 어떠한가?

③ 이용자의 작업기술을 알아보기 위한 신경근육 운동 발달 정도는 어떠한가?

3) 평가 결과

이용자의 직업평가를 위해 실시한 평가도구와 결과를 요약하면 다음과 같다.

평가 요약

영역	평가도구	평가목적	평가 결과
초기 면접	초기 면접	배경정보 및 욕구 분석	취업 욕구 파악
신체평가	신장, 체중, 시력 등	신체 발달 및 건강 상태 평가	건강검진 결과로 대체, 이상 없음
심리평가	성인용 직업적성검사	적성 분야와 적성수준 파악	아래 평가 결과 참고
	선호도검사	흥미, 성격, 생활경험 파악	아래 평가 결과 참고
작업표본 평가	신경근육운동 발달검사 (K-MAND)	운동기능 정도 파악	아래 평가 결과 참고

① 심리평가

㉠ 성인용 직업적성검사

• 검사도구 소개

성인용 직업적성검사는 적성 분야와 적성수준 파악을 통해 적합한 직업을 안내해 주기 위한 능력검사로 검사 결과, 11개 적성요인에서 능력수준, 적성점수 유형, 적성점수에 적합한 최적합 직업과 적합 직업에 대한 안내, 그리고 희망직업에 대한 정보를 제공하고 있다.

• 검사 결과

—A씨의 적성요인별 능력 수준에서, 언어력은 중하, 수리력은 하, 추리력은 최상, 공간지각력은 최상, 사물지각력은 하, 상황판단력은 최상, 기계능력은 중상, 집중력은 최상, 색채지각력은 중하, 사고유창력은 중상, 협응능력은 최상으로 나타났다.

−A씨의 적성점수 유형에서 적성 요인별 점수를 살펴보면 집중력(131), 상황판단력(126), 협응능력(124)이 다른 능력에 비해 상대적으로 뛰어난 반면, 수리력(86), 색채 지각력(96), 언어력(96)은 상대적으로 부족한 편으로 나타났다. A씨의 집중력은 상위 10% 이내에 속하는 수준으로 다른 능력에 비해 특히 높게 나타났는데 직업선택 시 이를 적절히 활용하는 데 필요하다.

−적성검사 결과, 이용자의 능력을 발휘하기에 가장 적합한 직업군 중에 최적합 직업군은 산업공학 기술자로 나타났고, 직업선택 시 참고할 수 있는 적성직업군은 속기사, 보석감정사, 영양사 등으로 나타났다.

ⓒ 직업선호도검사(L형)

• 검사도구 소개
직업선호도검사는 자신에 대한 이해를 높이고, 심리적 특성을 파악하여 직업선택과 관련된 의사결정을 돕기 위한 검사로 흥미, 성격, 생활경험을 묻는 세 가지 검사로 이루어져 있다.
−흥미검사: 어떤 분야에 흥미와 관심이 있는지 알려 주는 심리검사로 직업과 관련된 여섯 가지 흥미 유형인 현실형, 탐구형, 예술형, 사회형, 진취형, 관습형으로 분류될 수 있다.
−성격검사: 성격 특성이 어떤 경향을 보이는지 알려 주는 심리검사로 다섯 가지 차원인 외향성, 호감성, 성실성, 정서적 불안정성, 경험에 대한 개방성으로 구분하고 있고, 세부적으로 28가지 차원으로 구분할 수 있다. 외향성은 타인과의 상호작용을 원하고, 타인의 관심을 끌고자 하는 정도를 의미하고, 호감성은 타인과 편안하고 조화로운 관계를 유지하는 정도를 의미하며, 성실성은 사회적 규칙과 규범, 원칙들을 지키려는 정도를 의미하고, 정서적 불안정성은 정서적으로 얼마나 안정되어 있고, 자신이 세상을 얼마나 통제할 수 있으며 세상을 위협적이지 않다고 생각하는가의 정도를 의미하며, 경험에 대한 개방성은 자신을 둘러싼 세계에 대한 관심, 호기심, 다양한 경험에 대한 추구 및 포용력 정도를 의미한다.
−생활사 검사: 과거와 현재 다양한 생활경험을 묻는 심리검사로 생활경험 중 일부를 10가지로 분류하고, 생활경험 특성을 안내하여 직업선택을 돕고자 한다.

• 검사 결과
−흥미검사: A씨의 흥미검사 결과, 흥미코드는 SC형, 즉 사회형(표준점수 65), 관습형(표준점수 68)에서 다른 사람들에 비해 높은 흥미를 보이는 것으로 나타났다.

사회형의 특성은 타인의 문제를 이해하고, 도와주며, 치료해 주고, 봉사하는 활동에 흥미가 있는 것으로 선호되는 활동은 상담, 교육, 봉사활동이며 대표적인 직업으로 사회사업가, 상담사, 간호사, 교사, 성직자 등을 들 수 있다. 관습형의 특성은 정해진 원칙과 계획에 따라 자료를 기록, 정리, 조직하는 일을 좋아하고, 체계적인 작업환경에서 사무적 · 계산적 능력을 발휘하는 활동에 흥미를 보이는 것으로 선호되는 활동은 규칙을 만들거나 따르는 활동이며 대표적인 직업으로 회계사, 경리사무원, 의무기록사, 비서, 은행사무원 등을 들 수 있다.

-성격검사: A씨의 성격검사 결과, 외향성(표준점수 35)과 성실성(표준점수 42), 경험에 대한 개방성이 표준점수 41로 낮은 편이었고, 호감성(표준점수 53)은 평균 수준이었고, 정서적 불안정성(표준점수 70)은 높게 나타났다. 특히, 외향성에서는 온정성, 적극성, 긍정성이 낮게 나타났고, 성실성에서는 유능성, 목표지향, 자기통제력이 낮게 나타났으며, 경험에 대한 개방성에서는 지적 호기심이 낮게 나타났다. 호감성에서는 수용성과 휴머니즘이 높게 나타났고, 정서적 불안정성에서는 불안, 우울, 자의식, 충동성, 스트레스 취약성 등이 높게 나타났다.

-생활사 검사: A씨의 생활사 검사 결과, 자존감(표준점수 43), 양육환경(표준점수 43), 야망(표준점수 48), 예술성(표준점수 48), 운동선호(표준점수 47) 등은 평균 이하로 나타났고, 대인관계지향(표준점수 53), 독립심(표준점수 53), 학업성적(표준점수 54), 종교성(표준점수 54) 등이 평균 이상으로 나타났다.

② 작업표본평가

㉠ 검사도구 명: 신경근육운동발달검사(K-MAND)
신경근육운동발달검사는 직업, 교육, 주거수준 평가에서 운동기능 정도를 파악하기 위해 사용되는 도구로 5개의 소근육 운동기능(상자 안 구슬 담기, 막대 구슬 꿰기, 손가락 두드리기, 너트볼트, 막대 밀기)과 대근육 운동기능(손의 힘, 손-코-손, 제자리 멀리뛰기, 발 붙여 걷기, 한 발 서기)을 알아보는 검사도구다.

㉡ 검사 결과
A씨의 K-MAND 검사 결과, 소근육, 대근육, 총점의 운동지수는 각각 73점, 130점, 106점으로 소근육에서 평균 이하로 낮은 점수를 보이고 있으나 실생활 관찰 결과 문제가 될 정도는 아니며, 대근육은 평균 이상의 높은 점수로 최상위에 속하고 있고 총점은 평균 이상으로 정상 범주 내에 속해 있다. 운동요인을 살펴보면 지속적 조정(PC) 11.5점, 근육 힘(MP) 16.5점, 운동감각 통합(KI) 11.5점, 양손 민첩성(BD) 3.5점

으로 나타나 PC, MP, KI 요인이 평균 범위에 있다. 운동요인(눈–손의 통제, 동적·정적 균형감각, 근육의 힘)이 일반 집단 평균 수준보다 약간 높게 발달되어 있고, BD 요인은 평균 이하로 매우 낮은 점수를 보였다. 양손의 민첩함과 조정력이 다른 요인에 비해 상대적으로 낮으나 실생활 관찰 결과, 문제가 될 정도는 아니었다.

4) 종합 소견
이상을 종합해 보면 이용자의 직업적 장점과 약점은 다음과 같다.

① 장점
- 상담 및 관찰 결과, 밝은 성격과 자신의 장애를 개방적으로 수용하는 태도를 지니고 있고, 단정한 외모와, 예의 바른 태도, 그리고 상황 판단을 하여 어떤 행동을 해야 할지 알고 있으며, 친절하고 협조적인 태도를 지니고 있고, 구화가 가능하다.
- 상담 및 관찰 결과, 신체가 건강하고, 활용 가능한 수준의 전산능력을 갖추고 있으며, 타인에 대한 배려심이 깊고 책임감이 강하며, 연령에 적합한 사회적 성숙도를 보이고 있다.
- 적성검사 결과, 공간지각, 상황판단력, 집중력, 협응능력이 높게 나타나 산업공학기술자나 속기사 등이 적합한 것으로 나타났고, 흥미검사 결과, 흥미코드가 SC형으로 나타나 상담 및 회계 분야에 선호도를 가지는 것으로 나타났다.

② 단점
- 상담 및 관찰 결과, 청각장애로 인해 소리를 들을 수 없고, 그로 인해 독해 및 이해 능력에 제한을 가져 의사소통 및 의사전달 과정에 제한을 가진다.
- 상담 및 관찰 결과, 학업에 어려움을 느끼고 있어 직업적 전문지식을 체계적으로 수용하지 못하는 경향이 있다.
- 적성검사 결과, 수리력, 색채지각력, 어휘력이 낮은 편으로 나타났다.
- 성격검사 결과, 정서적 불안정성, 특히 불안, 우울, 자의식, 충동성, 스트레스 취약성 등이 높게 나타났다.

③ 학습전략(선택사항)
- 독화 및 이해능력 증진이 필요하다. 이 부분은 청각장애로 인한 제한사항으로 학업적인 어려움까지 함께 유발하는 것이므로 의사소통에 대한 통합적 접근이 필요하다. A씨는 현재 수화, 구화, 필담을 사용하여 의사소통할 수 있으나 학업수행 과정에서는 주로 수화 중심의 의사소통을 하고 있다. 주된 의사소통 방식 외에 지속적인

구화 및 독화교육을 통해 발음을 교정하거나 비장애인 동료와의 대화를 통해 자신의 상태를 파악하는 것이 필요하다.

• 수리 및 어휘력에 대한 개선이 필요하다. 수리능력 향상 프로그램이나 언어학습 프로그램에 참여함으로써 합리적이고 논리적인 사고를 확산할 필요가 있다.

• 정서적 불안정성 부분은 지속적인 상담과 그 과정에서의 수용과 지지, 그리고 의사소통 개선을 통해 일부 개선될 수 있고, 이용자가 이용할 수 있는 기관의 자기결정 또는 자존감 증진 프로그램 등을 통해 개선을 유도하는 것이 필요하다.

④ 진로계획(필수사항)

직업수준은 전문대학을 졸업한 후 지역사회 일반고용으로 유도하는 것이 필요하고, 직업명은 이용자의 학업성취 과정을 고려하여 청각장애인 관련 기관이나 협회의 사회복지사 또는 청각장애인 시설의 생활재활 교사 등으로 알선하는 것이 필요하다.

⑤ 재활방해 요인(선택사항)

현재 A씨가 느끼는 우울 증상이나 대인관계의 어려움, 많이 지쳐서 의지가 약해져 있는 점 등은 A씨가 취업하는 데 제한 요인으로 작용할 수 있다.

⑥ 권고사항(필수사항)

A씨는 청각장애를 지니고 있지만 많은 직업적 장점들, 예를 들면 밝은 성격과 장애에 대한 개방적인 태도, 친절하고 예의 바르며, 성실하고 책임감이 강하며, 구화가 가능하고, 평균적인 학업능력과 전산능력 등 기본적인 업무를 수행할 능력을 지니고 있다. A씨는 대학을 졸업한 이후 학업성취 수준을 고려하여 본인이 희망하는 사회복지 관련직으로의 알선을 고려해 볼 수 있고, 지역사회 노동시장과의 연계가 원활히 이루어지지 못한다면 전산능력 등을 고려하여 사무직으로의 알선도 고려해 볼 필요가 있다.

다만, A씨는 의사소통 증진을 위한 지속적인 지도 및 정서적 불안정성에 대한 개선을 위해 졸업 시기까지 지속적인 상담과 관련 프로그램 개입이 필요하다고 여겨진다.

㉠ 단기적 권고(선택사항)

• 의사소통 증진을 위한 청능훈련 및 동료상담 프로그램 진행
• 정서적 불안정성 개선을 위한 자존감 증진 또는 자기결정 훈련 프로그램 참여 유도
• 이력서 작성 또는 면접 기술 교육과 같은 직업준비훈련 진행
• 지역사회 고용정보 탐색 등을 통한 직업탐색 프로그램 진행

ⓒ 장기적 권고(선택사항)
• 자존감과 의사소통 증진, 지속적인 직업준비 및 직업탐색 프로그램을 통한 지역
사회 사회복지 관련 분야 또는 산업체 사무직으로 취업알선 및 고용 유도

작 성 일: 2018년 1월 9일
평 가 사: ○○○ 인

4. 재활계획 수립 단계

재활계획 수립은 직업재활서비스에 대한 적격성 결정을 받은 장애인을 대상으로 전문가와 내담자가 협력하여 장애인의 욕구에 맞는 최종의 직업목표를 달성하기 위한 장·단기 목표, 프로그램 내용 및 방법, 평가기준 등을 수립하는 것이다.

초기 면접과 평가 결과에 기초하여 사례회의를 진행한 후 A씨에 대한 개인별 재활계획을 〈표 8-4〉와 같이 수립하였다.

표 8-4 개인별 재활 계획서

개인별 직업재활 계획서							
파일번호	2018-001	이용자 성명	A	성별	남□ 여☑	연령	만 20세
주소	경기도 ○○시 ○○동			연락처	010-123-4567		
배경정보	학력	무학□ 초졸□ 중졸□ 고졸□ 전문대졸□ 대졸□ 대학원졸□ 기타((전문대 재학 중)					
	훈련	훈련원 명 1	훈련직종 1	수료 여부 1	훈련원 명 2	훈련직종 2	수료 여부 2
		훈련경험 없음					
	장애력	• 청각장애 3급					
	취업경력	• 겨울방학 기간 동안 시간제 국가 근로 수행					

	취업욕구	• 전문대학 사회복지 전공 1학년생으로 1년 후 졸업이며, 졸업 후 사회복지 관련 분야에 종사하고 싶어 함
	가정환경	• 아버지와 여동생이 청각장애를 지니고 있고, 아버지와는 비교적 서먹한 관계인 반면 어머니와 다른 자매들과는 친밀한 관계를 유지하고 있음
	기타정보	• 차상위계층으로 학자금은 삼성장학재단에서 지원하고 있고, 개인적인 용돈은 국가근로 장학금과 졸업한 특수학교에서의 소액 지원, 가정에서 주는 용돈으로 충당하고 있음
이용자의 주요 욕구		• 졸업 후 진로계획 및 취업에 대한 정보를 알고 싶어 함
직업평가	평가결과	• 직업적성검사 결과, 공간지각, 상황판단력, 집중력, 협응능력이 높게 나타난 반면, 수리력, 색채지각력, 어휘력은 낮게 나타나 산업공학 기술자나 속기사가 적합한 것으로 나타났다. • 흥미검사 결과, 흥미코드가 SC형으로 나타나 상담 및 회계 분야에 선호도를 가지는 것으로 나타났다. • K-MAND 결과, 소근육은 평균 이하로 나타났지만 행동관찰 결과, 유의미한 문제가 보이지 않으며, 대근육은 평균 이상으로 나타났고, 총점은 평균 이상으로 정상 범위 내에 속하는 것으로 나타났다.
	직업적장점	• 상담 및 관찰 결과, 밝은 성격과 자신의 장애를 개방적으로 수용하는 태도를 지니고 있고, 단정한 외모, 예의 바른 태도, 그리고 상황 판단을 하여 어떤 행동을 해야 할지 알고 있고, 친절하고 협조적인 태도를 지니고 있으며, 구화가 가능하다. • 신체가 건강하고, 활용 가능한 수준의 전산능력을 갖추고 있으며, 타인에 대한 배려심이 깊고 책임감이 강하며, 연령에 적합한 사회적 성숙도를 보이고 있다. • 적성검사 결과, 공간지각, 상황판단력, 집중력, 협응능력이 높게 나타나 산업현장의 기술자가 적합하고, 흥미검사 결과 SC형으로 상담 및 봉사 관련직에도 적합한 것으로 나타났다.
	직업적단점	• 상담 및 관찰 결과, 청각장애로 인해 소리를 들을 수 없고, 그로 인해 독해 및 이해능력에 제한을 가져 의사소통 및 의사전달 과정에 제한을 가진다. • 학업에 어려움을 느끼고 있어 직업적 전문지식을 체계적으로 수용하지 못하는 경향이 있다. • 적성검사 결과, 수리력, 색채지각력, 어휘력이 낮은 편으로 나타났고, 성격검사 결과, 정서적 불안정성, 특히 불안, 우울, 자의식, 충동성, 스트레스 취약성 등이 높게 나타나 이에 대한 개선이 필요하다.

직업목표	장기목표	• 지역사회 사회복지 관련 분야 또는 산업체 사무직으로 취업 알선 및 고용 유도				
	단기목표	• 의사소통 증진을 위한 청능훈련 및 동료상담 프로그램 진행 • 정서적 불안정성 개선을 위한 자존감 증진 및 자기결정 프로그램 참여 유도 • 이력서 작성 또는 면접 기술 교육과 같은 직업준비훈련 진행 • 지역사회 고용정보 탐색 등을 통한 직업탐색 프로그램 진행				

목표성취를 위한 서비스 지원계획	서비스 지원계획	지원기간	담당자	점검 예정일	달성 여부
	1. 의사소통 증진을 위한 청능훈련 및 동료상담 프로그램 진행	1. 15.~ 11. 13. (주 1회)	청각사 F 동료 G	분기별 4주 차 (목)	예☐ 아니요☐
	2. 정서적 불안정성 개선을 위한 훈련 프로그램 참여	〃	상담센터 H	〃	예☐ 아니요☐
	3. 직업준비 및 구직기술 훈련 참여	〃	○○○	〃	예☐ 아니요☐
	4. 직업탐색 프로그램 진행	〃	〃	〃	예☐ 아니요☐
	5. 사회복지 관련직 취업 알선	11. 13. ~ 12. 13. (주 1회)	〃	주 1회 (금)	예☐ 아니요☐

기타 서비스 및 참고사항	• 지속적인 상담 및 관찰 과정 병행				
작성일	2018. 1. 11.	작성자	○○○ (인)	팀장(부서장)	홍길동 (인)
통보 방법	이메일 ☑ 우편☐ 문자☐ 내방상담☐ 기타☐( )				
재활계획 동의 확인란	이용자 명	A (인)	보호자 명	B (인)	

5. 재활계획 실행 단계

재활계획(IPE) 실행 단계는 서비스 계획을 마련하고, 개입 목적과 전략을 결정한 다음 재활상담사가 개입하는 단계로 서비스 제공계획에 따라 이용자의 서비스를 공공의 자원을 직접 제공하거나 의뢰 내용을 기술하여 지역사회기관에 요청하는 업무를 통해 이루어진다. 주요 실행 방식은 고용 및 훈련과 관련된 서비스를 들 수 있다.

상기의 계획을 토대로 이용자와 이용자가 재학 중인 대학의 구성원들, 지원서비스 계획을 담당할 전문가들과 상담사가 협력하여 영역별로 계획된 서비스 계획들, 즉 의사소통 및 정서적 안정을 도모하기 위한 훈련, 직업 준비와 구직기술 훈련, 직업탐색 등을 수행하기 위해 상담과 지도, 훈련 등의 서비스를 제공하게 된다. 상담 및 지도와 관련된 사항들은 상담일지를 통해 기재되어야 하고, 각종 훈련 프로그램들은 〈표 8-5〉와 같은 훈련 일지를 통해 훈련 내용을 기록한다.

표 8-5 프로그램 일지 예

<table>
<tr><td colspan="9" align="center">구직탐색 훈련 일지</td></tr>
<tr><td colspan="6"></td><td></td><td>담당</td><td>팀장</td></tr>
<tr><td colspan="6"></td><td>결재</td><td></td><td></td></tr>
<tr><td>일시</td><td colspan="8" align="center">2018년 1월 15일 화요일 (17:00~18:00)</td></tr>
<tr><td>장소</td><td colspan="2" align="center">프로그램 1실</td><td>상담사</td><td colspan="2" align="center">○○○</td><td>자원
봉사자</td><td colspan="2" align="center">–</td></tr>
<tr><td rowspan="2">이용자 현황</td><td>파일번호</td><td>2018-001</td><td>성명</td><td>A</td><td>성별</td><td>남□
여☑</td><td>연령</td><td>만 20세</td></tr>
<tr><td>학력</td><td>전문대 재학</td><td>주소</td><td>평택</td><td>장애 상태</td><td>청각장애 3급</td><td>연락처</td><td>010-123 -4567</td></tr>
</table>

	프로그램명	담당자	운영시간	진행방법	세부 내용		평가
고용 준비 프로그램	자기 이해						
	직업세계 이해						
	고용 관련 서류 작성	○○○	17:00~18:00	실습	이력서 출력 → 세부 항목 검토 → 작성 방법 제시 및 실습		a
	모의면접						
	기타						

	수행 영역 \ 시간	계		직업세계 이해	고용 관련 서류 작성	모의면접	기타
프로그램 영역별 시간 누계	일계						
	누계						

	고용 준비생/교사 활동(수업, 행사, 상담, 교육, 연수 등)					
특이사항	대상	활동	시간	장소	주요 내용	비고

소견 및 평가 (고용연계 판단)	① 매우 어려움□ ② 어려움□ ③ 보통□ ④ 가능☑ ⑤ 매우 가능□
조치사항	일정별 체계적인 프로그램 진행 및 지역사회 노동시장 현황 이해 필요

6. 종결 단계

종결은 목표달성, 이용자의 전출, 사망, 연락두절 등의 사유로 더 이상 서비스를 진행하지 못하는 상황이 발생하였을 때 이루어지며 이때 종결 심사서를 기초로 종결 여부를 결정하게 된다.

상기의 재활계획은 최소 주 단위에서부터 장기적으로는 3개월이나 6개월 단위로 이용자와 상담사 모두를 대상으로 점검이 이루어져야 한다. 이용자를 대상으로 하는 경우, A씨와의 상담과정 또는 그동안의 상담기록들을 통해 서비스 계획이 적절히 실행되고 있는지, 서비스 지원이나 목표가 성취되고 있는지, 서비스 계획에 개선이나 수정할 사항이 있는지, 새로운 욕구 변화가 있는지 등을 질문하는 과정을 통해 이루어지게 된다. 그리고 상담사를 대상으로 하는 경우, 계획 대비 서비스가 적절하게 수행되고 있는지, 계획된 서비스가 이용자의 욕구충족 및 변화를 위해 필요했던 것인지, 그리고 서비스를 제공하는 과정에서 이용자와의 갈등이 존재하지는 않는지 등을 자문하거나 사례회의 과정을 통해 점검하게 된다.

서비스 제공기간 동안 처음 계획대로 서비스가 진행되었다면 분기별 점검 결과를 종합하여 종결 유무에 대한 평가를 시도한다. 이용자 A씨에 대한 서비스 목표가 달성되었다면 〈표 8-6〉, 〈표 8-7〉과 같은 절차에 의해 서비스를 종결하고, 지속적인 서비스 계획이 필요하다면 A씨의 욕구를 재분석하는 과정부터 시작하여 사례를 재개하여 동일 과정을 반복하는 것이 필요하다.

표 8-6 서비스 종결 평가지

서비스 종결 평가지			
	결재	담당	팀장
파일 번호	2018-001	이용자 성명	A
평가 일시	2018년 12월 13일 금요일 (17:00~18:00)		
참석자	팀장, 청각사 F, 동료 G, 상담센터 H		
사례 담당자	○○○		
서비스 종결 사유	적경성 평가 결과□ 서비스 성공 후 종결☑ 서비스 실행 실패로 인한 종결□ 자발작 종결□ 기타□ (개방형 입력)		
기타	P 농아인협회 간사로 취업		

표 8-7 서비스 종결 통보서

<table>
<tr><th colspan="8">서비스 종결 통보서</th></tr>
<tr><td rowspan="2">일반
사항</td><td>파일 번호</td><td>2018-001</td><td>직업상담일</td><td>2018. 12. 11.</td><td>사례회의일</td><td colspan="2">2018. 12. 13.</td></tr>
<tr><td>이용자 명</td><td>A</td><td>장애 유형</td><td>청각장애 3급</td><td>생년월일</td><td colspan="2">1992. 5. 10.</td></tr>
<tr><td rowspan="3">종결
사유</td><td>이용자 욕구</td><td colspan="6">졸업 후 진로 계획 및 취업 정보 습득</td></tr>
<tr><td>종결 사유</td><td colspan="6">졸업 전 P 농아인협회 간사로 취업</td></tr>
<tr><td>권고사항</td><td colspan="6">영상통화가 가능하기는 하나 지속적인 의사소통 훈련 및 정서 불안정에
대한 부분은 개입 필요</td></tr>
</table>

이상의 내용은 A님과의 직업상담 및 평가 내용을 토대로 재활 전문가 및 관련 전문가들이 논의한 종결 결과입니다. 더 서비스를 받기를 원하시거나 기타 문의사항에 대해서는 저희 ○○○ 재활센터로 내방하여 주시거나 ○○-○○○-○○○○으로 연락하여 주시기 바랍니다.

작성일: 2018년 12월 15일

상 담 사: ○○○ (인)
기 관 장: 홍 길 동 (인)

제9장 지적 장애인의 재활상담 사례

이번 장에서는 지적 장애인을 대상으로 이루어진 재활상담 사례를 제시한다. K는 재활상담 의뢰 당시 ○○학교 고등부 3학년에 재학 중인 18세의 지적 장애 2급 학생이었다. K는 학업 문제가 있음에도 대학에 진학하고 싶어하지만, 부모님들은 K가 대학에 진학해도 학업을 수행할 능력이 되지 않으므로 전공과 진학이나 직업훈련을 통해 자기가 할 수 있는 직업을 찾고, 장기적으로는 독립적인 생활을 할 수 있기를 바라고 있다. 이로 인해 부모님과 K 사이에는 갈등이 유발되어 어쩔 수 없이 부모가 ○○복지관에 상담을 의뢰하였다. 다음에서는 K의 재활상담을 의뢰 및 접수 단계, 초기 면접 단계, 평가 단계, 평가 결과 보고 단계, 재활계획 수립 단계, 그리고 재활상담 실행 단계로 나누어 기술하고자 한다.

1. 의뢰 및 접수 단계

2018년 1월 11일 오전에 K의 어머니가 상담을 원한다는 전화를 해 왔고, 〈표 9-1〉과 같이 전화면담을 통해 심리평가 일정을 잡았다.

표 9-1 의뢰 및 접수 신청서

의뢰 · 접수 신청서							
번호	2018-001	날짜	2018년 1월 11일 목요일			상담사	○○○
성명	K	성별	남 여	연령	18세	결혼 여부	기혼 미혼
주소	대한민국 특별시 특별동		연락처		—		
장애 상태	지적 장애 2급		학력		고등부 재학 중		
의뢰 사유	학업능력이 부족함에도 불구하고 대학 진학을 희망함		직업 · 훈련력		—		
조치	의뢰자와 의논하여 심리평가 일정을 2018년 1월 18일 목요일로 잡음						

*참고: 이하 서식은 나운환, 이용표, 강윤주, 최영광. (2008). 「장애인복지관 업무전산 복식부기 및 직업재활 프로그램 개발을 위한 업무표준화 연구보고서 서식」 중 일부를 재구성하여 사용함.

2. 초기 면접 단계

약속한 시간(2018. 01. 18.)에 의뢰자인 어머니와 K가 함께 왔다. ○○복지관에서 상담자가 먼저 부모와의 면담을 통해 〈표 9-2〉와 같이 초기 면접서를 작성하였다.

먼저 K가 심리평가 및 직업능력평가 등의 평가를 진행하는 동안 어머니와의 면담을 통해 K에 대한 배경정보를 수집하였다. K는 16개월 무렵부터 걷기 시작했으며 언어는 2세경 "엄마, 아빠" 등의 간단한 말을 할 수 있었다고 하였다. 그렇지만 크게 문제라고 생각하기보다는 첫아이고 어머니 혼자 아이를 보다 보니 말이 늦다고 생각하였으며 유치원에 다닐 때 보육교사가 K가 또래보다 많이 늦으니 치료를 받아 보라고 권해 가까운 곳의 심리치료센터에서 언어치료를 3개월 정도 받았다고 했다. 하지만 별다른 변화가 없어서 어머니는 실망하여 치료를 중지하고 초등학교부터 지금까지 ○○학교에 다니는 것 외에는 특별히 심리치료를 받거나 다른 교육을 받은 적이 없었다고 대답하였다. 그러면서 자신이 아무것도 특별히 시킨 적이 없는데 둘째아이는 성적이 좋고 스스로 잘 챙기는데 K는 항상 챙겨야 해서 자신의 일을 못하고 친구들과도 잘 만남을 갖지 못하다 보니 자꾸 한숨만 쉬게 되고 이제는 K에게 신경을 쓰고 싶지 않다고 하소연하였다.

K가 심리평가를 마치고 잠시 휴식시간을 가진 후, 상담자는 K의 욕구를 파악하기 위해 욕구면담을 실시하였다. 무엇을 하고 싶으냐는 질문에 K는 "대학."이라고 답하였으며 자신은 대학생이 될 것이라고 하였다. 학교에서 학과목 가운데 가장 좋아하는 것은 무엇이냐는 질문에 "미술."이라고 하였고, 가장 싫어하는 것은 "수학, 국어, 영어."라고 답하였다. K의 대답에 옆에 있던 어머니가 갑자기 언성을 높이며 "대학 가려면 영어, 수학, 국어를 잘해야지!" 하고 말하자 K는 "×× 대학 갈 거야!" 하며 소리를 질렀고 의자에서 일어나려고 하였다. 상담자가 "그래요, K는 대학을 가고 싶어 하는군요…….. 그럼 대학에 가서 무엇을 하고 싶어요?"라고 말하자 다시 의자에 눌러 앉으며 "대학에 가려고요."라는 대답만 반복하였다. 그러면서 "순이도 대학 가잖아."라고 말하였다. 어머니는 "순이는 공부를 잘하니까 대학 가지."라고 다시 목소리를 높였다. 그 뒤 K와 어머니의 흥분을 가라앉힌 후 본 상담자는 평가 결과가 일주일 뒤에 나오니 그때 다시 어머니와 K가 함께 상담을 할 수 있도록 시간을 정하였다.

표 9-2 초기 면접지

초기 면접지								

<table>
<tr><td rowspan="2">파일
번호</td><td colspan="2">2018-001</td><td colspan="2">등록일자</td><td colspan="2">2018년 1월 18일</td><td>상담자</td><td>○○○</td></tr>
<tr><td colspan="2"></td><td colspan="2"></td><td colspan="2"></td><td></td><td></td></tr>
<tr><td rowspan="5">기본
정보</td><td>성명</td><td>K</td><td>나이</td><td>만 18세</td><td>성별</td><td>남☑
여☐</td><td>결혼 여부</td><td>결혼☐ 미혼☑</td></tr>
<tr><td>신장</td><td>cm</td><td>체중</td><td>kg</td><td>교정
시력</td><td>좌 우</td><td>청력</td><td>좌 dB / 우 dB</td></tr>
<tr><td>주소
구분</td><td colspan="5">자택☑ 친지☐ 친구☐ 기타☐</td><td>전화</td><td>–</td></tr>
<tr><td rowspan="2">주소지</td><td colspan="5" rowspan="2">대한민국 특별시 특별구</td><td>휴대전화</td><td>–</td></tr>
<tr><td>E-MAIL</td><td>–</td></tr>
</table>

<table>
<tr><td rowspan="5">가족
관계</td><td>관계</td><td>성명</td><td>연령</td><td>학력</td><td>직업</td><td>동거</td><td>장애</td><td>국민기초생활</td><td>수급 대상☐</td></tr>
<tr><td>부</td><td>홍○○</td><td>46</td><td>대졸</td><td>자영업</td><td></td><td>없음</td><td>수급 대상 여부</td><td>비수급 대상☑</td></tr>
<tr><td>모</td><td>이○○</td><td>44</td><td>전문대</td><td>전업
주부</td><td></td><td>없음</td><td>재정원</td><td>월평균소득
400만 원</td></tr>
<tr><td>본인</td><td>K</td><td>18</td><td>고재</td><td>학생</td><td></td><td>MR</td><td>경제적 문제</td><td></td></tr>
<tr><td>동생</td><td>홍○○</td><td>14</td><td>중 2</td><td>학생</td><td></td><td>없음</td><td>가족의 태도
(지원)</td><td></td></tr>
</table>

<table>
<tr><td rowspan="6">주요
이력
사항</td><td colspan="2">최종학교</td><td colspan="4"></td><td>전공</td><td></td></tr>
<tr><td colspan="2">병역</td><td colspan="6">필☐ 미필☐ 면제☑ 병역특례 희망☐</td></tr>
<tr><td colspan="2">직업훈련</td><td colspan="6">훈련 경험 없음</td></tr>
<tr><td colspan="2">자격면허</td><td colspan="4">1. 운전면허 ( )종
(보통☐ 대형☐)</td><td colspan="2">2. 기타:</td></tr>
<tr><td colspan="2">외국어 능력</td><td colspan="4">외국어 명 :</td><td>외국어 수준</td><td>상☐ 중☐ 하☐</td></tr>
<tr><td colspan="2">전산 능력</td><td colspan="6">상 ☐ 중 ☐ 하 ☐ (특기:)</td></tr>
</table>

<table>
<tr><td rowspan="4">주요
경력
사항</td><td>사업체 명</td><td>업종</td><td>직종</td><td>근무 기간
(년. 월)</td><td>고용 형태</td><td>임금</td><td>퇴직 사유</td></tr>
<tr><td>없음</td><td></td><td></td><td></td><td></td><td></td><td></td></tr>
<tr><td></td><td></td><td></td><td></td><td></td><td></td><td></td></tr>
<tr><td></td><td></td><td></td><td></td><td></td><td></td><td></td></tr>
</table>

의뢰 사유	부모는 이용자 K가 대학에 진학하고자 하는 욕구를 가지고 있으나 현재 대학에 진학할 경우 학업의 문제가 있다고 생각하여 대학 진학을 포기하기를 바라고 설득하였으나 이용자는 계속 고집을 부리고 있어 이에 대해 상담을 통해 K의 대학 진학을 포기시켜 직업훈련을 받게 하길 바람				
	신체적 요인				
장애 관련 사항	장애 유형/등급	등록/미등록	지적 장애 2 (급) (등록일 :)		
	장애 시기	출생 전□ 출생 시□ 출생 후☑		장애 부위	
	장애 원인	선천□ 사고□ 질병□		복용약	유□( ) 무☑
	보조기구	작업보조기구□ 휠체어□ 보조기□ 의수□ 의족□ 목발□ 보청기□ 인공와우□ 기타□			
	사회적응 요인				
	신변처리	식사☑ 착·탈의☑ 화장실 이용☑ 개인위생☑			*스스로 가능∨
	이동능력	지하철☑ 버스□ 자가운전□ 자원봉사자□ 활동보조□ 도보□			
	의사소통	주요 수단	대화(음성)☑ 수화□ 구화□ 필담□ 기타□(AAC 도구)		
		활용 능력	매우 원활□ 원활□ 보통□ 원활 않음☑ 매우 원활하지 않음□		
	수 개념	덧셈, 뺄셈 가능, 곱셈도 한 자릿수 가능, 시간 읽기 가능, 시간 계산 가능함			
	취미/여가생활	TV 시청, 종이접기, 도예 좋아함			
	대인/또래관계	학교에서 도우미 학생과 이야기하는 정도임 주도적으로 다른 사람과 이야기는 못함			
	성 인식/행동	여학생의 눈을 끄려는 시도를 함			
	행동 특성/습관				
직업평가 동의 여부	부모 동의				
이용자 서비스 진행 상태	평가☑ 상담□ 종결□				
기타 사항	2018년 1월 25일 심리평가 의뢰				

* 장애와 훈련 직종은 「장애인복지법」의 장애 및 등급, 노동부의 직종 분류에 따라 검색하여 입력토록 함.

3. 평가 단계

K에 대한 평가 단계는 평가 의뢰 후, 평가 시행, 사례회의, 평가 결과 통보 과정을 중심으로 이루어졌다. 평가 단계에서 사용된 서식들은 〈표 9-3〉, 〈표 9-4〉, 〈표 9-5〉, 〈표 9-6〉에 제시하였다.

1) 평가 의뢰

표 9-3 평가 의뢰서

<table>
<tr><td colspan="9" align="center">평가 의뢰서</td></tr>
<tr><td>파일 번호</td><td colspan="4" align="center">2018-001</td><td>의뢰일</td><td colspan="3" align="center">2018년 1월 18일</td></tr>
<tr><td>이용자 명</td><td>K</td><td>성별</td><td>남☑ 여☐</td><td>연령</td><td>만 18 세</td><td>장애 유형/등급</td><td colspan="2" align="center">지적 장애 2급</td></tr>
<tr><td>주민번호</td><td>-</td><td>주거</td><td>재가☑ 시설☐</td><td>수급 여부</td><td>예☐ 아니요☑</td><td>연락처</td><td colspan="2"></td></tr>
<tr><td>주소</td><td colspan="8" align="center">대한민국 특별시 특별구 특별동 특별아파트</td></tr>
<tr><td>의뢰 기관</td><td colspan="2"></td><td>의뢰자</td><td colspan="2" align="center">모</td><td>연락처</td><td colspan="2">000-0000</td></tr>
<tr><td>의뢰 목적</td><td colspan="8">이용자의 지적 수준 및 대인관계 기술 및 대소근육 신체가용 능력 파악</td></tr>
<tr><td>의뢰 질문
(서술식)</td><td colspan="8">① 이용자의 지적 수준을 파악한다.
② 이용자의 사회적 성숙도를 파악한다.
③ 이용자의 직업흥미와 직업적성, 준비도 등을 파악한다.</td></tr>
<tr><td rowspan="7">평가 의뢰
분야</td><td colspan="2" rowspan="3">심리평가</td><td colspan="6">① 지능☑ ② 어휘력☐ ③ 직업흥미☑ ④ 직업적성☐</td></tr>
<tr><td colspan="6">⑤ 인성검사☐ ⑥ 심리상태☐ ⑦ 정신건강☐ ⑧ 적응행동☐</td></tr>
<tr><td colspan="6">※해당 항목에 체크해 주세요.</td></tr>
<tr><td colspan="2" rowspan="2">신체평가</td><td colspan="6">① 신장☐ ② 체중☐ ③ 악력☐ ④ 배근력☐ ⑤ 신체연령 측정☐</td></tr>
<tr><td colspan="6">※해당 항목에 체크해 주세요.</td></tr>
<tr><td colspan="2" rowspan="2">작업평가</td><td colspan="6">① 운동능력☐ ② 손 기능☑ ③ 미세 손 기능☑ ④ 작업기술☐
⑤ 분류작업☐ ⑥ 조립작업☐ ⑦ 포장작업☐ ⑧ 입식작업☐
⑨ 협동작업☐ ⑩ 직업수준☐ ⑪ 직무수행능력☐</td></tr>
<tr><td colspan="6">※해당 항목에 체크해 주세요.</td></tr>
<tr><td>평가 시
참조사항</td><td colspan="8">신체평가는 건강검진서로 가름함</td></tr>
</table>

2) 평가 결과 보고서

표 9-4 평가 결과 보고서

평가 결과 보고서

① 배경정보

㉠ 장애 상태 · 병력

출생 후 1개월 때 뇌전증 발작이 있었으나 처음에 어머니가 인지하지 못했으며 7개
월 때 K의 뇌전증 발작을 인지함. 현재 뇌전증 발작은 보이지 않음

㉡ 욕구

K는 대학 진학을 고집하고 있으나 모는 이용자가 직업훈련을 거쳐 단순한 직업을
갖기를 원하고 있다. 그러나 이용자의 고집이 워낙 세서 상담을 통해 이용자가 바뀌
기를 원함

㉢ 교육 · 훈련경력

유아기 때 특수교육 및 심리치료를 3개월 정도 받았으나 결과가 어머니의 기대치에
미치지 못해 그만두었으며, 특수학교에서 계속 교육을 받음

㉣ 기초학습력

읽기는 초등학교 2학년 정도의 수준이며 수 헤아리기와 덧셈, 뺄셈은 가능하며, 곱
셈은 한 자리 숫자는 가능한 상태이며 쓰기도 어느 정도는 가능함(예: 밥을 먹고 학
교에 가습니다. 짐을 온기다).

㉤ 독립생활

K 스스로 자립생활이 가능한 수준이지만 상황에 적합한 옷차림을 하는 데 있어서
는 다른 사람의 조언이 필요하다. 이를테면, 장례식에 가는데 붉은색 계통의 옷을
입고 나가는 등의 행동을 보인다. 또한 간단한 의사소통이나 자신의 감정 표현 정도
는 가능하며, 학교에서 배운 종이접기, 도예활동을 좋아한다고 하였다.

㉥ 생육력

K는 1남 1녀 가운데 맏이로 태어났다. 아버지는 대졸로 결혼 초기에는 직장생활을

했으나 현재는 자신의 가게를 운영하고 있다. 어머니는 전업주부로 맏이가 장애를 갖고 있어 많은 스트레스를 받고 있지만 딸이 공부를 잘하여 마음의 위로를 삼고 있으며 모든 기대를 딸에게 걸고 있다. 그런데 요즘 K가 갑자기 대학에 진학하겠다고 고집을 부려 설득을 하려고 했지만 의도대로 되지 않아 고민 중이다.

이용자는 임신 중 별다른 일 없이 정상 분만으로 태어났다. 출생 시 이용자의 체중은 3.3kg으로 지극히 정상이었다. 매우 순한 아이였지만 생후 1개월부터 갑자기 놀다가 자지러지게 울거나 하는 행동을 했고, 별로 이상하게 생각해 보지 못했다고 하였다. 자주 그런 일이 있어서 7개월 때 병원에 갔더니 뇌전증 발작이 있다고 하여 병원치료를 받았던 일 외에는 특별한 질병은 없었다. 그러나 이용자는 15개월 무렵에 걷기 시작했으며, 언어적 발달도 2세 무렵 말을 좀 했다고 보고하면서 언어 발달이 매우 늦은 편이었다고 하였다.

그렇지만 어머니는 특별히 걱정하지는 않았고 단지 늦되는 아이구나, 남자라서 언어가 늦는가 보다 생각했었다고 보고하였다. 주변에서 그대로 두면 안 된다고 하여 5세 무렵에 특수교육과 심리치료를 3개월 정도 받았지만 이용자가 특별히 달라지는 것 같지 않아서 그만두었다. 그리고 초등학교부터 특수학교에 입학시켜 오늘에 이르렀으며, 어머니는 이용자에게 특별히 기대하거나 하는 바가 없었기 때문에 그다지 이용자의 행동에 대해서 염려하지 않았다. 고등학교에 진학하면서 학교에서 직업훈련을 받으라고 하는데 이용자가 거부하면서 이용자가 자기도 대학에 가겠다고 고집을 피워 의뢰하게 되었다고 보고하였다.

② 평가 사유 및 평가 시 태도

K의 지적 능력과 사회성숙도, 그리고 직업적성 등을 파악하여 상담에 참고하기 위해서 검사를 실시하였다. 이용자는 검사 시 잘하면 대학 갈 수 있느냐고 검사자에게 질문하였으며, 지시에 따르려고 노력하는 태도를 보였으나 시간이 경과하면서 조금씩 주의력이 흐트러지는 모습을 보였다.

③ 평가 결과

K의 평가 결과를 요약하면 다음과 같다.

㉠ 심리평가

• KWAIS

16세 이상의 연령, 즉 성인을 대상으로 한 지능검사로 이용자는 전체 검사 IQ 50, 언어성 IQ 47, 동작성 IQ 70으로 언어성보다는 동작성 IQ가 좀 더 높았다. 특히, 이용자는 도형 맞추기와 모양 맞추기, 그리고 빠진 곳 찾기에서 다른 하위 검사보다 높은 점수를 얻었으며, 기본 지식 문제, 공통성 영역에 있어서 매우 낮은 점수를 얻었다. 이는 이용자가 학습된 능력보다는 잠재적 능력이 풍부하였고, 특정 영역, 즉 시지각 관련한 학습에 영향을 미쳤다고 볼 수 있다. 또한 이용자가 어렸을 때 적절한 교육적 자극을 받지 못했음과 아울러 특수교육 및 심리치료를 좀 더 다녔다면 이용자가 갖고 있는 잠재능력이 좀 더 발휘될 수 있었을 텐데 하는 아쉬움이 있다. 대인관계적인 면에서 어려움과 사고의 유연성 부분에서의 문제를 드러낸다고 볼 수 있다. 또한 이용자는 시지각 능력과 공간지각 능력은 자신의 다른 인지능력에 비해 우수함을 나타낸다.

따라서 이용자에게 직업적 교육을 시킬 경우, 눈손 협응력과 시지각 기능을 요구하는 직업, 즉 목공일, 단순한 기계 조립 등의 직무가 적합할 것이라고 생각되며, 비장애 학생들과의 다양한 소그룹 활동 등을 통해서 사회성 기술능력과 의사소통 능력을 길러주는 것이 좋을 듯하다.

〈KWAIS 검사 결과〉

		원점수	환산점수
언어성 검사	기본 지식 문제	9	5
	(숫자 외우기)	13	7
	어휘 문제	24	7
	산수 문제	9	7
	이해 문제	15	8
	공통성 문제	9	5
	언어성 환산점수 계		32(IQ: 47)
동작성 검사	빠진 곳 찾기	14	9
	차례 맞추기	12	7
	토막 짜기	36	10
	모양 맞추기	32	10
	바꿔 쓰기	62	9
	동작성 환산점수 계		45(IQ: 70)
전체 검사 환산점수 계			77(IQ: 50)

• 사회성숙도 검사

SQ = 70이라는 경계선급 사회성 지수가 나왔다. 이는 이용자가 사회적응훈련만 받는다면 독립하여 사회생활을 할 수 있음을 보여 준다. 따라서 이용자는 소집단 활동, 특히 대인관계 훈련과 의사소통 훈련을 받을 필요가 있다.

• 홀랜드 직업적성검사

홀랜드 직업적성검사에서 이용자는 RA형으로 실제적이며 예술적인 면에 적성이 있다고 판단되었다. 이는 이용자가 종이접기나 도예활동에 흥미를 보이고 있으며, 나름대로 잘하고 있는 자부심의 결과라고 생각된다. 또한 지능검사에서도 시지각 및 공간지각 영역에 강점을 갖고 있음을 보여 주는 것과도 일치한다.

ⓒ 행동관찰

전반적으로 지원고용이 가능한 수준이나 동기의 저하로 인해 정서적 준비도가 낮다.

④ 종합소견

이상을 종합해 보면 내담자의 장점과 약점은 다음과 같다.

㉠ 장단점

이용자는 시지각 능력과 공간지각 능력이 좋은 편이지만 단점으로 현실 상황에서 문제에 대처할 수 있는 문제해결 능력과 유연성이 부족하다.

㉡ 권고사항

K가 자신의 지적인 약점을 받아들이고 보다 현실적인 방안을 선택할 수 있도록 도와줄 수 있는 재활상담이 필요하다.

작 성 일: 2018년   1월   25일

평 가 사: ○○○   인

3) 사례회의

표 9-5 사례회의록

일시	2018년 1월 27일 금요일 (10:00~11:00)							담당	팀장
참석자									
파일 번호	2018-001	성명	K	성별	남	연령	18	장애 유형	지적 장애 2급
사례 상정 사유	K의 심리평가를 토대로 적합한 재활상담 서비스를 제공하기 위해								

회의 내용	배경 정보	• K의 대학 진학과 관련된 비합리적 사고를 변화시키며 이와 아울러 대인관계 기술 능력 증진을 위해서
	현재 상태	• K의 지적 능력은 중등도 지적 장애를 보이고 있지만, 시지각과 공간지각 능력은 좋은 편이다. 그러나 현실 상황에서 문제해결 능력과 유연성의 부족, 대인관계의 어려움 등을 보이고 있다. 또한 K는 직업적성 부분에서 RA형으로 실제적이며, 기계를 만지는 부분에 적성이 있지만, 직업을 갖고자 하는 동기와 준비가 결여되어 있다. • 어머니의 정서적인 문제와 의사소통적인 면으로 인해 이용자와 상당한 갈등이 야기되고 있다.
	주 욕구	• 대학 진학과 관련된 비합리적 생각 변화와 대인관계기술 증진. 이를 통한 직업훈련
	제한점	• 직업 훈련이나 직업에 대한 동기 부족과 아울러 준비도가 떨어짐 • 모와의 갈등으로 인해 이용자에 대한 가정적 지원이 부족함

재활 방향	• K의 지적 문제 수용함으로써 대학 진학보다는 자신의 능력을 발휘할 수 있는 직업, 즉 기계 조립 등과 같은 직업을 가짐으로써 독립생활을 영위할 수 있도록 도와주어야 함 • 어머니의 경우, 정서 지원 및 의사소통 기술 향상을 위한 부모상담 의뢰
조치사항	• 개별상담과 소집단 활동
비고	

4) 평가 결과 통보서

표 9-6 평가 결과 통보서

<table>
<tr><td colspan="6" align="center">평가 결과 통보서</td></tr>
<tr><td rowspan="2">일반
사항</td><td>파일 번호</td><td>2018-001</td><td>평가일</td><td>2018. 1. 25.</td><td>사례회의일</td><td>2018. 1. 27.</td></tr>
<tr><td>이용자 명</td><td>K</td><td>장애 유형/등급</td><td>지적 장애 2급</td><td>생년월일</td><td></td></tr>
<tr><td rowspan="6">평가
내용</td><td>내담자
욕구</td><td colspan="5">K의 경우, 대학 진학을 원하지만 어머니의 경우 K가 직업교육을 통해 직업을 갖기 바람</td></tr>
<tr><td>희망 직업</td><td colspan="5">단순노무직</td></tr>
<tr><td>장점</td><td colspan="2">시지각 및 공간지각, 눈손 협응능력이 좋음</td><td>단점</td><td colspan="2">현실 상황에서 문제에 대처할 수 있는 문제해결 능력과 유연성의 부족으로 인한 대인관계 문제점 및 직업동기 결여</td></tr>
<tr><td>평가 결과
및 조언</td><td colspan="5">• K의 지적 능력은 중등도 지적 장애를 보이고 있지만, 시지각과 공간지각 능력에 있어서 좋은 편이다. 그러나 현실 상황에서 문제해결 능력과 유연성의 부족, 대인관계 어려움 등을 보이고 있다.
• K는 직업적성 부분에서 RA형으로 실제적이며, 기계를 만지는 데 적성이 있지만 직업을 갖고자 하는 동기와 준비가 결여되어 있음을 보여 주었다.
• 따라서 K가 자신의 어려움을 받아들여 대학 진학보다는 자신의 능력을 발휘할 수 있는 직업, 즉 기계 조립, 바리스타 등과 같은 직업을 가짐으로써 독립생활을 영위할 수 있도록 도와주는 재활상담이 필요하다. 재활상담의 실시에 있어서 개별상담과 소집단 활동을 함께 실시함으로써 K가 가지고 있는 문제, 즉 대학 진학을 해야 한다는 생각의 유연성을 갖게 하고. 대인관계 문제와 사회적 기술 훈련을 실시하는 것이 필요하다.</td></tr>
</table>

이상의 내용은 K님과의 초기 면접 및 심리평가 내용을 토대로 적절한 재활상담 서비스 제공을 위해 재활상담 전문가 및 관련 전문가들과 실시한 사례회의 결과입니다. 함께 첨부해 드리는 개별 재활계획서의 내용과 같이 향후 K님께 재활상담 서비스가 제공될 예정이오니 참고하시기 바라며 기타 문의 사항에 대해서는 저희 ○○복지관으로 내방하여 주시거나 ○○-○○○-○○○○으로 연락하여 주시기 바랍니다.

작성일: 2018년 1월 27일

담당자: ○○○ (인)

팀장: ○○○ (인)

4. 재활계획 수립 단계

표 9-7 개인별 재활 계획서

개인별 직업재활 계획서							
파일 번호	2018-001	이용자 성명	K	성별	남☑ 여☐	연령	만 18 세
주소	서울특별시 특별구 특별동			연락처	○○○-○○○○		
이용자의 주요 욕구	• 대학 진학을 바람						
평가 결과	• K의 지적 능력은 중등도 지적 장애를 보이고 있지만, 시지각과 공간지각 능력에 있어서 좋은 편이다. 그러나 현실 상황에서 문제해결 능력과 유연성의 부족, 대인관계의 어려움 등을 보이고 있다. 또한 K는 직업적성 부분에서 RA형으로 실제적이며, 기계를 만지는 부분에 적성이 있지만, 직업을 갖고자 하는 동기와 준비가 결여되어 있음을 보여 주었다.						

상담목표	장기 목표	고용을 통한 독립생활		
	중단기 목표	대학 진학이라는 비합리적 사고의 변화 및 대인관계 기술 습득, 그리고 직업 훈련 수용		

목표성취를 위한 서비스 지원계획	서비스 지원계획	지원기간	평가 예정일	달성 여부
	1. 개별 재활상담(비합리적 사고의 변화	2018. 02~06.	2018. 07. 04.	예☐ 아니요☐
	2. 직업 훈련	2018. 07. 04.~		예☐ 아니요☐

기타 서비스 및 참고사항	소그룹 활동(대인관계기술 습득)			
작성일		작성자	(인)	팀장(부서장)	(인)
통보 방법	이메일☐ 우편☐ 문자☐ 내방상담☑ 기타☐( )			
재활계획 동의 확인란	이용자 명	K (인)	보호자 명	이○○ (인)

5. 재활상담 실행 단계

평가 결과 통보 이후, 개별 재활계획에 따라 부모 및 이용자와의 면담을 실시하였다. 어머니에 대해서는 발달장애인 부모상담 관련 바우처 지원을 통해 부모상담을 받도록 하였고, 상담과정을 통해 어머니 자신의 정서적 어려움을 해소하고, 의사소통 기술을 익힘으로써 K와의 원활한 의사소통을 할 수 있도록 도와주었다. 그리고 K는 재활상담을 통해 자신의 욕구를 보다 명료화할 수 있도록 하는 동기강화상담을 먼저 실시한 후 대인관계기술 증진 프로그램에 참여하여 K가 자신의 감정을 원활하게 표현하고 다른 사람과의 관계 증진을 위한 기술을 익힐 수 있도록 한 후 직업훈련에 참여할 수 있도록 하였다.

K에 대한 개별상담을 진행하는 과정에서 K가 자신의 학문적 역량 부분은 고려하지 않고 '대학 진학을 해야만 한다.'라는 비합리적 사고를 변화시키기 위하여 저자가 선택한 것은 Ellis의 합리적 · 정서적 행동상담 이론이었다. 이 상담 이론의 기법 중 소크라테스식 문답법과 더불어 미술치료 가운데 콜라주 기법을 활용하여 본 재활상담을 진행하였다. 소크라테스식 문답법은 처음에는 이용자에게 활용하기 힘들지만 이를 활용하다 보면 이용자는 상담자나 타인의 질문에 대해서 예상 및 추측하는 능력과 함께 자신의 생각을 정리할 수 있도록 도와줄 수 있다는 장점을 가지고 있다. 콜라주 기법은 자신의 생각을 시각화하여 제시해 주어 K의 강점인 시지각과 공간지각적인 면을 활용할 수 있다. K에게 Ellis의 합리적 · 정서적 행동치료적 모형을 활용한 상담 단계는 다음과 같다.

먼저, 상담사는 이용자가 대학에 진학하려고 생각하게 된 계기나 사건에 대해서 살펴보고자 K에게 "K, 대학에 가면 어떤 일이 있을 것 같습니까?"라고 질문을 하였으나 K는 그에 대한 대답보다는 "대학에 가고 싶어요. 그런

데 엄마가 안 된다고 해요. 선생님과 이야기하면 (대학에) 갈 수 있다고 했어요."라고 대답하였다. 상담자는 "K는 대학에 매우 가고 싶어 하는군요."라고 말하자 K는 고개를 끄덕이며 "대학에 가요."라고 다시 반복하였다. 치료자는 K가 대학에 가고자 하는 목적을 생각해 볼 수 있도록 준비해 둔 종류가 다른 잡지들을 제공하며 "K, 먼저 K가 대학에 가서 얻을 수 있는 것, 대학에서 원하는 것을 골라보세요."라고 지시를 하였다. "K가 원하는 것이 있는 페이지는 일단 찢어주세요. 많이 찢어도 됩니다."라고 지시를 하였다. K는 주어진 잡지를 뒤적거리며 자신의 마음에 드는 그림 혹은 사진이 있는 잡지의 페이지를 찢어서 자기 앞에 놓았다. K는 네 장쯤 찢었을 때 치료자를 쳐다보며 "더 찢어도 돼요?"라고 물었다. 치료자는 "원하는 대로 찢으면 돼요."라고 대답하자 다시 더 찢기 시작해 10여 장쯤 찢어 자신의 앞에 두었다. 그러면서 "다 했어요."라고 하였다. 치료자는 이제 찢어 놓은 잡지에서 원하는 사진을 오리도록 지시하였고 지시에 따라 K는 사진을 오렸는데 윤곽선을 따라 오리기보다는 크게 네모로 오렸다. 다 오린 후 치료자는 8절지 도화지를 제시하면서 "K 그럼 이 도화지 안에 K가 원하는 사진을 붙이세요."라고 지시하자 K는 얼굴을 찌푸리며 "안 돼요."라고 볼멘소리로 말했다. 다시 치료자가 "그럼 정말 붙이고 싶은 사진을 다시 고르세요."라고 지시하자 [그림 9-1]과 같이 K는 네 장의 사진을 붙였다.

작품을 가지고 나눈 이야기에서 K는 대학에 가면 "좋은 옷을 입고, 차를 타고 돈도 있고"라고 하였다. 다시 치료자가 "K는 대학에 가면 좋은 옷을 입고, 차도 가질 수 있고, 돈도 많이 벌 수 있다고 생각하는군요."라고 K의 마음을 읽어 주자 K는 활짝 웃으며 고개를 끄덕였다. 이러한 미술작업을 통해서 K가 대학에 가서 얻고자 하는 것이 무엇인지에 대해 인식할 수 있게 되었다.

2회기에서 두 번째 단계인 이용자가 대학에 가야만 된다고 생각하게 된 비합리적 신념을 찾는 작업을 실시하였다. 이때 사용한 상담자의 질문의 예는

[그림 9-1] Ellis의 합리적 · 정서적 행동 상담 적용

"대학에 가지 않으면 어떤 일이 일어날까요?" 등의 질문을 통해 K가 갖고 있는 비합리적 신념을 파악하고, 이러한 신념들이 어떠한 결과들을 야기하는지 예측할 수 있다. K에게 이러한 질문을 했을 때 K는 "돈 없어요."라고 대답하였고, 이에 대한 논박을 위해, 상담사는 K에게 대학에 가지 않고 자신의 생활을 행복하게 하고 있는 내용 등의 비디오나 영화를 감상하게 하고 이에 대한 이용자의 감상을 함께 나누었다.

3회기에서 상담사는 K가 갖고 있는 비합리적인 신념, 즉 대학 진학과 관련된 것들에 대해서 이야기를 나누면서 이용자의 비합리적 신념에 대해 논박을 하는 단계로 다시 콜라주 작업을 실시하였다. "K가 대학에 가지 않고 직장에 가면 어떤 일이 생길까요?"라고 말하며 몇 권의 잡지를 보면서 직장 가서 생길 수 있는 일들을 골라 보도록 하였다. K가 만든 작품은 [그림 9-2]와 같다.

그림에 대한 K의 설명은 "돈 받고 (웃으며) 돈 많아요…… 음 여자친구, 시계 사고 옷 사고……."라고 말했다. 상담자는 "예, K는 돈 많이 받고 여자친구도 사귀고 시계, 옷도 사고 멋있게 살고 싶어하는군요."라고 말해 주자 K는 아주 만족한 표정을 지으며 좋아하였다.

상담자가 K 앞에 [그림 9-1]과 [그림 9-2]를 제시하면서 "K, 그림 K가 대학에 갔을 때와 안 갔을 때 어떤 점이 차이가 있나요?"라고 질문을 하자 K는 "없어요. 없네. 음…… ([그림 9-2]를 가리키며) 더 많네 흐흐." 하고 웃었다. 이후 K는 굳이 대학에 가겠다고 고집을 부리는 대신 다음 단계인 직업적응 훈련과 대인관계기술 훈련을 이수하는 것으로 결정하였다.

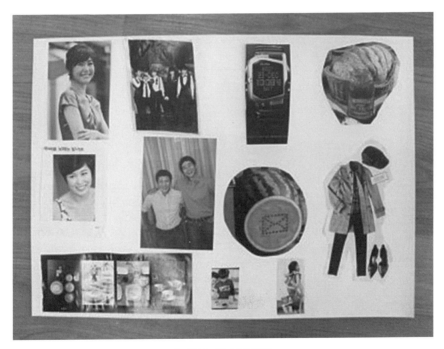

[그림 9-2] K의 작품

참고문헌

강윤주, 공마리아. (2011). 실무중심 직업재활사 양성 교육과정 개발. 재활복지, 5(2), 25-53.

강윤주. (2011a). 사례관리 관점에서 개인별 고용계획 수립 및 평가. 부산 20차 장애인 직업재활시설 역량강화. 부산시사회복지사협회.

강윤주. (2011b). 사례관리 실천과정의 이해-국립재활원 사례관리(기본)과정-. 국립재활원.

강진령(2009). 상담과 심리치료. 경기: 양서원.

공마리아, 강윤주, 조미숙, 황정우, 전종문, 정광희, 남인순. (2011). 직업적응훈련. 서울: 학지사.

김봉환, 강은희, 강혜영, 공윤정, 김영빈, 김희수, 선혜연, 손은령, 송재홍, 유현실, 이제경, 임은미, 황매향. (2018). 진로상담. 서울: 학지사.

김종인. (2012). 직업재활사의 역할과 재활윤리. 2012년도 제18회 직업재활 연수회 자료집: 직업재활 서비스 실천과정의 이해. 서울: 한국직업재활학회.

김춘경, 이수연, 이윤주, 정종진, 최웅용. (2017). 상담의 이론과 실제. 서울: 학지사.

김충기, 김현옥. (1993). 진로교육과 진로상담. 건국대학교 출판부.

김형태. (1998). 상담의 이론과 실제. 서울: 동문사.

나운환, 박경순, 정승원, 강윤주, 박세진. (2017). 장애인 재활상담사 직무분석 연구. 서

울: 한국보건의료인국가시험원.

나운환, 이용표, 강윤주, 최영광. (2008). 장애인복지관 업무전산시스템 복식부기 및 직업 재활 프로그램 개발을 위한 업무표준화 연구보고서. 대구대학교 직업재활 및 보조공 학연구소 · (사)한국장애인복지관협회.

나운환. (2008). 재활상담과 사례관리. 경기: 집문당.

노안영. (2018). 상담심리학의 이론과 실제(2판). 서울: 학지사.

문선화, 정민숙, 김종윤, 이상호, 장수한, 김현주. (2006). 장애인복지론. 경기: 양서원.

박경애. (2002). 인지 · 정서 · 행동치료. 서울: 학지사.

박경애. (2013). 인지 · 행동치료. 서울: 학지사.

박석돈, 이재철. (2000). 산재장애인을 위한 직업재활상담사의 역할과 기능. 중복 · 지 체부자유아교육, 36, 177-195.

박수경, 김진수, 박정란. (2003). 산재보험 재활서비스 증대를 위한 재활상담원 역할모형 개발에 관한 연구. 노동부.

박수경. (2004). 산재보험 재활상담원의 업무수행 실태와 역할정립 방안. 재활복지, 8(2), 21-44.

박정란. (2006). 여성 새터민의 직업가치와 진로의사결정과정 연구. 이화여자대학교 대학원 박사학위논문.

박희찬. (2003). 우리나라 직업재활사 양성 교육과정 고찰. 직업재활연구, 13(2), 129-155.

손명자. (1983). 체계적 탈감법에 대한 고찰. 사회과학논총, 1, 157-172. 계명대학교 사 회과학연구소.

안창규. (1996). 진로 및 적성탐색검사의 해석과 활용. 서울: 한국가이던스.

양옥경, 김정진, 서미경, 김미옥, 김소희. (2005). 사회복지실천론. 서울: 나남출판사.

오원택. (2004). 목회자 사모의 우울증 인지적 치료. 장로회신학대학교 대학원 석사학위 논문.

오혜경. (1999). 재활상담의 역할과 기능에 관한 연구. 사회과학연구, 15. 가톨릭대학교 사회과학연구소.

윤순임, 이죽내, 김정희, 이형득, 이장호, 신희천, 이성진, 홍경자, 장혁표, 김정규, 김인자, 설기문, 전윤식, 김정택, 심혜숙. (2000). 현대상담 · 심리치료의 이론과 실제. 서울: 중앙적성출판사.

이달엽. (1994). 재활에 있어서 다섯 가지 윤리원칙. 직업재활연구, 4, 103-115. 한국직업재활학회.

이숙, 정미자, 최진아, 유우영, 김미란. (2005). 아동상담. 경기: 양서원.

이장호, 김정희. (1992). 집단상담의 원리와 실제. 서울: 법문사.

이장호, 정남호, 조성호. (2005). 상담심리학의 기초. 서울: 학지사.

이재창, 조봉환, 최인화, 임경희, 박미진, 김진희, 정민선, 최정인, 김수리. (2014). 상담전문가를 위한 진로상담의 이론과 실제. 경기: 아카데미프레스.

이지연. (2006). 청소년이 인식하는 일 가치의 변화. 직업교육연구, 25(3), 163-181.

채옥경, 박미은, 서미경, 전석균. (2011). 인간행동과 사회환경. 경기: 양서원.

천성문, 박명숙, 함경애, 이영순, 이동훈. (2015). 상담심리학의 이론과 실제(제3판). 서울: 학지사.

최국환. (2011). 재활상담의 최근 현황과 과제. 한국재활심리학회 학술대회, 65-70. 한국재활심리학회.

최국환. (2018). 특수교육 및 재활복지 분야의 전문가를 위한 장애학생 부모상담. 서울: 학지사.

최윤영, 이경준(2013). 장애인복지론(제2판). 서울: 학지사.

한국고용정보원. (2008). 직업선호도검사 개정 연구 보고서(1차 연도). 서울: 한국고용정보원.

한국장애인재활상담사협회. (2014). 직업재활사 윤리강령. http://www.karc.kr/bbs/page.php?hid=korg_03

홍경자. (2001). 자기이해와 자기지도력을 돕는 상담의 과정. 서울: 학지사.

황매향, 김계현, 김봉환, 선혜연, 이동혁, 임은미. (2013). 심층 직업상담: 사례적용 접근. 서울: 학지사.

ICF 한국번역출판위원회. (2003). 국제기능 · 장애 · 건강분류 오픈 포럼.

Allport, G. W. (1961). *Personality: A psychological interpretation*. New York: Holt.

American Counseling Association. (2018). https://www.counseling.org/aca-community/learn-about-counseling/what-is-counseling

Americans with Disabilities Act Amendments Act. (2008). https://www.eeoc.gov/laws/statutes/adaaa.cfm

Andrews, B., & Gotlib, I. H. (1993). Psychopathology and early experience: A reappraisal of retrospective reports. *Psychological Bulletin, 113*(1), 82-98.

Arbuckle, D. S. (1965). *Counseling: Philosophy, theory and practice.* Boston: Allyn & Bacon.

Ayer, M. J., Wright, G. N., & Butler, A. J. (1968). *Counselor orientation: Relationship with responsibilities and performance.* Madison: Regional Rehabilitation Research Institute, University of Wisconsin.

Bandura, A. (1969). *Principles of behavior modification.* New York: Holt, Rinehart & Winston.

Bandura, A. (1977). *Social learning theory.* NY: General Learning Press.

Bandura, A. (1982). Self-efficacy mechanism in human agency. *American Psychologist, 37,* 122-147.

Banja, J. D. (1990). Rehabilitation and empowerment. *Archives of Physical Medicine and Rehabilitation, 71,* 614-615.

Beck, A. T., Epstein, N., Brown, G., & Steer, R. A. (1988). An inventory for measuring clinical anxiety: Psychometric properties. *Journal of Consulting and Clinical Psychology, 56*(6), 893-897.

Beck, J. S. (1995). *Cognitive therapy: Basics and beyond.* 최영희, 이정흠 역. (2007). 인지행동치료 이론과 실제. 서울: 하나의학사.

Belkin, G. S. (1988). *Introduction to counseling* (3rd ed.). Dubuque, IA: Brown.

Berne, E. (1964). *Games People Play: The Psychology of Human Relationships.* New York: Grove Press.

Bingham, R. P., & Ward, C. M. (1996). Practical applications of career counseling with ethnic minority women. In M. L. Savikas & W. B. Walsh (Eds.),

Handbook of career counseling theory and practice (pp. 291-351). Palo Alto, CA: Davis-Black.

Bordin, E. S. (1979). *The generalizability of the psychoanalytic concept of the working alliance, Psychotherapy: Theory, Research, and Practice, 16,* 252-262.

Brown, D., & Srebaluls, D. J. (1988). *An introduction to the counseling profession.* Englewood Cliffs, NJ: Prentice-Hall.

Callis, R. (1960). Toward and integrative theory of counseling. *Journal of College Student Personnel, 1,* 2-9.

Campbell, D. P., & Borgen, F. H. (1999). Holland's theory and the development of interest inventories. *Journal of Vocational Behavior, 55,* 86-101.

Chan, F., Berven, N. L., & Thomas, K. R. (2015). *Counseling Theories and Techniques for Rehabilitation and Mental Health Professionals* (2nd ed.). Springer Publishing Company.

Chartrand, J. M. (2001). The evolution of trait-and-factor career counseling: A person environment fit approach. *Journal of Counseling & Development, 69,* 518-524.

Chubon, C. (1992). Defining rehabilitation from a systems perspective: Critical implications. *Journal of Applied Rehabilitation Counseling, 23*(1), 27-32.

Cohen, M., Cote, R., Galloway, F., Hedgeman, B., & Schmones, T. (1971). The role and function of the counselor. A paper of a committee of the Northeast Rehabilitation Counseling Association.

Compton, B. R., & Galaway, B. (1989). *Social work processes.* Wadsworth.

Corey, G. (2005). *Theory and practice of counseling and psychotherapy* (7th ed.). Pacific Grove, CA: Brooks/Cole.

Corey, G. (2009). *Theory and practice of counseling and psychotherapy.* 조현춘, 조현재, 문지혜, 이근배, 홍영근 역. (2012). 심리상담과 치료의 이론과 실제(제8판). Cengage Learning Korea.

Corey, G. (2013). *Theory and practice of counseling and psychotherapy* (8th ed.).

Pacific Grove, CA: Brooks/Cole.

Cowger, C. D. (1994). Assessing client strengths: Clinical assessment for client empowerment. *Social Work, 39*(3), 262-269.

Cubelli, G. E. (1967). Longitudinal Rehabilitation: Implications for rehabilitation counseling. *Professional Bulletin, National Rehabilitation Counseling Association, 7*(6), 1-5.

Cutler, F., & Ramm, A. (1992). Introduction to the basics of vocational evaluation. In J. Siefken (Ed.), *Vocational evaluation in the private sector* (pp. 31-66). Menomonie, WI: University of Wisconsin-Stout.

Darley, J. G. (1950). Conduct of the interview. *Readings in modern methods of counseling* (pp. 265-272). East Norwalk, CT: Appleton-Century-Crofts.

Davis, H. (1993). *Counseling parents of children with chronic illness or disability.* Leicester: The British Psychological Society.

Dawis, R. V. (2002). *Person-Environment-Correspondence Theory. Career choice and development.* San Francisco, CA: Jossey-Base.

Dawis, R. V., & Lofquist, L. H. (1984). *A psychological theory of work adjustment: An individual differences model and its application.* Minneapolis: University of Minnesota Press.

Dawis, R. V., England, G. W., & Lofquist, L. H. (1964). *A theory of work adjustment.* Minneapolis: University of Minnesota, Regional Rehabilitation Research Institute.

Dewey, J. (1956). *School and society.* Chicago: University of Chicago Press. (Original work published 1900)

DiMichael, S. G. (1967). New directions and expectations in rehabilitation counseling. *Journal of Rehabilitation, 33*(1), 38-39.

Drakeford, J. (1967). *The awesome power of the listening ear.* Waco, TX: Word Books.

Dryden, W. (2002). *Rational emotive behavior therapy: Comprehensive method of treating human disturbances* (Revised and updated). NY: Citadel Press.

Dykhuizen, G. (1973). *The life and mind of John Dewey.* Carbondale: Southern Illinois University Press.

Egan, G. (1994). *The skilled helper* (5th ed.). Pacific Grove, CA: Brooks/Cole.

Ehrenwald, J. (1976). *The History of psychotherapy: from healing magic to encounter.* New York: Jason Aronson.

Ellis, A. (2004). *Rational Emotive Behavior Therapy: It Works for Me-It Can Work for You.* Amherst, NY: Prometheus Books.

Ellis, A., & Harper, R. A. (1961). *A guide to rational living.* Englewood Cliffs, NJ: Prentice Hall.

Emener, W. G. (1991). Empowerment in rehabilitation: An empowerment philosophy for rehabilitation in the 20th century. *Journal of Rehabilitation, 57*(4), 7-13.

Emener, W. G., & Rubin, S. E. (1980). Rehabilitation counselor roles and functions and sources of role strain. *Journal of Rehabilitation Counseling, 11,* 57-69.

Frankl, E. V. (1963). *Man's search for meaning.* Boston: Beacon.

Gelso, C. J., & Fretz, B. R. (1992). *Counseling psychology.* Ft. Worth, TX: Harcourt Brace.

George Washington University. (2018). https://www.programs.gwu.edu/graduate/ rehabilitation-counseling

Ghiselli, E. E. (1977). The validity of aptitude tests in personnel selection. *Personnel Psychology, 26,* 461-477.

Ginzberg, E. (1972). Restatement of the theory of occupational choice. *Vocational Guidance Quarterly, 20,* 169-176.

Ginzberg, E., Ginsburg, S. W., Axelrad, S., & Herma, J. L. (1951). *Occupational choices.* New York: Columbia University Press.

Gladding, S. T. (1996). *Counseling: A comprehensive Profession* (3rd ed.). Englewood Cliffs, NJ: Prentice Hall.

Gladding, S. T. (2014). *Counseling Theories for Human Services Practitioners: Essential Concepts and Applications*. Pearson.

Glasser, W. (1965). *Reality therapy: A new approach to psychiatry*. New York: Harper & Row.

Greenberger, D. (1995). *Mind over mood*. 권정혜 역. (2008). 기분 다스리기. 서울: 학지사.

Greenhaus, J. H., Callanan, G. A., & Godshalk, V. M. (2002). *Career management* (3rd ed.). 탁진국 역. (2005). 경력개발 및 관리. 서울: 시그마프레스.

Greenhaus, J. H., Callanan, G. A., & Godshalk, V. M. (2010). *Career Management* (4th ed.). SAGE.

Groth-Marnet, G. (1984). *Handbook of psychological assessment*. NY: Van Nostrand Reinhold.

Gutiérrez, L. M. (1990, August). Empowerment in the Hispanic community: Does consciousness make a difference? Paper presented at the annual convention of the American Psychological Association, Boston, MA.

Hackney, H., & Cormier, L. S. (1996). *The professional counselor: A process guide to helping*. Boston, Mass: Allyn & Bacon.

Hackney, H., & Cormier, L. S. (2009). *The professional counselor: A Process Guide to Helping* (6th ed.). Upper Saddle River, NJ: Pearson.

Hamilton, K. W. (1950). *Counseling the handicapped in the rehabilitation process*. New York: Ronald Press.

Herr, E. L. (2013). Trends in the History of Vocational Guidance. *The Career Development Quarterly*, 277-282.

Herr, E. L., & Cramer, S. H. (1996). *Career guidance and counseling through the life span*. New York: Longman.

Hershenson, D. B. (1988). Along for the ride: The evolution of rehabilitation counselor education. *Rehabilitation Counselor Bulletin, 31*, 204-217.

Holland, J. L. (1997). *Making vocational choices: A theory of vocational personalities and work environments* (3rd ed.). Odessa, FL: Psychological Assessment Resources.

Isett, R., & Roszkowski, M. (1979). Consumer preferences for psychological report contents in a residential school and center for the mentally retarded. *Psychology in the Schools, 16,* 402–407.

Jacques, M. E. (1970). *Rehabilitation counseling: Scope and services.* Boston: Houghton Mifflin.

Johnson, L. T. (1960). The counselor as others see him. In C. H. Patterson (Ed.), *Readings in rehabilitation counseling* (pp. 41–43). Champaign, IL: Stipes.

Jones, L. K. (1994). Frank Parsons' contribution to career counseling. *Journal of Career Development, 20*(4), 287-294.

Jourard, S. M. (1968). *Disclosing man to himself.* New York: Van Nostrand.

Jourard, S. M.(1971). *Self Disclosure: An Experimental Analysis of the Transparent Self.* Oxford, England: John Wiley.

Kosciulek, J. F. (2003). Rehabilitation counseling with individuals with disabilities: An empowerment framework. *Rehabilitation Education, 17*(4), 207–214.

Krumboltz, J. (Ed.). (1966). *Revolution in counseling.* Boston: Houghton Mifflin.

Lambert, M. J. (1992). Implications of outcome research for psychotherapy integration. In J. C. Norcross & M. R. Goldfried (Eds.), *Handbook of psychotherapy integration.* New York: Basic Books.

Levinson, D. J. (1978). *The Seasons of a Man's Life.* Ballantine Books.

Lofquist, L. H., & Dawis, R. V. (1969). *Adjustment to work.* New York: Appleron-Century-Crofts.

Lofquist, L. H., & Dawis, R. V. (1991). *Essentials of person-environment-correspondence counseling.* Minneapolis, MN: University of Minnesota Press.

Maxwell, J. A. (2012). *Qualitative Research Design: An Interactive Approach.* Thousand Oaks, CA: Sage.

McFarlance, A. C. (2000). Posttraumatic stress disorder: A model of the longitudinal course and the role of risk factors. *Journal of Clinical Psychiatry, 61*(5), 15–23.

McGowan, J. F., & Porter, T. L. (1967). *An introduction to the vocational rehabilitation process.* Washington, DC: U.S. Government Printing Office.

McMahon, J., & Vernon, A. (2010). *Albert Ellis: Evolution of a Revolution: Selections from the Writings of Albert Ellis, Ph.D.* Fort Lee, NJ: Barricade Books.

Mehrabian, A. (1971). *Silent messages.* Belmont, CA: Wadsworth.

Minnesota Studies in Vocational Rehabilitation series (Vols. 1–30). Minneapolis: Industrial Relations Center, University of Minnesota.

Muthard, J. E., & Salomone, P. R. (1969). The roles and functions of the rehabilitation counselor [Special Issue]. *Rehabilitation Counseling Bulletin, 31,* 94–106.

National Rehabilitation Counseling Association. (2018). https://www.nationalrehab.org/shop/product/nrca-professional-national-rehabilitation-counseling-association-nrca-60

Neukrug, E. (1994). *Theory, practice and trends in human services: An overview of an emerging profession.* Pacific Grove, CA: Brooks/Cole.

Neukrug, E. (2015). *The world of the counselor: An introduction to the counseling process* (5th ed.). Boston, MA: Cengage Learning.

Neukrug, E. (2016). *Theory, Practice, and Trends in Human Services An Introduction to an Emerging Profession* (6th ed.). Belmont, CA: Cengage Learning.

O*NET Online. (2018). Details Report for: 21-1015.00. Rehabilitation Counselors. https://www.onetonline.org/link/details/21-1015.00

Okun, B. F. (1997). *Effective helping: Interviewing and counseling techniques.* Pacific Grove: Brooks/Cole Pub.

Osipow, S. H., & Fitzgerald, L. F. (1996). *Theories of career development* (4th ed.). Needham, MA: Allyn & Bacon.

Oxford Dictionary of English. (2018). https://en.oxforddictionaries.com/definition/
psychotherapy

Parsons, F. (1909). *Choosing a vocation*. Boston: Houghton Mifflin.

Patterson, C. H. (1957). Counselor or coordinator? *Journal of Rehabilitation, 25*(2),
9-10, 27-28.

Patterson, C. H. (1986). *Theories of counseling and psychotherapy* (4th ed.). New
York: Harper & Row.

Perls, F. (1969). *Gestalt therapy verbatim*. Moab, UT: Real People Press.

Richard, P., & Linda, E. (2000). *The miniature guide to understanding the
foundations of ethical reasoning*. Foundation for critical think free press.

Roe, A., & Lunneborg, P. W. (1990). Personality development and career choice.
In D. Brown & L. Brooks (Eds.), *Career choice and development: Applying
contemporary theories to practice* (2nd ed., pp. 68-101). San Francisco:
Jossey-Bass.

Rogers, C. R. (1942). *Counseling and psychotherapy*. Boston: Houghton Mifflin.

Rogers, C. R. (1957). The necessary and sufficient conditions of therapeutic
personality change. *Journal of Counseling Psychology, 21*(2), 95-103.

Rothman, R. A. (1998). *Working: Sociological perspectives* (2nd ed.). Upper
Saddle River, NJ: Prentice-Hall.

Rubin, S. E., & Roessler, R. T. (1995). *Foundations of the Vocational Rehabilitation
Process* (4th ed.). Austin, TX: Pro-ed.

Rubin, S. E., & Roessler, R. T. (2001). *Foundations of the vocational rehabilitation
process* (5th ed.). Austin, TX: Pro-ed.

Rubin, S. E., & Roessler, R. T. (2006). *Case Management And Rehabilitation
Counseling: Procedures And Techniques* (4th ed.). Austin, TX: Pro-ed.

Rubin, S. E., Matkin, R. E., Ashley, J., Beardsley, M. M., May, V. R., Onstott, K., &
Puckett, F. (1984). Roles and functions of certified counselors [Special issue].
Rehabilitation Counseling Bulletin, 27.

Safran, J. D., & Segal, Z. V. (1990). *Interpersonal process in cognitive therapy.* Lanham, MD: Jason Aronson.

Sagie, A., Elizur, D., & Koslowsky, M. (1996). Work values: A theoretical overview and a model of their *effects. Journal of Organizational Behavior, 17,* 503-514.

Sales, A. (2007). *Rehabilitation counseling: An empowerment perspective.* Austin, TX: Pro-ed.

Salomone, P. (1996). Career counseling and job placement: Theory and practice. In E. M. Syzmanski & R. M. Parker (Eds.), *Work and disability: Issues and strategies in career development and job placement* (pp. 365–420). Austin, TX: Pro-ed.

Sather, W. S., Wright, G. N., & Butler, A. (1968). *An instrument for measurement of counselor orientation.* Madison: University of Wisconsin, Regional Rehabilitation Research Institute.

Sexton, T. L., Whiston, S. C., Bleuer, J. C., & Walz, G. R. (1997). *Integrating outcome research into counseling practice and training.* Alexandria. VA: American Counseling Association.

Sharf, R. S. (2006). *Applying career development theory to counseling.* Belmont, CA: Thomson, Brooks/Cole.

Sinick, D. (1977). Can vocational counselors change society? *Vocational Guidance Quarterly, 25*(3), 245–251.

Skinner, B. F. (1963). Operant behavior. *American Psychologist, 18,* 503–515.

Social Security disability insurance. (2018). https://www.ssa.gov/benefits/disability/

Super, D. E. (1972). Vocational development theory: Persons, positions, and processes. In J. M. Whiteley & A. Resnikoff (Eds.), *Perspectives on vocational development.* Washington, DC: American Personnel and Guidance Association.

Super, D. E. (1990). A life-span, life-space approach to career development. In

D. Brown, & L. Brooks (Eds.), *Career choice and development: Applying contemporary theories to practice* (2nd ed., pp. 197-261). San Francisco, CA: Jossey-Bass.

Swanson, J. L., & Fouad, N. A. (1999). *Career theory and practice: Learning through case studies.* CA: SAGE Publications, Inc.

Szymanski, E. M. (1985). Rehabilitation counseling: A profession with a vision, an identity, and a future. *Rehabilitation Counseling Bulletin, 29,* 2-5.

Tanaka-Matsumi, J., Higginbotham, H. N., & Chang, R. (2002). Cognitive-behavioral approaches to counseling across cultures: Afunctional analytic approach for clinical applications. In P. B. Pedersen, J. G. Draguns, W. J. Lonner, & J. E. Trimble (Eds.), *Counseling across cultures* (5th ed., pp. 337-379). Thousand Oaks, CA: Sage.

The Cambridge Dictionary of Philosophy. (1995). https://en.wikipedia.org/wiki/The_Cambridge_Dictionary_of_Philosophy

The Commission on Rehabilitation Counselor Certification. (2016). Code of Professional Ethics for Rehabilitation Counseling. https://www.crccertification.com/code-of-ethics-4

The Commission on Rehabilitation Counselor Certification. (2018). https://www.crccertification.com/

The Developmental Disabilities Assistance and Bill of Rights Act. (2000). https://acl.gov/about-acl/authorizing-statutes/developmental-disabilities-assistance-and-bill-rights-act-2000

The Individuals with Disabilities Education Act. (2004). https://sites.ed.gov/idea/

The Rehabilitation Act. (2015). https://www2.ed.gov/policy/speced/reg/narrative.html

Tolbert, E. L. (1982). *An introduction to guidance: The professional counselor* (2nd ed.). Boston: Little, Brown.

Toriello, P. J., & Benshoff, J. J. (2003). Substance abuse counselors and ethical dilemmas: The influence of recovery and education level. *Journal of Addictions & Offender Counseling, 23*(2), 83-98.

Tracy, T. J., & Hopkins, N. (2001). Correspondence of interests and abilities with occupational choice. *Journal of Counseling Psychology, 4,* 178-189.

Tyler, L. E. (1958). Theoretical principles underlying the counseling process. *Journal of Counseling Psychology, 5*(1), 3-10.

United States Department of Labor. (2018). Occupational Outlook Handbook. https://www.bls.gov/ooh/

Vondracek, F. W., & Porfeli, E. (2002). *Integrating* person-and function-centered approaches in career development theory and research. *Journal of Vocational Behavior, 61,* 386-397.

Webster's ninth new collegiate dictionary. (1985). Springfield, Mass: Merriam-Webster.

Williamson, E. G. (1939). *How to counsel students.* New York: McGraw-Hill.

Williamson, E. G. (1958). Value orientation in counseling. *Personnel and Guidance Journal, 36,* 502-528.

Williamson, E. G. (1965). *Vocational counseling: Some historical, philosophical, and theoretical perspectives.* New York: McGraw-Hill.

Wolpe, J. (1958). *Psychotherapy by reciprocal inhibition.* Stanford, CA: Stanford University Press.

World Health Organization. (2001). International Classification of Functioning, disability, and health(ICF). Geneva, Switzerland: Author.

Wrenn, R. L. (1994). *A death at school: Issues and interventions. Counseling and human development, 26*(7), 1-6.

찾아보기

내용

저자 소개

강윤주(Kang, Yunju)
대구대학교 직업재활학과 이학사
단국대학교 대학원 특수교육학과 교육학 석사
대구대학교 대학원 재활과학과 이학 박사
현 한국복지대학교 장애상담심리과 교수

공마리아(Kong, Maria)
대구대학교 재활심리학과 이학사
대구대학교 대학원 재활심리학과 이학 석사
대구대학교 대학원 특수교육학과 교육학 박사
현 대구대학교 재활심리학과 교수

재활상담의 이론과 실제
Theory and Practice of Rehabilitation Counseling

2019년　8월　20일　1판　1쇄　인쇄
2019년　8월　30일　1판　1쇄　발행

지은이 • 강윤주 · 공마리아
펴낸이 • 김진환
펴낸곳 • ㈜**학지사**

　　　04031 서울특별시 마포구 양화로 15길 20 마인드월드빌딩
대표전화 • 02-330-5114　　팩스 • 02-324-2345
등록번호 • 제313-2006-000265호

홈페이지 • http://www.hakjisa.co.kr
페이스북 • https://www.facebook.com/hakjisa

ISBN 978-89-997-1904-2　93180

정가 18,000원

이 도서의 국립중앙도서관 출판시도서목록(CIP)은 서지정보유통지
원시스템 홈페이지(http://seoji.nl.go.kr)와 국가자료공동목록시스템
(http://www.nl.go.kr/kolisnet)에서 이용하실 수 있습니다.
(CIP 제어번호: CIP2019031169)

교육문화출판미디어그룹 **학지사**

심리검사연구소 **인싸이트** www.inpsyt.co.kr
원격교육연수원 **카운피아** www.counpia.com
학술논문서비스 **뉴논문** www.newnonmun.com
간호보건의학출판 **학지사메디컬** www.hakjisamd.co.kr